高速公路中长期养护规划指南

蔡硕果　蒋剑彪　主编

中国建筑工业出版社

图书在版编目(CIP)数据

高速公路中长期养护规划指南/蔡硕果，蒋剑彪主编. —北京：中国建筑工业出版社，2020.12
ISBN 978-7-112-25750-8

Ⅰ.①高… Ⅱ.①蔡…②蒋… Ⅲ.①高速公路-公路养护-中国-指南 Ⅳ.①U418-62

中国版本图书馆 CIP 数据核字(2020)第 256184 号

责任编辑：蔡华民
责任校对：赵　菲

高速公路中长期养护规划指南
蔡硕果　蒋剑彪　主编

*

中国建筑工业出版社出版、发行(北京海淀三里河路 9 号)
各地新华书店、建筑书店经销
北京科地亚盟排版公司制版
北京京华铭诚工贸有限公司印刷

*

开本：787 毫米×1092 毫米 1/16　印张：10¾　字数：262 千字
2021 年 4 月第一版　2021 年 4 月第一次印刷
定价：**58.00** 元
ISBN 978-7-112-25750-8
(36992)

版权所有　翻印必究
如有印装质量问题，可寄本社图书出版中心退换
(邮政编码 100037)

《高速公路中长期养护规划指南》
编委会

主　　编：蔡硕果　蒋剑彪
副 主 编：徐世法　孔祥杰　杨秀峰　郭朝晖　焦驰宇
编写人员：刘文明　王艳梅　李文英　陈明哲　叶凯丰
　　　　　殷　浩　杨　扬　李　振　刘　哲　唐业朋
　　　　　高　山　纪国睦　刘晓晨　谢永清　张曙明
　　　　　曹　侃　姜莹莹　王　生　张　伟　张福达
　　　　　王　辉　于伟达　米　杨　孟健恒　李旭阳
　　　　　王利东　李嘉欣　任腾飞
审　　稿：王众毅　魏洪昌　张新天　崔　毅　龙佩恒
　　　　　丁建平　潘永清

前　言

目前国内高速公路养护依然存在着诸多问题，使得单位养护成本较高，有限的养护经费不能充分发挥作用。因早期养护不及时进行而不得不在后期进行修复养护或专项养护，需要花费更多的养护资金。因此，针对不同的路面状况，采用科学的养护策略、制定合理的养护规划能有效解决养护成本与投资收益之间的矛盾，以提高高速公路设施的养护质量，延长路面的使用年限，养护资金得到充分利用，实现投资收益最大化。基于此，作者结合国内高速公路的实际情况对路桥养护与规划技术进行了系统研究，以期在有限的养护资金和资源条件下，使路面获得良好的使用性能，编制了《高速公路中长期养护规划指南》，供广大使用者参考。

本指南共九章，主要内容包括：概述、高速公路养护规划指标体系的构建、高速公路技术状况分析、高速公路路面性能预测与分析、高速公路桥梁技术状况预测与分析、高速公路交通量预测与分析、高速公路养护规划、高速公路沥青路面养护技术和桥涵养护维修技术。

各单位在使用过程中，若发现问题或提出意见、建议，请及时与主编单位（北京特希达交通勘察设计院有限公司）联系（地址：北京市丰台区草桥角堡 110 号，邮编：100067，电话：010-63307789，E-mail：shuijian2003@163.com），以便修订时参考。

蔡硕果

2020 年 9 月 15 日

目 录

1 概述 ··· 1
  1.1 高速公路养护规划的目的 ··· 1
  1.2 高速公路养护规划的意义 ··· 2
  1.3 国内研究概况 ·· 2
  1.4 国外研究概况 ·· 5

2 高速公路养护规划指标体系的构建 ·· 7
  2.1 高速公路养护规划影响因素分析 ·· 7
  2.2 高速公路养护规划技术路线 ·· 8
  2.3 规划目标及作业指导原则 ··· 9
    2.3.1 总体目标 ·· 9
    2.3.2 年度养护目标 ·· 9
    2.3.3 国检年度和收费期末年度养护目标 ·· 11
    2.3.4 养护措施作业指导原则 ·· 11
  2.4 高速公路养护规划指标体系 ·· 12
    2.4.1 养护管理指标体系 ·· 12
    2.4.2 养护对策决策体系 ·· 12
    2.4.3 养护方案最佳组合 ·· 13
    2.4.4 养护效果保证体系 ·· 14

3 高速公路技术状况分析 ·· 15
  3.1 高速公路检测技术 ·· 15
  3.2 高速公路技术状况数据采集 ·· 16
    3.2.1 检测与调查频率 ··· 16
    3.2.2 路面损坏状况检测 ·· 16
    3.2.3 路面平整度检测 ··· 17
    3.2.4 路面车辙检测 ·· 17
    3.2.5 路面抗滑性能检测 ·· 17
    3.2.6 路面结构强度检测 ·· 17
    3.2.7 路基、桥隧构造物和沿线设施调查 ·· 17
  3.3 高速公路技术状况统计分析 ·· 17
    3.3.1 路面使用性能及其指数 PQI ·· 17
    3.3.2 路基技术状况及其指数 SCI ·· 23
    3.3.3 桥隧构造物技术状况及其指数 BCI ·· 23
    3.3.4 沿线设施技术状况及其指数 TCI ··· 24

3.4 高速公路技术状况评定 ··· 24
3.5 高速公路技术状况统计分析实例 ·· 25
    3.5.1 路面技术状况统计分析 ··· 25
    3.5.2 桥隧构造物技术状况 ·· 28

4 高速公路路面性能预测与分析 ·· 32
4.1 路面使用性能预测的主要方法 ··· 32
    4.1.1 路面使用性能预测模型研究 ··· 32
    4.1.2 路面使用性能预测的主要方法 ··· 34
4.2 路面使用性能预测模型的选择 ··· 35
    4.2.1 预测模型方程的选取原则 ··· 35
    4.2.2 路面性能预测模型指标的选取 ··· 36
4.3 PCI 预测模型 ··· 36
    4.3.1 方程形式 ··· 36
    4.3.2 模型参数的确定 ··· 37
4.4 RQI 预测模型 ·· 38
    4.4.1 方程形式 ··· 38
    4.4.2 模型参数的确定 ··· 38
4.5 弯沉预测模型 ··· 39
    4.5.1 方程形式 ··· 39
    4.5.2 模型参数的确定 ··· 39
4.6 路面使用性能预测实例 ·· 39
    4.6.1 轴载分析 ··· 39
    4.6.2 路面使用性能预测结果 ·· 42

5 高速公路桥梁技术状况预测与分析 ·· 45
5.1 预测模型 ·· 45
    5.1.1 桥梁技术状况衰变规律 ·· 45
    5.1.2 桥梁养护策略 ··· 46
    5.1.3 养护维修费用预测模型研究 ··· 46
5.2 桥梁全寿命技术状况衰变预测模型 ··· 47
    5.2.1 桥梁技术状况衰变预测模型 ··· 47
    5.2.2 影响系数的确定方法 ·· 47
5.3 桥梁技术状况衰变预测模型的确定 ··· 56
    5.3.1 无主要病害桥梁的技术状况衰变基本模型 ································· 56
    5.3.2 存在主要病害桥梁的技术状况衰变模型 ····································· 57

6 高速公路交通量预测与分析 ·· 58
6.1 高速公路交通流量影响因素分析 ··· 58
    6.1.1 土地利用 ··· 58
    6.1.2 经济发展 ··· 59
    6.1.3 人口因素 ··· 60

        6.1.4 政府调控 ··· 61
    6.2 高速公路历史交通量的调研 ··· 61
        6.2.1 调查的目的 ··· 61
        6.2.2 调查的参考资料 ··· 61
        6.2.3 交通调查 ·· 62
        6.2.4 车型分析 ·· 63
        6.2.5 通行能力分析 ·· 65
    6.3 高速公路交通量预测模型构建 ··· 69
        6.3.1 交通量预测的原理与理论方法 ·· 69
        6.3.2 交通量预测的相关模型 ·· 70
    6.4 高速公路收入模型构建 ·· 79
        6.4.1 高速公路收入构成及影响因素 ·· 79
        6.4.2 高速公路运营收入预测模型 ··· 79

7 高速公路养护规划 ··· 83
    7.1 全寿命费用分析方法 ··· 83
        7.1.1 预防性养护理念 ··· 83
        7.1.2 养护措施寿命预估模型 ·· 88
        7.1.3 费用—效益分析 ··· 89
        7.1.4 费用模型及应用实例 ··· 91
    7.2 桥涵设施长期技术性能预测及养护策略 ····························· 97
        7.2.1 桥涵设施长期技术性能预测 ··· 97
        7.2.2 桥涵设施养护策略 ·· 99

8 高速公路沥青路面养护技术 ··· 101
    8.1 稀浆封层技术 ·· 101
        8.1.1 稀浆封层技术特点 ·· 101
        8.1.2 稀浆封层技术工程适用性 ··· 101
        8.1.3 稀浆封层采用的材料 ·· 102
        8.1.4 稀浆封层施工技术要点 ··· 103
        8.1.5 稀浆封层施工方案 ·· 103
    8.2 微表处技术 ··· 107
        8.2.1 微表处技术特点 ·· 107
        8.2.2 微表处技术工程适用性 ··· 108
        8.2.3 微表处技术采用的材料 ··· 109
        8.2.4 微表处施工技术要点 ·· 109
        8.2.5 微表处施工方案 ·· 110
    8.3 裂缝填封技术 ·· 111
        8.3.1 沥青路面裂缝形成机理 ··· 111
        8.3.2 裂缝填封作业工程适用性 ··· 112
        8.3.3 沥青路面裂缝修补技术分类 ·· 113

8.3.4 沥青路面裂缝修补施工方案 …………………………………………… 114
8.4 同步碎石封层技术 ……………………………………………………………… 115
　8.4.1 同步碎石封层技术特点 ………………………………………………… 115
　8.4.2 同步碎石封层技术工程适用性 ………………………………………… 115
　8.4.3 同步碎石封层采用的材料 ……………………………………………… 117
　8.4.4 同步碎石封层施工技术要点 …………………………………………… 117
　8.4.5 同步碎石封层施工方案 ………………………………………………… 117
8.5 罩面技术 ………………………………………………………………………… 119
　8.5.1 薄层罩面的工程适用性 ………………………………………………… 119
　8.5.2 冷薄层罩面 ……………………………………………………………… 120
　8.5.3 热薄层罩面 ……………………………………………………………… 120
　8.5.4 罩面施工方案 …………………………………………………………… 123
8.6 车辙病害成因及处治措施 ……………………………………………………… 124
　8.6.1 车辙病害分类 …………………………………………………………… 124
　8.6.2 车辙成因分析 …………………………………………………………… 125
　8.6.3 车辙病害处治措施 ……………………………………………………… 126
8.7 抗滑能力不足成因及处治措施 ………………………………………………… 127
　8.7.1 沥青路面抗滑能力不足成因分析 ……………………………………… 127
　8.7.2 抗滑能力不足处治措施 ………………………………………………… 128
8.8 路面翻浆病害成因及处治措施 ………………………………………………… 130
　8.8.1 路面翻浆的成因 ………………………………………………………… 130
　8.8.2 预防道路翻浆主要措施 ………………………………………………… 131
　8.8.3 道路翻浆处治措施 ……………………………………………………… 131

9 桥涵养护维修技术 ……………………………………………………………… 134
9.1 桥梁预防性养护具体施工方案 ………………………………………………… 134
　9.1.1 桥梁上部结构的养护 …………………………………………………… 134
　9.1.2 桥梁下部结构的养护 …………………………………………………… 134
　9.1.3 混凝土桥梁结构表面涂层体系 ………………………………………… 135
　9.1.4 混凝土结构表面涂层施工工艺 ………………………………………… 135
9.2 桥梁小修具体施工方案 ………………………………………………………… 137
　9.2.1 桥梁混凝土表面缺陷维修 ……………………………………………… 137
　9.2.2 桥梁结构露筋及钢筋锈蚀维修 ………………………………………… 138
　9.2.3 桥梁结构裂缝维修 ……………………………………………………… 138
　9.2.4 梁板铰缝浇筑及注浆 …………………………………………………… 140
　9.2.5 桥面铺装维修 …………………………………………………………… 140
　9.2.6 桥梁伸缩缝装置维修 …………………………………………………… 142
　9.2.7 支座脱空维修 …………………………………………………………… 142
　9.2.8 其他病害维修 …………………………………………………………… 142
9.3 桥梁中修具体施工方案 ………………………………………………………… 142

9.3.1 粘贴钢板加固法 …………………………………………… 142
9.3.2 粘贴碳纤维加固法 …………………………………………… 144
9.3.3 桥梁横向联系维修加固方法 ………………………………… 145
9.3.4 桥面铺装层翻修 ……………………………………………… 146
9.3.5 更换伸缩缝装置 ……………………………………………… 147
9.3.6 桥梁支座维修加固 …………………………………………… 148
9.4 桥梁大修具体施工方案 …………………………………………… 151
9.4.1 更换主梁主要施工工艺 ……………………………………… 151
9.4.2 单板受力桥梁维修主要施工工艺 …………………………… 152
9.5 水下桩基础和桥墩的养护方案 …………………………………… 153
9.5.1 植筋并外包混凝土加固法 …………………………………… 154
9.5.2 钢吊箱围堰加固法 …………………………………………… 155
9.5.3 钢板桩或钢管桩围堰加固法 ………………………………… 156
9.5.4 纤维网格加固法 ……………………………………………… 157
9.6 涵洞的预防性养护 ………………………………………………… 158
9.7 涵洞的小修 ………………………………………………………… 159

1 概述

高速公路养护是保证高速公路正常运行的重要手段之一，做好高速公路养护规划具有十分重要的意义。在高速公路运营过程中，高速公路养护能够及时地发现高速公路的损坏程度，以便及时的修复，有利于向高速公路使用者提供便捷、安全和舒适的行车环境。高速公路养护规划是为了合理地运用养护投入，使得高速公路在整个运营期内达到良好的养护效果，以良好的道路技术状况保证道路安全运营和投资收益最大化。高速公路养护规划是高速公路运营管理中的一项重要课题。

1.1 高速公路养护规划的目的

高速公路养护规划是为了有效解决养护成本与投资收益之间的矛盾，采用科学的养护策略，在保证高速公路技术状况满足社会、行业、运营等需要的情况下，通过加强预防性养护，吸收和采用新技术、新工艺、新材料、新设备，在最佳的时间节点以最优的养护手段开展高速公路的养护工作，从而不断提高公路的养护质量，有效地延长公路的使用寿命，降低路桥设施的全寿命周期成本，进而使得养护资金的使用效率最高、投资的费效比、内部收益率最佳，投资收益最大化。

高速公路养护规划的目的：（a）预测运营期内通行费收入；（b）建立合理的养护管理指标体系；（c）建立符合项目路段特点的养护对策；（d）确定最佳的养护时机及费用最优的养护方案组合；（e）合理优化养护资金配置保证最佳养护效果。

（1）预测运营期内通行费收入

通行费收入是整个项目运转的经济基础，是项目投资主体介入的原动力，对于通行费的预测和分析是整个中长期养护规划及养护投入分析的前提。通过对高速公路的交通流量预测，结合通行费收费标准预测出高速公路在整个收费期内的通行费收入，为后续养护规划工作提供有力支撑。

（2）建立合理的养护管理指标体系

通过将养护规范和项目实际相结合，提炼出控制养护管理中长期规划的关键养护节点所必需的道路、桥梁关键技术指标，建立合理的养护管理指标体系。

（3）建立符合项目路段特点的养护对策

项目的养护对策是根据项目的各项技术经济指标来合理确定的，通过分析项目路段的各项技术指标、所处环境及原设计路面特点，以预防为主，标本兼治为原则综合确定适用于高速公路路段的养护对策。

（4）确定最佳的养护时机及费用最优的养护方案组合

最佳养护时机的确定往往是决定全寿命养护成本可控性的关键，最优的全寿命养护方案组合又进一步节约了全寿命周期内的养护资金。适当的时机进行适宜的养护措施将大幅降低全寿命周期养护成本，同时还能达到更好的养护效果，实现社会效益和经济效益的双重最大化。

（5）合理优化养护资金配置保证最佳养护效果

通过高速公路整个收费期内各年养护投入与通行费收入之间的关系分析，可对大修年度的资金准备和现金流保障提供可靠的依据和有力的资金规划。合理的资金规划，既可以清楚地了解项目的长期收益情况，又能保证项目养护经费的开支充足。

1.2 高速公路养护规划的意义

路面预防性养护的主要作用是保护路面结构，减缓路面恶化速度，矫正路面面层缺陷。路面预防性养护的基本原理是在恰当的时机采取恰当的处理措施，对适当的路面采取适当的预防性养护，使好的路面继续维持良好的状况。所谓恰当的时机就是指采取路面预防性养护处理措施的最佳时机，也就是本书第 7 章所描述的预防性养护实施的最佳时间（时机之窗）。时机选择不当不仅得不到预期的效益，还会对路面使用性能和使用寿命产生不利影响。

目前，国内虽然已经认识到预防性养护对路面的重要性，但对预防性养护效益，预防性养护与现有路面管理系统的整合等仅限于理论方面的分析，对于新建路面的预防性养护决策缺乏整体宏观规划方面的研究，同时尚未有全国性的预防性养护措施设计和施工指南，这直接导致无法真正把握预防性养护的时机，造成很多预防性养护没有达到预期的效果。本研究将对预防性养护在延长道路使用寿命，降低全寿命周期成本起到关键的作用。合理的养护规划有利于全面调整传统的养护观念和习惯做法，使公路养护由反应性养护向预防性养护转变，从而建立起具有主动性、预见性和系统性的公路养护管理体系。

1.3 国内研究概况

国内对路面养护技术的研究已经有相当长的历史，研究内容主要集中在养护技术方面，对于新建或改建路面的养护动态规划研究很少。赵吉广等人编写的《高等级公路养护质量评价体系研究》中从公路养护管理的需求出发，将高等级公路作为一类单独的评价对象，根据其使用性能，建立了高等级公路养护质量评价流程框架、指标体系，形成了完整的高等级公路养护质量评价体系，见图 1-1。

针对高等级公路养护质量评价特性，提出了定性、定量相结合的养护质量评价数据采集方法；采用权重模型计算不同层次的养护质量评价指标并在现场评分试验的基础上，采用多元统计理论对模型参数进行回归分析。

陈强等人编写的《高速公路沥青路面养护费用模型的建立与分析》结合江西省高速公路路面的损坏量与养护量的关系以及养护量随路龄增长的规律，建立江西省整体养护水平下的高速公路路面养护费用模型。该模型以路龄为自变量，所以不具有普遍适性的特点。但是作为一种养护费用计算方法，值得参考。《高速公路沥青路面养护费用模型的建立与分析》提出的江西省公路养护费用模型，见图 1-2。

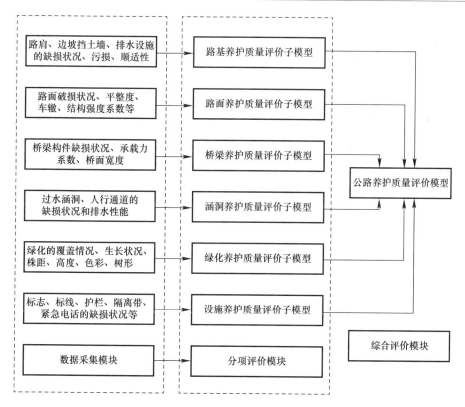

图 1-1 《高等级公路养护质量评价体系研究》中采用的养护评价框架

袁黎等人编写的《高速公路绿化评价指标及方法研究》结合江苏高速公路的实际情况，通过对绿化功能分析、专家筛选和主要成分分析方法，提出了高速公路绿化评价指标体系框架。其体系评价指标主要包括：中央分隔带防眩能力、边坡防护能力、路侧生态防护性以及景观效果，运用层次分析方法，建立了高速公路绿化评价方法。

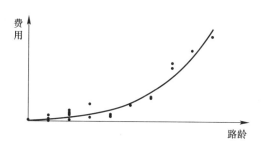

图 1-2 江西省公路养护费用模型

山东省公路管理局历来重视预防性养护，认识到加强公路预防性养护，是巩固公路建设成果，提高公路服务质量的重要手段。针对公路预防性养护，提出了全寿命周期分析方法的新理论，坚持以预防性养护为主，同时对道路进行日常性的养护维修，使得道路始终保持在良好的运营状态，从而提高高等级公路的服务质量。

江苏省公路管理局重视高等级公路的预防性养护，注意增强养护管理工作，成立了专门机构养护管理部门。江苏省的水泥混凝土路面预防性养护研究开展的较早，从开始就树立了道路全寿命周期养护成本最小化的理念，全面推行"机械化养护"，努力提高养护投资效益。

湖南省公路管理局在对水泥混凝土路面预防性养护的研究中发现：在日常养护上多花一块钱，大中修上就能少花十块钱。此研究结果很好地阐述了预防性养护在水泥混凝土路面养护中的重要性。在水泥混凝土路面预防性养护研究中，重点强调了接缝填封和板底压浆工作，为做好接缝养护工作，提出了"接缝失养率"的评价指标，即以"抽查路面接缝渗水长度占接缝总长度的比例"来量化评价接缝养护的质量，目前湖南水泥混凝土路面养护状况已得到很大改观。

2006年9月，交通部发布《"十一五"公路养护管理事业发展纲要》，要求"十一五"公路养护与管理工作应坚持建养并重、协调发展，牢固树立建设是发展，养护管理也是发展，而且是可持续发展的观念，牢固树立全寿命周期养护成本理念，全面推行预防性养护，使公路养护实现预防性养护和周期性养护的良性循环。

2007年5月，同济大学承担了交通部西部交通建设科技项目"水泥混凝土路面工作状态评价及预防性养护技术研究"。

2011年10月交通运输部发布《"十二五"公路养护管理发展纲要》，要求加强公路养护工程力度加大预防性养护力度，树立全寿命周期养护成本理念，制定适合我国国情的预防性养护指导政策、技术标准，探索形成一系列预防性养护技术，列出一定比例的专项资金，全面实施预防性养护。在保证公路日常养护的基础上，进一步加大公路养护工程资金投入，及时组织实施公路大、中修工程，保持公路设施良好的技术状况，确保路网的通行能力和服务水平。

2013年度，公路养护技术国家工程研究中心通过"高等级公路路面养护支撑保障技术研究"课题的研究，探索出了包含关键技术、大型系统及系列设备的路面大中修养护设计成套技术体系，以及包含核心配方、关键材料和新型工艺的旧路废料高效循环利用成套技术体系。该研究通过对国内25万公里大规模的路况观测和数据分析，建立了路面病害原因诊断模型、长期性能预测模型、路面结构组合优化模型、全寿命周期费用分析模型，实现了路面养护设计从经验决策向科学决策的转变。目前已经在全国东中西部12个省市、近60项养护工程、66895公里干线公路上进行了规模化应用。

除此之外，我国的不少专家、学者也对路面保护和预防性养护理论进行了一些有益的探讨。

2001年，刘黎萍等人编写的《预防性路面维护的效益》对路面保护的概念、意义做出相关的定义，并介绍了美国路面保护过程中实施计划的制定以及尚需解决的关键问题，并对美国一些州在这方面已经取得的一些经验进行了介绍，并对路面保护的未来进行了展望。

2004年，董瑞琨等人编写的《路面维护及预防性养护效益分析》对路面保护、路面保护系统和预防性养护的概念进行了详细的介绍，对预防性养护在路面保护中的重要性进行了讨论，并通过分析得出在最佳养护时机进行路面的预防性养护维护具有很好的效益费用比。董瑞馄等人编写的《路面预防性养护时机确定方法探讨》对路面预防性养护时机的确定方法进行了介绍，指出了我国目前路面最佳预防性养护时机选取方法中的不足，并提出一系列预防性养护措施。

任奕等人编写的《基于路面性能衰变规律的预防性养护措施和时机选择》在已有路面性能衰变预测模型的基础上，通过引入养护效果改善系数和养护后寿命延长系数，建立了预防性养护后的路面性能衰变预测模型，提出了利用该衰变模型和费用效益比最大准则来选择预防性养护措施和确定预防性养护的最佳时机方法。

2008年12月，朱宏炜等人编写的《路面预防性养护的研究现状及发展趋势》中提到，预防性养护与道路管理系统应整合，改进养护分类方法。预防性养护的经济性和有效性很大程度上取决于采取预防性养护措施的时机，路况很好或者很差时采用预防性养护，均不会取得很好的效果。路况很好时采取预防性养护措施，桥梁性能提升的空间很小，路况很差时采用，虽然措施应用后会有较为明显的提高，但路况指数会在短时间内降到原来的水平。

2011年10月，于志新编写的《预防性养护在高速公路养护中的应用效果评价》中选用广东省北部山岭重丘的一段路进行预防性养护试验，通车多年，该路段出现了局部的纵横向裂缝、龟裂、麻面、坑槽等病害，养护时采用沥青再生雾封层、改性乳化沥青、HAP、NOVACHIP超薄黏结磨耗层等预防性措施对部分路面状况指数PCI值较高的轻微病害进行预防性养护，并对应用效果进行评价，得出结论：不同的预防性养护措施之间，NOVACHIP磨耗层对抗滑能力提高显著；雾封层类预防性养护措施封水效果较好，但对抗滑能力有一定程度的降低，特别是HAP雾封层实施后抗滑能力下降幅度较为明显，且变化起伏较大。因此在选取预防性养护措施时应根据现有路面使用状况综合考虑，否则不但无法延长现有路面的使用寿命，反而可能会降低路面的使用效果。

2012年，广东交通集团检测中心王敬飞编写的《基于PCI指数的高速公路沥青路面预防性养护对策分析》中，采用了灰色系统理论预测方法对PCI进行了预测，该方法能够在有限历史数据的基础上预测系统发展的趋势，预测结果能够满足预防性养护决策的分析需要，同时采用效果费用分析方法来确定经济合理的预防性养护方案，具有一定的指导意义。

2013年，姜庆红等人编写的《基于熵权的高速公路沥青路面预养护措施优选模型研究》中，针对我国高速公路沥青路面的特点，在全面分析经济、技术和环境等影响因素的基础上建立了沥青路面预养护措施指标体系，同时运用熵权理论建立了高速公路沥青路面预养护措施优选模型，该模型克服了传统决策方法中仅凭主观经验确定评价指标权重的弊端，同时兼顾数据的客观性和专家的主观偏好，使评价结果更加科学可靠。

综上所述，目前国内虽然已经认识到高速公路养护规划，但对预防性养护效益、预防性养护与现有路面管理系统的整合等仅限于理论方面的分析，对于新建路面的预防性养护决策没有进行整体宏观规划方面的研究，同时尚未有全国性的高速公路养护规划指南，这直接导致无法真正有效地平衡收入和支出，造成很多预防性养护没有达到预期的效果。

1.4 国外研究概况

20世纪70年代之前，美国公路局的投资方向主要在新建道路上，对于道路养护也仅集中在反应性养护（Reactive Maintenance）上，而不是预防性养护。20世纪80年代，美国联邦投资重点从新建路面转向路面养护并逐步立法。随着1991年水陆联合运输效益法（Intermodal Surface TransPortation Efficiency Act，简称ISTEA）、1995年国家公路系统法（National Highway System Act）以及1997年21世纪运输平衡法（new TransPortation Equity Act for the 21st Century，简称TEA-21），美国联邦资金可用于路面保护（Pavement Preservation）。ISTEA允许联邦资金用于对洲际公路进行路面保护，国家公路系统法则扩展到所有联邦援助公路，而TEA-21则强调运输系统保护和合理资助路面保护计划的必要性。可以说，美国已经从法律上奠定了联邦资金资助养护的基础。

1999 年 12 月，美国各州公路与运输官员协会（American Association of State Highway and TransPortation officials，简称 AASHTO）路面保护领导州工作组（Lead States Teams on Pavement Preservation）对美国 50 个州以及加拿大六个省的交通局的路面预防性养护计划和实践情况进行了调查，最后回收了 41 份调查问卷。调查结果表明：其中有 36 个交通局建立了路面预防性养护（Pavement Preventive Maintenance，简称 PPM）计划，2 个交通局正在制定路面预防性养护（Pavement Preventive Maintenance，简称 PPM）计划，虽然有 3 个交通局还没有建立路面预防性养护（Pavement Preventive Maintenance，简称 PPM）计划，然而所有的交通局都使用了一些预防性养护技术。而在 1996 年的调查中，43 个交通局中仅 26% 具有广泛的预防性养护计划，55% 建立了中等的预防性养护计划，19% 则没有路面预防性养护（Pavement Preventive Maintenance，简称 PPM）计划。

2003 年 7 月，密西根州立大学（Michigan State University，简称 MSU）和路面保护基金会伊（Foundation for Pavement Preservation，简称 FP2）建立国家路面保护中心（National Center for Pavement Preservation，简称 NCPP），其目的是引导政府、工业界及学术界共同努力，通过教育、研究和扩大服务等方式促进路面保护实践的发展，在节省投资资金的同时延长路面使用寿命，并且可以改善驾驶员的安全性与舒适性。

2004 年 6 月，为了了解路面预防性养护的实施情况，调查组对美国 50 个州和加拿大 4 个省进行了调查。调查发现，47% 的预防性养护项目应用在路况良以上的路面上，25.9% 的预防性养护项目应用在路况为中的路面上，15.3% 的预防性养护项目应用在路况为差的路面，9.3% 的预防性养护项目应用在路况为良的路面上，而只有 2.5% 的预防性养护项目应用在路况非常差的路面上；30 个州的交通局中有 24 个在路面轻微修复之前采用了预防性养护措施；15 个交通局选择在出现轻微破坏时采取预防性养护措施，12 个交通局在破坏达到中等严重程度等级时采取预防性养护措施，而有 5 个交通局根据预定的时间表来采取预防性养护措施。

工业产品理论认为产品可以通过在技术上、样式上、风格上的不断更新来延长其寿命周期。高速公路也一样可以通过不断的预防性养护来延长寿命。根据美国战略公路研究计划（SHRP）估算，在路面全寿命周期内进行 3~4 次的预防性养护可以延长公路使用寿命 10~15 年，节约养护费用 45%~50%。据 SHRP 的研究结果显示，在进行路面处理时路况条件越好，养护维修的效果越好且越能取得良好的经济效益，1 美元的预防性养护维修费可节省 3~4 美元的日后修复费。通过两种养护模式比较，预防性养护模式显然更具有优越性，可以有效延长公路的使用寿命，降低公路全寿命周期养护成本。

高速公路不但具有一般工业产品的普遍性，也具有一般产品所不具备的特殊性。首先高速公路需要占用大量土地，这就决定其在资源上具有稀缺性；其次，只要能够满足道路用户的使用要求，已建设高速公路就具有与新建道路同样的价值，不会因为时间而贬值。但是要达到这样的目的，则需要从高速公路运营初期开始制定合理的养护规划、完善的养护决策体系，并在实际养护过程中严格执行，才能达到延长高速公路使用寿命、使建设投资和养护投资效益最大化的目的。

2 高速公路养护规划指标体系的构建

2.1 高速公路养护规划影响因素分析

高速公路养护规划主要是通过对高速公路全路段进行调查、检测、交通预测等基础工作，建立路面及桥梁技术性能衰变预测模型，根据运营期内交通流量的增长规律预测通行总收费额。根据道路与桥梁技术性能衰变预测模型、通行需求、行业规范及行业管理要求等制定高速公路养护规划目标及养护措施作业指导原则，并根据全寿命养护的理论和实际情况最终拟定全路段养护规划方案及资金管理方案，为实现运营期内收益最大和道路状况保持良好性能两者之间的平衡打下了坚实基础。

影响高速公路中长期养护规划的制定因素主要有现有道路技术状况、交通量、养护对策、养护资金来源、养护成本与效益等。

(1) 道路技术状况

高速公路各种典型病害的形成受工程因素、材料因素、气候因素等影响，高速公路现有技术状况可以通过对高速公路全路段进行调查、检测等基础工作获得相关技术指标，并对其进行统计分析。高速公路养护规划主要根据高速公路的当前道路实际状况，结合历史检测结果及交通轴载状况，利用高速公路使用性能预测模型进行分析，对未来年的高速公路技术状况进行预测研究，并根据研究结果确定高速公路养护规划。

(2) 交通量

交通量预测主要是根据高速公路历史断面交通流量数据、周边路网状况、周边经济发展状况，推断未来运营期内交通流量。交通量预测与运营期内的各年通行费密切相关；高速公路交通量预测和路面使用性能的预测研究应结合高速公路历史检测结果及交通轴载状况。高速公路交通轴载状况对路面使用性能的预测研究产生影响，交通轴载状况与交通量预测密切相关，同时交通量预测也影响到运营期内的各年通行费，从而影响高速公路养护规划的制定。

(3) 养护对策

项目的养护对策是根据项目的各项技术经济指标来合理确定的，通过分析项目路段的各项技术指标、所处环境及原设计路面特点，以预防为主，标本兼治为原则综合确定适用于高速公路路段的养护对策。养护对策影响着养护支出和养护效果，对养护规划起着重要作用。

(4) 养护资金来源

养护资金来源主要为车辆通行费收入。通行费收入是整个项目运转的经济基础，是项目投资主体介入的原动力，对于通行费的预测和分析是高速公路养护规划及养护成本与效益分析的前提。通过高速公路整个收费期内各年养护投入与通行费收入之间的关系分析，可对大修年度的资金准备和现金流保障提供可靠的依据和有力的资金规划。合理的资金规划,既可以清楚地了解项目的长期收益情况,又能保证项目养护经费的开支充足。

(5) 养护成本与效益

最佳养护时机的确定往往是决定全寿命养护成本可控性的关键,最优的全寿命养护方案组合又进一步节约了全寿命周期内的养护资金。适当的时机采用适宜的养护对策将大幅降低全寿命周期养护成本,同时还能达到更好的养护效果,实现社会效益和经济效益的双重最大化。

2.2 高速公路养护规划技术路线

通过对沿线交通设施、自然环境、水文地质情况、养护维修历史等基础资料的调查,公路技术状况的检测、评定,交通流量的现状调查、分析和预测,道路及桥梁服务性能的退化分析等一系列的技术工作,并以此为基础编制高速公路养护规划。

数据质量和数量将直接影响高速公路规划的准确性和合理性,规划常用数据如下:

(1) 初始修建资料(路面结构、通车年份);
(2) 历史养护资料(大中修时间、措施、实施路段);
(3) 路面检测数据(破损检测结果、平整度检测结果、弯沉检测结果);
(4) 桥梁检测数据(桥梁定期检测报告、专项检测报告和特殊检测报告);
(5) 项目地区气候资料;
(6) 收费站统计的流量资料等。

制定养护规划的基础是道路、桥梁资料的收集与整理,在对现有资料进行分析评定的基础之上,选择适合的理论模型,制定相应的养护规划。其工作内容及流程如图 2-1 所示。

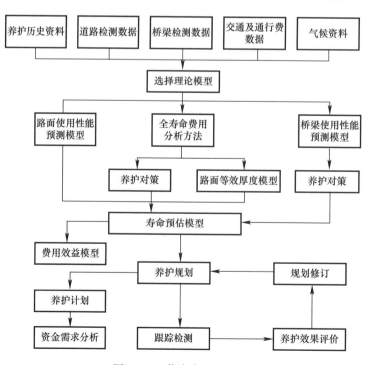

图 2-1　工作内容及流程图

2.3 规划目标及作业指导原则

2.3.1 总体目标

（1）保安全。树立"安全第一"的理念，完善沿线安全设施，加强日常巡查及定期检测，重点监控大型桥梁、高边坡、水中桩等关键设施的安全状态。

（2）保畅通。树立"用户至上"的理念，优化养护措施，不中断交通，保持较高的行使质量。

（3）保舒适。及时修复路面病害，提高路面养护质量，达到行车平稳、舒适的目的。

（4）保快速。加强预防性养护，克服大面积、长距离养护施工影响车辆通行，合理安排养护施工作业，确保车辆快速通行。

（5）保高效。建立合理的养护管理指标体系，制定有针对性地养护对策，实现收费期内养护成本最优化。

2.3.2 年度养护目标

高速公路年度养护目标以"公路技术状况指数（MQI）不小于85，其中每公里路面行驶质量指数（RQI）路面损坏状况指数（PCI）均不小于90"为控制标准，分别预测路面使用性能指标（PCI、RQI 和 PSSI）以及公路技术状况评价指标（PQI、BCI、SCI、TCI 和 MQI），并以此作为高速公路年度养护目标。

【项目实例】安徽省某高速公路年度养护目标

（1）路面使用性能年度养护目标

路面使用性能指标（PCI、RQI 和 PSSI）的养护目标，见表2-1和表2-2。

2011～2036年安徽省某高速（上行）路段路面使用性能养护目标　　表2-1

年份	PCI	RQI	PSSI	年份	PCI	RQI	PSSI
2011	97.3	95.8	96.8	2024	94.9	94.9	94.9
2012	95.9	95.1	95.5	2025	98.6	97.7	96.5
2013	94.2	94.6	94.1	2026	96.0	96.4	95.1
2014	92.0	93.0	95.1	2027	95.7	96.0	96.2
2015	95.1	94.4	93.2	2028	95.7	95.0	95.0
2016	97.4	95.2	93.2	2029	96.5	95.3	93.6
2017	94.7	93.7	91.7	2030	94.8	94.5	91.6
2018	95.0	94.6	89.3	2031	93.3	93.9	89.0
2019	96.1	95.2	92.3	2032	95.0	94.9	92.4
2020	97.7	96.5	95.8	2033	96.5	95.8	93.7
2021	95.7	95.6	94.7	2034	96.8	95.6	94.6
2022	92.9	93.8	92.5	2035	97.1	95.8	93.2
2023	92.5	93.5	89.3	2036	93.8	94.4	91.3

2011～2036年安徽省某高速（下行）路段路面使用性能养护目标 表2-2

年份	PCI	RQI	PSSI	年份	PCI	RQI	PSSI
2011	96.8	95.4	95.8	2024	93.1	93.6	90.7
2012	95.3	95.3	95.4	2025	98.4	97.7	97.3
2013	93.8	94.8	94.6	2026	96.3	96.6	96.5
2014	91.7	93.2	93.6	2027	96.9	96.3	95.4
2015	96.8	95.1	92.4	2028	94.3	95.1	94.0
2016	96.9	94.9	91.0	2029	96.1	95.1	92.2
2017	93.3	92.8	88.8	2030	95.8	94.8	92.3
2018	98.1	96.7	95.2	2031	95.1	95.1	92.6
2019	97.1	95.9	94.2	2032	93.6	94.3	92.6
2020	96.5	95.9	94.7	2033	95.9	95.5	94.7
2021	94.5	95.0	92.8	2034	97.5	96.0	95.1
2022	92.8	93.2	90.0	2035	96.4	95.7	93.6
2023	96.3	95.5	93.3	2036	92.5	94.1	91.6

（2）路面使用性能指数（PQI）年度养护目标（表2-3）

2011～2036年安徽省某高速公路路面使用性能指数（PQI）养护目标 表2-3

年份	上行	下行	合并
2011	95.3	95.6	95.5
2012	94.9	95.0	95.0
2013	94.3	94.3	94.3
2014	93.0	93.1	93.0
2015	95.7	94.8	95.2
2016	95.8	96.1	95.9
2017	94.5	95.4	95.0
2018	97.6	95.7	96.7
2019	96.9	96.2	96.6
2020	96.5	97.1	96.8
2021	95.3	96.0	95.6
2022	93.9	94.2	94.0
2023	95.9	93.8	94.8
2024	93.9	95.0	94.5
2025	97.3	97.3	97.3
2026	96.0	95.8	95.9
2027	95.9	95.4	95.6
2028	94.4	95.1	94.8
2029	94.9	95.1	95.0
2030	94.6	94.1	94.3
2031	94.3	93.2	93.8
2032	93.4	94.1	93.7
2033	95.0	95.3	95.2

续表

年份	上行	下行	合并
2034	96.1	95.8	95.9
2035	96.0	96.3	96.1
2036	94.4	95.0	94.7

2.3.3 国检年度和收费期末年度养护目标

(1) 总体技术状况：MQI评分为90分及以上，评定等级为优。

(2) 路面：PQI评分为90分及以上，评定等级为优，优等路率达到80%以上，消除次、差等级路面。

(3) 路基：SCI评分为90分及以上，评定等级为优，全线评定单元保证90%以上为优秀水平。

(4) 桥涵构筑物：BCI评分为100分，技术状况等级评定为二类及以上，消除三类桥梁及三类重要构件，消除较差涵洞。

(5) 沿线设施：TCI评分为90分及以上，评定等级为优，确保标志、标牌、标线清晰完整，护栏顺直、无残缺，完好率达到100%。

2.3.4 养护措施作业指导原则

(1) 当路面强度不能满足交通主管部门行业要求及业主要求时需采取大修养护措施以提高其承载能力，大修决策时机为PSSI评分接近80分时；

(2) 在强度满足要求的前提下，路面损坏状况指数PCI或路面行驶质量指数RQI不能满足交通主管部门行业要求和业主要求时，中修决策时机为PCI或RQI评分接近85分时；

(3) 抗滑能力不足的路段，采取加铺抗滑磨耗层等措施来提高路表面的抗滑能力，决策时机为SRI<75；

(4) 车辙严重路段，采取挖除或切削或铣刨原有车辙，再加铺KAC沥青混合料或SMA等措施来修补车辙，决策时机为RDI<75；

(5) 在路面损坏状况指数PCI或路面行驶质量指数RQI评价宜为优的时候采取预防性养护措施来修复路面初期病害，延缓道路使用性能的衰减，提高道路的耐久性。预防性养护决策时机为PCI或RQI≥90分时；

(6) 当桥梁技术状况良好，桥梁主要受力构件无结构性损伤（弯曲、剪切裂缝未超限）问题，只出现功能型损伤（如：桥面铺装较好、伸缩缝堵塞、支座轻微变形、铰缝局部破损渗漏水，横向联系局部破损；桥梁墩台裂缝、宽度未超限；混凝土局部破损、露筋等问题)，为保证桥梁耐久性，采取预防性养护措施。预防性养护决策时机为等级评分≥88分。

(7) 当桥梁技术状况较好，桥梁主要受力构件出现结构性损伤（弯曲、剪切裂缝临界）问题，功能型损伤（如：桥面铺装裂缝、伸缩缝堵塞、支座变形、铰缝局部破损渗漏水，横向联系局部破损；桥梁墩台裂缝、宽度超限；混凝土局部破损、露筋等问题)较严重，为提高桥梁耐久性，采取小修养护措施。小修养护决策时机等级评分BCI<88分、

BCI≥80分。

（8）当桥梁技术状况较差，桥梁主要受力构件出现结构性损伤（弯曲、剪切裂缝超限）问题，功能型损伤（如：桥面铺装裂缝、伸缩缝堵塞、支座变形过大、铰缝破损渗漏水严重，横向联系局部破损严重；桥梁墩台裂缝、宽度超限；混凝土局部破损、露筋等问题）严重，为保证桥梁的安全性，采取中修养护措施。中修养护决策时机为等级评分BCI<80分、BCI≥70分。

2.4 高速公路养护规划指标体系

2.4.1 养护管理指标体系

通过将养护规范和项目实际相结合，提炼出控制养护管理中长期规划的关键养护节点所必需的道路、桥梁关键技术指标，制定满足高速公路安全、快捷、高效、经济、舒适所必需的管理指标；建立合理的养护管理指标体系（图2-2），将养护技术指标和管理指标通过定期检测结果进行对照，对于不能满足管理指标的路段及桥梁和时采取措施进行养护投入，使其恢复正常技术状况和使用功能。同时高速公路管理单位通过制定年度目标、国检年目标和中长期目标，对项目运营期内的道路、桥梁技术状况进行掌控，最终达到经济合理，符合企业利益和社会需求的双重目的。

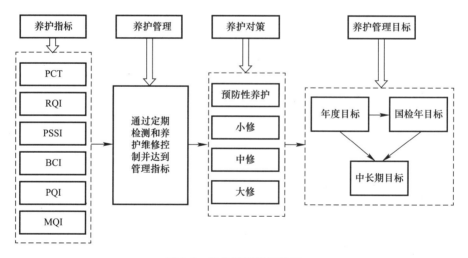

图 2-2 养护管理指标体系

2.4.2 养护对策决策体系

项目的养护对策是根据项目的各项经济技术指标来合理确定的，通过分析项目路段的各项技术指标、所处环境及原设计路面特点，以预防为主，标本兼治为原则综合确定适用于高速公路路段的养护对策。建立符合项目路段特点的养护对策，根据道路与桥梁不同的可控指标分别制定标准，通过决策矩阵遴选适用对策，再通过决策树推演方式进行最后决策，以保证养护对策的科学性、合理性和经济性，从而实现养护投入的效益最大化。

【项目实例】根据高速公路养护标准,从安徽省某高速公路目前的技术状况来看,绝大多数处于"预防性养护"的阶段。各指标养护标准与相应的对策选择方法分析如下:

(1) 路面结构强度指标是区分路面结构改建与否的关键,也是路面养护时首先需要考虑的因素。

(2) 路面损坏 PCI 是判断路面是否需要养护、需要采取什么措施进行养护的重要依据。在路面结构强度足够的情况下,是路面养护时首先需要考虑的因素。

(3) 在路面损坏 PCI 符合要求时,针对路面平整度指数 RQI 为满足要求的情况,可以考虑采用罩面技术进行处治。

(4) 路面结构强度、路面损坏和路面平整度是最主要的路况三大指标,在其相同的情况下,道路上的交通量不同也直接影响养护措施的选择,交通量越重,选择越厚的罩面措施。

(5) 考虑到车辙问题较为突出,在以上基础上,根据车辙深度的不同分别选择"找平"类措施,或需要先铣刨再罩面,或增加罩面厚度。局部路段车辙专项治理按图 2-3 所示进行养护决策。

(6) 在需要进行"中修"和"大修"时,默认其养护后的路面抗滑能力同时也能满足要求,因此,路面抗滑能力养护主要在路面不需要进行"中修"和"大修"时考虑。局部抗滑专项治理按图 2-4 所示进行养护决策。

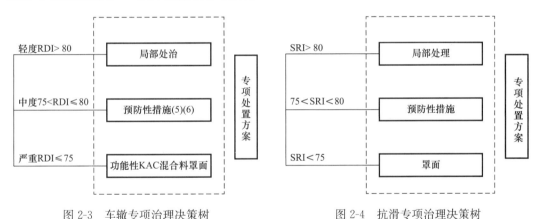

图 2-3 车辙专项治理决策树　　图 2-4 抗滑专项治理决策树

(7) 另外,当路面的标高受限制时,在原路面上直接进行较厚的罩面可能有困难,此时应考虑实施先铣刨再罩面的措施。

综合上述处治原则方法,分路段养护措施如图 2-5 所示进行决策。

2.4.3　养护方案最佳组合

确定最佳的养护时机及费用最优的养护方案组合。最佳养护时机的确定往往是决定全寿命养护成本可控性的关键,最优的全寿命养护方案组合又会进一步节约全寿命周期内的养护资金。适当的时机进行适宜的养护措施将大幅降低全寿命周期养护成本,同时还能达到更好的养护效果,实现社会效益和经济效益的双重最大化。目前较为通行的做法是通过一定养护措施组合,使得项目的全寿命养护费效比最优,那么这样的养护方案组合即为最佳方案。本书将用现值法对各种养护方案的组合进行经济分析,最终确定最佳的养护方案组合和维修时机,从而实现养护方案的优化。

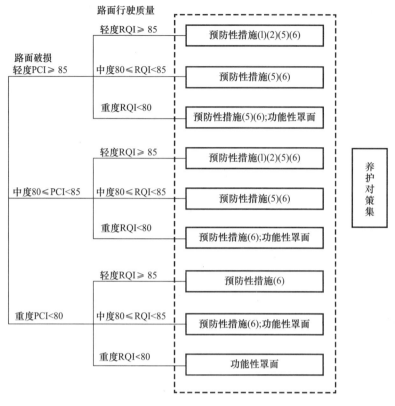

图 2-5 养护决策树

2.4.4 养护效果保证体系

合理优化养护资金配置，以保证最佳养护效果。通过高速公路整个收费期内各年养护投入与通行费收入之间的关系分析，可对大修年度的资金准备和现金流保障提供可靠的依据和有力的资金规划，并建立养护效果保障体系，见图 2-6。

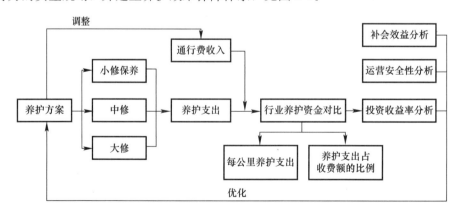

图 2-6 收费期内养护效果保证体系

合理的资金规划，既可以清楚地了解项目的长期收益情况，又能保证项目养护经费的开支充足。本书将养护方案、维修时间、养护支出、收入分配、养护效果考察和投资效益分析融合在一起，形成集技术、养护、管理、经济为一体的中长期规划。

3 高速公路技术状况分析

高速公路技术状况指数 MQI 包含两层含义，对高速公路技术状况的客观描述和对高速公路养护质量和管理水平的科学评价；评价标准采用了优、良、中、次、差五个评价等级，见表 3-1。

公路技术状况评定标准　　　　　　表 3-1

评价登记	优	良	中	次	差
MQI 及各级分项指标	≥90	≥80，<90	≥70，<80	≥60，<70	<60

高速公路技术状况指数 MQI 的分项指标包括 PQI、SCI、BCI 和 TCI，路面指标还包括 PCI、RQI、RDI、SRI 和 PSSI，共 4 大项 5 小项，各项指标的值域均为 0~100。

高速公路技术状况检测与调查包括路面、路基、桥隧构造物和沿线设施四部分内容。高速公路技术状况检测以 1000m 路段为基本检测或调查单元。高速公路技术状况数据按上行方向（桩号递增方向）和下行方向（桩号递减方向）分别检测。采用快速检测方法检测路面使用性能评定所需数据时，每个检测方向至少检测一个主要行车道。主要行车道：通常指单车道全幅路面、双车道双向混合行驶的全幅路面、双车道双向分道行驶的上行或下行车道、四车道双向分道行驶的外侧车道、六车道双向分道行驶的中间车道、八车道以上双向分道行驶的中间两个或多个车道。

高速公路检测与调查频率可根据国内外的研究文献、国内的评定标准、我国公路管理需求和快速检测设备的技术性能及检测成本确定。《公路技术状况评定标准》规定的检测频率为最低检测与调查频率，有条件的省市或地区可根据实际情况，适当增加部分指标的检测与调查频率或按季度检测，确保高速公路技术状况的变化能被及时掌握。

3.1 高速公路检测技术

高速公路技术状况检测与调查包括路面、路基、桥隧构造物和沿线设施四部分内容。高速公路路面检测包括路面损坏、平整度、车辙、抗滑性能和结构强度五项指标；其中，路面结构强度为抽样检测指标。桥隧构造物调查包括桥梁、隧道和涵洞三类构造物。

国内外常用的路面快速检测设备包括多功能路况快速检测设备和路面抗滑性能检测设备。《公路技术状况评定标准》要求路面损坏、路面平整度、路面车辙和路面抗滑性能指标均能通过上述两种设备实现自动检测。为了提高我国公路检测技术水平及装备条件，交通部从 20 世纪 80 年代起，组织了多项国家重点科技攻关研究项目，形成了路面抗滑性能检测车（RiCS）和路况快速检测系统（CiCS）等多项重大科研成果，基本解决了路面技术状况快速检测的重大技术难题，提高了我国公路技术状况快速检测的装备水平。

（1）路面抗滑性能检测车

路面抗滑性能检测车（RiCS）能以车流速度（0~80km/h）快速采集路面的横向力系

数（SFC）数据，是路面安全性评价的重要设备；

（2）路况快速检测系统

路况快速检测系统（CiCS）是交通部西部交通建设科技项目和国家高技术研究发展计划（863计划）研究成果，该设备能以车流速度（0～100km/h），快速、准确地采集路面损坏、路面平整度、路面车辙、纹理深度和前方图像等指标，与之配套的路面损坏识别系统（CiAS）软件能自动识别CiCS检测图像，识别准确率满足《公路技术状况评定标准》要求。

自动识别是一种与图像检测、图像处理、模式识别和软件有关的路面损坏识别技术。根据国内外经验，计算机自动识别时，只有在识别软件的识别准确率达到一定程度如90％以上时，其识别结果才能被直接用于技术状况评定及路面养护分析。

为了减少对公路正常交通运营的干扰，节省检测费用和资源，在检测路面车辙时，应考虑与可快速检测的路面损坏、路面平整度等指标结合起来，用多功能快速检测设备统一检测。

计算机存储技术的快速发展允许保存更详细、更多的原始数据。详细的原始数据可用于路面养护决策分析和养护设计。因此，所有基于快速检测设备的原始检测数据包括横向力系数、车辙、路面平整度、路面损坏（裂缝图像）都应尽可能以高密度（10～20m）长期保存。

路面弯沉和路面平整度检测设备需要经常性标定，只有当标定的相关系数达到0.95以上时，检测设备才有可信的数据关系。按照世界银行有关检测设备应用指南的规定，路面平整度应采用基于精密水准仪的国际平整度指数（IRI）标定方法。根据我国沥青路面的相关设计规范，沥青路面结构强度分析的主要依据是回弹弯沉，因此路面弯沉检测设备的基本标定工具应是能够采集路面回弹弯沉数据的贝克曼梁。

3.2 高速公路技术状况数据采集

3.2.1 检测与调查频率

公路技术状况评定所需数据的最低检测与调查频率，见表3-2。

最低检测与调查频率　　表3-2

检测内容		路面损坏（PCI）	路面平整度（RQI）	抗滑性能（SRI）	路面车辙（RDI）	结构强度（PSSI）
路面PQI	沥青	1年1次	1年1次	2年1次	1年1次	抽样检测
	水泥混凝土	1年1次	1年1次	2年1次		
路基SCI		1年1次				
桥隧构造物BCI		按现行标准规范的有关规定执行				
沿线设施TCI		1年1次				

3.2.2 路面损坏状况检测

路面损坏状况检测，宜采用自动化的快速检测方法。采用快速检测设备检测路面损坏时，应纵向连续检测，横向检测宽度不得小于车道宽度的70％。检测设备应能够分辨

1mm 以上的路面裂缝，检测结果宜采用计算机自动识别，识别准确率应达到 90% 以上。有条件的地区，可借助便携式路况数据采集仪进行现场调查、汇总、计算与评定。紧急停车带按路肩处理。路面损坏检测数据（快速检测）应以 10m 为单位长期保存。

3.2.3 路面平整度检测

路面平整度检测，宜采用快速检测设备，可结合路面损坏和车辙一并检测。单独检测路面平整度时，宜采用高精度的断面类检测设备。路面平整度检测设备必须定期标定，每年至少标定一次，标定的相关系数应大于 0.95。路面平整度检测数据（快速检测）应以 20m 为单位长期保存。

3.2.4 路面车辙检测

路面车辙检测，宜采用快速检测设备，可结合路面损坏和路面平整度一并检测。路面车辙检测设备必须定期标定，每年至少标定一次。根据断面数据计算路面车辙深度（RD），计算结果应以 10m 为单位长期保存。

3.2.5 路面抗滑性能检测

路面抗滑性能检测，宜采用基于横向力系数的路面抗滑性能检测设备或其他具有可靠数据标定关系的自动化检测设备。检测设备必须定期标定，每年至少标定一次。路面抗滑性能检测数据（横向力系数）应以 20m 为单位长期保存。

3.2.6 路面结构强度检测

路面结构强度检测，宜采用自动检测设备检测。自动检测时，宜采用具有可靠数据标定关系的自动化检测设备，检测结果应能换算成我国相关技术规范规定的回弹弯沉值。自动检测设备必须定期标定，每年至少标定一次。标定的相关系数不得小于 0.95。弯沉检测数据应以 20m 为单位长期保存。采用贝克曼梁检测时，检测数量应不小于 20 点/(km·车道)。抽样检测时，检测范围可控制在养护里程的 20% 以内。

3.2.7 路基、桥隧构造物和沿线设施调查

高速公路技术状况评定所需要的路基、桥隧构造物和沿线设施数据，可按现行行业标准《公路技术状况评定标准》JTG 5210 规定的损坏类型实地调查。路况数据采集仪是用于快速记录路基、路面、桥隧构造物和沿线设施损坏（类型、数量、位置）的便携式设备；具有快速记录、汇总、计算和 MQI 及分项指标评定的功能，检测数据可采用有线或无线方式直接传输给路面管理系统（CPMS）。有条件的地区，可借助便携式路况数据采集仪进行现场调查、汇总、计算与评定。

3.3 高速公路技术状况统计分析

3.3.1 路面使用性能及其指数 PQI

沥青路面使用性能评价包含路面损坏、平整度、车辙、抗滑性能和结构强度五项技术

内容。其中，路面结构强度为抽样评定指标，单独计算与评定，评定范围根据路面大中修养护需求、路基的地质条件等自行确定。

水泥混凝土路面使用性能评价包含路面损坏、平整度和抗滑性能三项技术内容。

路面使用性能指数（PQI）按式（3-1）计算，式中 PQI 分项指标权重，见表3-3。

$$\text{PQI} = w_{\text{PCI}}\text{PCI} + w_{\text{RQI}}\text{RQI} + w_{\text{RDI}}\text{RDI} + w_{\text{SRI}}\text{SRI} \tag{3-1}$$

PQI 分项指标权重　　　　　　　　　　　　　　　表3-3

路面类型	w_{PCI}	w_{RQI}	w_{RDI}	w_{SRI}
沥青路面	0.35	0.40	0.15	0.10
水泥混凝土路面	0.50	0.40	—	0.10

（1）路面损坏状况及破损指数 PCI

路面损坏用路面损坏状况指数（PCI）评价，PCI 按式（3-2）和式（3-3）计算。

$$\text{PCI} = 100 - a_0 \text{DR}^{a_1} \tag{3-2}$$

$$\text{DR} = 100 \times \frac{\sum_{i=1}^{i_0} w_i A_i}{A} \tag{3-3}$$

式中：DR——路面破损率（Pavement Distress Ratio），为各种损坏的折合损坏面积之和与路面调查面积之百分比（%）；

A_i——第 i 类路面损坏的面积（m²）；

A——调查的路面面积（调查长度与有效路面宽度之积，m²）；

w_i——第 i 类路面损坏的权重，沥青路面按表3-4取值，水泥混凝土路面按表3-5取值；

a_0——沥青路面采用15.00，水泥混凝土路面采用10.66；

a_1——沥青路面采用0.412，水泥混凝土路面采用0.461；

i——考虑损坏程度（轻、中、重）的第 i 项路面损坏类型；

i_0——包含损坏程度（轻、中、重）的损坏类型总数，沥青路面取21，水泥混凝土路面取20。

沥青路面损坏类型和权重　　　　　　　　　　　　表3-4

类型（i）	损坏名称	损坏程度	权重（w_i）	计量单位
1 2 3	龟裂	轻 中 重	0.6 0.8 1.0	面积 m²
4 5	块状裂缝	轻 重	0.6 0.8	面积 m²
6 7	纵向裂缝	轻 重	0.6 1.0	长度 m （影响宽度：0.2m）
8 9	横向裂缝	轻 重	0.6 1.0	长度 m （影响宽度：0.2m）
10 11	坑槽	轻 重	0.8 1.0	面积 m²

续表

类型（i）	损坏名称	损坏程度	权重（w_i）	计量单位
12	松散	轻	0.6	面积 m²
13		重	1.0	
14	沉陷	轻	0.6	面积 m²
15		重	1.0	
16	车辙	轻	0.6	长度 m（影响宽度：0.4m）
17		重	1.0	
18	波浪拥包	轻	0.6	面积 m²
19		重	1.0	
20	泛油		0.2	面积 m²
21	修补		0.1	面积 m²

水泥混凝土路面损坏类型和权重　　　　表 3-5

类型（i）	损坏名称	损坏程度	权重（w_i）	计量单位
1	破碎板	轻	0.8	面积 m²
2		重	1.0	
3	裂缝	轻	0.6	长度 m（影响宽度：1.0m）
4		中	0.8	
5		重	1.0	
6	板角断裂	轻	0.6	面积 m²
7		中	0.8	
8		重	1.0	
9	错台	轻	0.6	长度 m（影响宽度：1.0m）
10		重	1.0	
11	唧泥	—	1.0	长度 m（影响宽度：1.0m）
12	边角剥落	轻	0.6	长度 m（影响宽度：1.0m）
13		中	0.8	
14		重	1.0	
15	接缝料损坏	轻	0.4	长度 m（影响宽度：1.0m）
16		重	0.6	
17	坑洞	—	1.0	面积 m²
18	拱起	—	1.0	面积 m²
19	露骨	—	0.3	面积 m²
20	修补	—	0.1	面积 m²

沥青路面、水泥混凝土路面评价模型（PCI）采用了相同的模型结构和变量（DR）。由于不同路面具有不同的损坏类型和权重，针对不同路面给出了不同的模型参数。PCI 与 DR 关系见表 3-6。

PCI-DR 对应关系　　　　表 3-6

PCI	90	80	70	60
DR 沥青路面	0.4	2.0	5.5	11.0
DR 水泥路面	0.8	4.0	9.5	18.0

【项目实例】根据检测结果,安徽省某高速路面损坏类病害较轻,病害种类不多且病害总数量较少,各种病害换算成 PCI 指数如表 3-7 所示。

路面损坏状况(PCI)统计 表 3-7

指标	优		良		中		PCI综合评价	
	长度(km)	比例(%)	长度(km)	比例(%)	长度(km)	比例(%)		
双向	323.2	81.6	73	18.4	0	0	92.8	优
上行行	64.8	66.9	32	33.1	0	0	90.9	优
上行超	90.8	93.8	6	6.2	0	0	94.4	优
下行行	68.3	67.4	33	32.6	0	0	91.2	优
下行超	99.3	98.0	2	2.0	0	0	94.7	优

从路面破损状况指数 PCI 统计表可以看出,安徽省某高速全线的路面整体情况优良,全线双向四车道 PCI 值均属于优秀水平。

(2)路面车辙及车辙深度指数 RDI

路面车辙用路面车辙深度指数(RDI)评价,按式(3-4)计算。

$$RDI = \begin{cases} 100 - a_0 RD & (RD \leqslant RD_a) \\ 60 - a_1(RD - RD_a) & (RD_a < RD \leqslant RD_b) \\ 0 & (RD > RD_b) \end{cases} \quad (3-4)$$

式中:RD——车辙深度(mm);

RD_a——车辙深度参数,采用 20mm;

RD_b——车辙深度限值,采用 35mm;

a_0——模型参数,采用 2.0;

a_1——模型参数,采用 4.0。

随着重载交通的快速增长和渠化作用的加剧,车辙已经逐渐成为我国高速公路路面损坏的主要形式之一。根据对我国部分省市高速公路路面损坏类型的现状调查,裂缝占路面损坏的比例经常超过 60%,其次就是路面车辙损坏,车辙损坏有时会高达 30%。因此,将高速公路路面车辙列为独立的检测评价指标,并用路面车辙深度指数(RDI)表示。同时,高速公路技术状况评定时,表 3-4 的路面车辙损坏不再重复计算。车辙深度指数(RDI)与车辙深度(RD)的对应关系见表 3-8。

RDI-RD 对应关系 表 3-8

RDI	90	80	70	60	0
RD(mm)	5	10	15	20	35

【项目实例】从安徽省某高速双向四车道检测的车辙深度公里均值来看,各评定单元公里均值低于 10mm,属于轻度车辙,远低于高速公路沥青路面的养护标准 RD≤15mm。行车道车辙深度公里均值较超车道相差较大,行车道车辙深度公里均值基本上集中于 4~8mm,超车道车辙深度公里均值基本上集中于 2~6mm。总体来看,安徽省某高速全线车辙病害较轻,整体情况良好。具体统计如表 3-9 所示。

路面车辙深度（RDI）统计　　　　　表 3-9

指标	优		良		中		RDI综合评定	
	长度（km）	比例（%）	长度（km）	比例（%）	长度（km）	比例（%）		
双向	264.1	66.7	132.1	33.3	0	0	90.7	优
上行行	32.5	33.6	64.3	66.4	0	0	89.0	良
上行超	91.3	94.3	5.5	5.7	0	0	92.0	优
下行行	39	38.5	62.3	61.5	0	0	89.2	良
下行超	101.3	100	0	0	0	0	92.7	优

从路面车辙深度指数 RDI 统计表可以看出，安徽省某高速全线的路面整体情况优良，全线上下行行车道 RDI 值均在良好水平，上下行超车道 RDI 均在优秀水平。

（3）路面平整度及其指数 RQI

路面平整度用路面行驶质量指数（RQI）评价，按式（3-5）计算。

$$RQI = \frac{100}{1 + a_0 e^{a_1 IRI}} \tag{3-5}$$

式中：IRI——国际平整度指数（m/km）；

a_0——高速公路和一级公路采用 0.026，其他等级公路采用 0.0185；

a_1——高速公路和一级公路采用 0.65，其他等级公路采用 0.58。

道路用户对高速公路（行驶速度）有行驶质量要求或行驶舒适性期望。根据道路实验和大量的统计数据，为高速公路确定了 RQI 参数。行驶质量或行驶舒适性与路面平整度紧密相关，在《高速公路养护质量检评方法（试行）》中，IRI4.0m/km 和 IRI6.0m/km 分别被定义为优（RQI 90）和良（RQI 80）。根据我国公路养护技术的发展状况和公路养护的技术能力，将优（RQI 90）和良（RQI 80）对应的路面平整度分别提高到 IRI2.3m/km 和 3.5m/km。调整后的评价模型参数在一定程度上反映了我国路面铺筑技术的进步和道路用户对路面平整度的期望水平。RQI 与 IRI 对应关系见表 3-10。

RQI 与 IRI 对应关系　　　　　表 3-10

RQI	90	80	70	60
IRI	2.3	3.5	4.3	5.0

【项目实例】安徽省某高速双向四车道国际平整度指数 IRI 值在 0.5~2.5（mm）之间波动，行车舒适性较好。比较四个车道 IRI 检测结果，上行行车道相对 IRI 最大，但四车道总体水平相当。说明安徽省某高速全线平整度指标表现良好，对行车舒适性影响较小，且超车道行车舒适性要优于行车道。其各车道的平整度指数 RQI 如表 3-11 所示。

路面平整度指数（RQI）统计　　　　　表 3-11

指标	优		良		中		RQI综合评定	
	长度（km）	比例（%）	长度（km）	比例（%）	长度（km）	比例（%）		
双向	396.2	99.7	1	0.3	0	0	94.5	优
上行行	95.8	99.0	1	1.0	0	0	94.2	优
上行超	96.8	100	0	0	0	0	94.7	优
下行行	101.3	100	0	0	0	0	94.4	优
下行超	101.3	100	0	0	0	0	94.8	优

从路面平整度指数 RQI 统计表可以看出，安徽省某高速全线的路面整体情况优良，全线上下行四车道 RQI 值均在优秀水平。

（4）路面抗滑及其指数 SRI

路面抗滑性能用路面抗滑性能指数（SRI）评价，按式（3-6）计算。

$$SRI = \frac{100 - SRI_{min}}{1 + a_0 e^{a_1 SFC}} + SRI_{min} \tag{3-6}$$

式中：SFC——横向力系数（Side-way Force Coefficient）；

SRI_{min}——标定参数，采用 35.0；

a_0——模型参数，采用 28.6；

a_1——模型参数，采用 -0.105。

路面抗滑性能指数（SRI）与横向力系数（SFC）的对应关系见表 3-12。

SRI-SFC 对应关系　　　　　　　　　　　　　　　　表 3-12

SRI	90	80	70	60
SFC	48	40	33.5	27.5

【项目实例】安徽省某高速采用偏转轮拖车法所测得的横向力系数 SFC 值来评定，从安徽省某高速双向四车道的横向力系数代表值 SFC 来看，在检测的数据中可以看到，全线未发现 SFC 小于 40 的路段，其各车道的抗滑指数 SRI 如表 3-13 所示。

路面抗滑指数（SRI）统计　　　　　　　　　　　　　　表 3-13

指标	优		良		中		SRI 综合评定
	长度（km）	比例（%）	长度（km）	比例（%）	长度（km）	比例（%）	
双向	387.2	97.7	9	2.3	0	0	95.8　优
上行行	92.8	95.9	4	4.1	0	0	94.3　优
上行超	96.8	100	0	0	0	0	97.3　优
下行行	101.3	100	0	0	0	0	95.5　优
下行超	96.3	95.1	5	4.9	0	0	96.2　优

从路面抗滑指数 SRI 统计表可以看出，安徽省某高速全线的路面整体情况优良，全线四个车道的 SRI 值均处于优秀水平。

（5）路面结构强度及其指数 PSSI

对路面结构强度采用了抽样检测与评定的方法，主要是考虑全面、系统、大规模路面结构强度检测的时限要求，不同省市的装备条件及技术能力（检测速度）的差异。营运单位应根据路面大中修养护需求、路基的地质条件（如，软土、高填方路段）等因素，确定路面结构强度检测范围，选择检测位置。

路面结构强度用路面结构强度指数（PSSI）评价，按式（3-7）和式（3-8）计算。

$$PSSI = \frac{100}{1 + a_0 e^{a_1 SSI}} \tag{3-7}$$

$$SSI = \frac{l_d}{l_0} \tag{3-8}$$

式中：SSI——路面结构强度系数（Structure Strength Coefficient），为路面设计弯沉与实

测代表弯沉之比；

l_d——路面设计弯沉（mm）；

l_0——实测代表弯沉（mm）；

a_0——模型参数，采用 15.71；

a_1——模型参数，采用 -5.19。

3.3.2 路基技术状况及其指数 SCI

在路基损坏中，不同的路基损坏类型会对路基损坏和公路运营产生不同的影响效果。为了反映不同类型损坏的影响程度，在路基（包括沿线设施）中引进了权重参数。SCI（包括 BCI 和 TCI）损坏扣分值的确定依据是抽样调查和专家经验。

路基技术状况用路基技术状况指数（SCI）评价，按式（3-9）计算。

$$\text{SCI} = \sum_{i=1}^{8} w_i (100 - \text{GD}_{iSCI}) \tag{3-9}$$

式中：GD_{iSCI}——第 i 类路基损坏的总扣分（Global Deduction），最高分值为 100，按表 3-14 的规定计算；

w_i——第 i 类路基损坏的权重，按表 3-14 取值；

i——路基损坏类型。

路基损坏扣分标准 表 3-14

类型（i）	损坏名称	损坏程度	计量单位	单位扣分	权重（w_i）
1	路肩边沟不洁		m	0.5	0.05
2	路肩损坏	轻	m²	1	0.10
		重		2	
3	边坡坍塌	轻	处	20	0.25
		中		30	
		重		50	
4	水毁冲沟	轻	处	20	0.25
		中		30	
		重		50	
5	路基构造物损坏	轻	处	20	0.10
		中		30	
		重		50	
6	路缘石缺损		m	4	0.05
7	路基沉降	轻	处	20	0.10
		中		30	
		重		50	
8	排水系统淤塞	轻	m	1	0.10
		重	处	20	

3.3.3 桥隧构造物技术状况及其指数 BCI

桥梁、隧道和涵洞技术状况用桥隧构造物技术状况指数（BCI）评价，按式（3-10）计算。

$$BCI = \min(100 - GD_{iBCI}) \quad (3-10)$$

式中：GD_{iBCI}——第 i 类构造物损坏的总扣分，最高分值为 100，按表 3-15 的规定计算；

i——构造物类型（桥梁、隧道或涵洞）。

桥隧构造物扣分标准 表 3-15

类型（i）	项目	技术状况评定等级	计量单位	单位扣分	备注
1	桥梁	一、二 三 四 五	座	0 40 70 100	采用《公路桥涵养护规范》JTG H11—2004 的评定方法，五类桥梁所属路段的 MQI=0
2	隧道	S：无异常 B：有异常 A：有危险	座	0 50 100	采用《公路隧道养护技术规范》JTG H12—2003 的评定方法，危险隧道所属路段的 MQI=0
3	涵洞	好、较好 较差 差 危险	道	0 40 70 100	采用《公路桥涵养护规范》JTG H11—2004 的评定方法，危险涵洞所属路段的 MQI=0

3.3.4 沿线设施技术状况及其指数 TCI

沿线设施技术状况用沿线设施技术状况指数（TCI）评价，按式（3-11）计算。

$$TCI = \sum_{i=1}^{5} w_i (100 - GD_{iTCI}) \quad (3-11)$$

式中：GD_{iTCI}——第 i 类设施损坏的总扣分，最高分值为 100，按表 3-14 的规定计算；

w_i——第 i 类设施损坏的权重，按表 3-16 取值；

i——设施的损坏类型。

沿线设施扣分标准 表 3-16

类型（i）	损坏名称	损坏程度	计量单位	单位扣分	权重（w_i）	备注
1	防护设施缺损	轻 重	处	10 30	0.25	
2	隔离栅损坏		处	20	0.10	
3	标志缺损		处	20	0.25	
4	标线缺损		m	0.1	0.20	每 10m 扣 1 分，不足 10m 以 10m 计
5	绿化管护不善		m	0.1	0.20	

3.4 高速公路技术状况评定

高速公路技术状况指数 MQI 按式（3-12）计算。

$$MQI = w_{PQI}PQI + w_{SCI}SCI + w_{BCI}BCI + w_{TCI}TCI \quad (3-12)$$

式中：w_{PQI}——PQI 在 MQI 中的权重，取值为 0.70；

w_{SCI}——SCI 在 MQI 中的权重，取值为 0.08；

w_{BCI}——BCI 在 MQI 中的权重，取值为 0.12；
w_{TCI}——TCI 在 MQI 中的权重，取值为 0.10。

高速公路技术状况及其指标 MQI 的基本评定单元是长度为 1000m 的路段。在路面类型、交通量、路面宽度和养管单位变化处，评定单元不受此限制，但评定路段长度不应超过 2000m。MQI 评定路段长度的确定应与路面管理系统（CPMS）的管理路段划分结合起来。

桥隧构造物技术状况评定内容包括桥梁、隧道和涵洞。桥隧构造物技术状况评定所需数据是依据现行的《公路桥涵养护规范》和《公路隧道养护技术规范》评定的技术等级。BCI 评定前提是桥梁、隧道和涵洞技术等级评定数据有效、准确。如果桥梁、隧道和涵洞技术等级评定结果与现状有明显差别，或定期检测数据（1～3 年）不能反映当前的技术现状，需要按《公路桥涵养护规范》和《公路隧道养护技术规范》规定方法，更新检测数据和评定结果，然后再实施 BCI 评定。

对非整公里的路段，为了使评定结果具有可比性，应将 SCI、BCI 和 TCI 三项指标的评价结果换算成整公里值。换算方法是将 SCI、BCI 和 TCI 的损坏数据除以路段长度（扣分×基本评定单元长度/实际检测路段长度），然后再计算 SCI、BCI 和 TCI。

高速公路先按上、下行分别统计 MQI，然后将上下行结果的平均值作为评定路段或路线的 MQI。

3.5 高速公路技术状况统计分析实例

3.5.1 路面技术状况统计分析

安徽省某高速公路是安徽省第一条全线采用 SMA 技术的高速公路，为双向四车道、全封闭、全立交平原微丘高速公路，设计行车速度为 120km/h。路基宽 28m，路面宽 23.5m，设计荷载等级：计算荷载为汽-超 20，验算荷载为挂-120，路面标准轴载 BZZ-100。路面结构：上面层采用 4cm 沥青玛蹄脂碎石混合料 SMA-13，中面层采用 6cm 中粒式沥青混凝土 AC-20，下面层采用 6cm 粗粒式沥青混凝土 AC-25，基层水泥稳定碎石厚 35cm，底基层综合稳定土厚 20cm。

对安徽省某高速公路全线道路技术状况进行了检测，检测包括沥青路面的路面损坏状况、路面平整度、路面车辙、路面抗滑性能的检测。路面检测范围为安徽省某高速公路 K401+000—K502+300 全线四车道，其中上行 K466+000—K470+500 因施工占道未能检测，总检测里程为 396.2km。

本章通过对检测数据的总结和分析，从而制定出针对性的养护措施；并以此为基础，结合交通量规划和路面使用性能预测模型制定中远期的养护规划。

（1）总体技术状况描述

安徽省某高速公路路面使用性能 PQI 评分为 93.5，评定等级为优，公里评定单元优秀率达 99.5%，良等路 2.0km，占检测总里程的 0.5%，上下行线评定结果接近。

道路主要病害表现为横向裂缝、纵向裂缝，以及少量的坑槽、块裂、龟裂病害，且损坏程度以轻度为主；全线车辙病害较轻，但局部有少量重度车辙病害；全线未发现明显的松散、波浪拥包、泛油等病害现象。

（2）道路技术状况统计分析

安徽省某高速公路路面状况采用《公路技术状况评定标准》JTG 5210 进行统计与评定，以安徽省某高速全线双向四车道为路面状况分析对象，以检测单位的检查数据为依据。从检测结果来看，安徽省某高速路面损坏类病害较轻，病害种类不多且病害总数量较少。安徽省某高速公路各主要性能指数的简要描述如下：

(a) 路面损坏状况及破损指数 PCI

根据检测结果，安徽省某高速路面损坏类病害较轻，病害种类不多且病害总数量较少，各种病害换算成 PCI 指数，见表 3-7。从路面破损状况指数 PCI 统计表可以看出，安徽省某高速全线的路面整体情况优良，全线双向四车道 PCI 值均属于优秀水平。

(b) 路面车辙及车辙深度指数 RDI

从安徽省某高速双向四车道检测的车辙深度公里均值来看，各评定单元公里均值低于 10mm，属于轻度车辙，远低于高速公路沥青路面的养护标准 RD≤15mm。行车道车辙深度公里均值较超车道为大，从统计上来看，行车道车辙深度公里均值基本上集中于 4～8mm，超车道车辙深度公里均值基本上集中于 2～6mm。总体来看，安徽省某高速全线车辙病害较轻，整体情况良好，具体统计如表 3-9 所示。从路面车辙深度指数 RDI 统计表可以看出，安徽省某高速全线的路面整体情况优良，全线上下行行车道 RDI 值均在良好水平，上下行超车道 RDI 均在优秀水平。

(c) 路面平整度及其指数 RQI

安徽省某高速双向四车道国际平整度指数 IRI 值在 0.5～2.5mm 之间波动，行车舒适性较好。比较四个车道 IRI 检测结果，上行行车道相对 IRI 最大，但四车道总体水平相当。说明安徽省某高速全线平整度指标表现良好，对行车舒适性影响较小，且超车道行车舒适性要优于行车道。其各车道的平整度指数 RQI 如表 3-11 所示。从路面平整度指数 RQI 统计表可以看出，安徽省某高速全线的路面整体情况优良，全线上下行四车道 RQI 值均在优秀水平。

(d) 路面抗滑及其指数 SRI

安徽省某高速采用偏转轮拖车法所测得的横向力系数 SFC 值来评定，从安徽省某高速双向四车道的横向力系数代表值 SFC 来看，在检测的数据中可以看到，全线未发现 SFC 小于 40 的路段，其各车道的抗滑指数 SRI 如表 3-13 所示。从路面抗滑指数 SRI 统计表可以看出，安徽省某高速全线的路面整体情况优良，全线四个车道的 SRI 值均处于优秀水平。

(e) 养护历史及其效果评价

安徽省某高速自 2006 年通车以后没有进行过大中修改造，只有少量小修保养。2008 年下半年对 K78+000-K71+900 左幅、K70+000-K66+000 右幅、K466-K460 左右幅、K484-K490 右幅行车道、K478-K484 右幅、K466-K471+900 左幅、K470-K472 右幅行车道、K484-K478 左幅和 K472-K478 右幅进行了雾封层处理。2012 年及 2013 年也对部分路段进行了微表处及雾封层处理。安徽省某高速公路维修保养情况，见表 3-17。

安徽省某高速公路维修保养情况 表3-17

序号	养护措施	具体养护方案	实施路段	施工时间	资金（万元）
1	预防性养护	雾封层	K478+000-K471+900 左幅 K470+000-K466+000 右幅	2008.10-2008.11	68.3
		雾封层	K466-K460 左右幅 K484-K490 右幅行车道 K478-K484 右幅 K466-K471+900 左幅 K470-K472 右幅行车道 K484-K478 左幅 K472-K478 右幅	2008.11-2008.10	282.1
		微表处	K462+000-K474+000 下行行车道	2011.1-2011.12	84.88
		雾封层	K462+000-K480+800 上行车道 K462+000-K482+000 下行车道	2012.1-2012.12	24.1
		微表处（1cm）	K462+000-K476+530 上行车道 K434+000-K435+000 下行车道	2012.1-2012.12	210.1
		微表处（1cm）	K410+500-K435+302 上行车道 K490+000-K500+000 上行车道 K430+905.12-K434+000 下行车道	2013.1-2012.12	512.7
		雾封层	K480+800-K502+300 上行车道 K498+342.454-K500+000 下行车道	2013.1-2012.12	14.4
		微表处（1cm）	K462+000-K476+530 上行超车道 K490+000-K500+000 上行超车道 K462+000-K474+000 上行超车道	2014.1-2014.12	494.2
		雾封层	K401+000-K420+000 下行车道	2014.1-2014.12	11.8
2	道路中修	路面铣刨加铺	K462+000-K476+000 上行车道 K462+000-K476+000 下行车道 某互通区匝道	2015.1-2015.12	803

雾封层技术是利用雾封层洒布车在沥青面层上喷洒一层薄薄的、具有高渗透性的改性乳化沥青，用以封闭路面孔隙、防止雨水下渗、修复路面老化和改善路面外观的一种预防性养护技术。雾封层一般适用于轻度到中度细料损失或松散的道路。其最主要的优点就是能够改善路面表面状况，显著降低路面渗水系数。但其并不能很好解决破损和抗滑性不足的问题，更不能对车辙和路面结构强度有所改善。从检测报告上也可以看出，进行过雾封层处置的路段同未进行雾封层处置的路段在破损、抗滑、车辙和路面强度等方面检测结果没有区别。

微表处是由聚合物改性乳化沥青、集料、填料、水和外加剂按合理配比拌和并摊铺到原路面上的薄层结构，他能满足摊铺不同截面厚度的要求，不同沥青用量和不同摊铺厚度的混合料，经养生和初期交通作用固化后，能提高道路的抗滑性能和行车舒适度，且微表处能适应迅速开放交通的要求，通过微表处，能很好解决道路的破损和抗滑性能不足、车辙等问题，但其对路面结构强度没有提升作用。

（f）主要路面病害成因及影响因素分析

本次路面状况分析对象为安徽省某高速全线双向四车道，以检测单位的检查数据为依据。从检测结果来看，安徽省某高速路面损坏类病害较轻，病害种类不多且病害总数量较少，现阶段路面主要病害表现为车辙、裂缝、龟裂等。各典型病害的成因及影响因素如下：

a）工程因素

安徽省某高速公路路基工程开工当年遇到"非典"和特大洪水，工程后期材料大幅度涨价等不利因素的影响，致使工期未能按时交工；至 2004 年底，大多数路基单位完成石灰土底基层施工，陆续向路面施工单位进行交接；路面水泥稳定层也随之进入施工阶段，由于路基工程未能按时交工，致使路面工程未能按预期计划进行，为了赶工期部分路段存在工程质量方面的因素。另外，许多公路投标项目划分太细，在同一路段上施工单位较多，加上工期较紧，平行作业，相互影响，如在道路中沥青混合料摊铺底面层中面层时，路基施工单位要刷边坡，挖边沟，其他路段的车辆也通行，导致路面污染严重，从而使路面上层铺设，层与层之间的粘结受到影响，特别是当沥青面层较薄时，在车辆高速行驶荷载作用下，沥青路面产生裂缝、车辙等病害。

b）材料因素

由于沥青混合料生产的变形性较大、摊铺过程中沥青混合料局部离析和路面压实不够等多种原因造成局部路段沥青混合料空隙率过大，使雨水极易浸入，滞留在路面面层中，形成路面水损坏。

c）气候因素

项目处在暖温带南缘，属于暖温带半温润气候区，因气候的过渡性，造成冷暖气团交锋频繁，天气多变，年际降水变化大，历年平均气温 14.7℃，平均日照 2320h，平均无霜期 216 天，平均年降水量 822mm，雨量适中。雨水是造成沥青路面病害产生的主要外因，路表水沿路面空隙、裂缝进入路面内部，并积聚于路面内部空隙中，在行车荷载作用下，这部分水一方面影响基层或面层间的稳定，使得其整体性遭到破坏；另一方面这部分水在高温和行车作用下，产生瞬间动水压力，在有压水的浸泡和冲刷下，造成沥青和集料的剥离，大大降低了混合料的整体性和结构强度。

3.5.2 桥隧构造物技术状况

2013 年根据《公路技术状况评定标准》安徽省某高速路段内所有桥隧构造物技术状况（BCI）为 99.2 分；主要原因是有两座较差的涵洞（分别为 K436+120 盖板涵和 K483+747 盖板涵），此两座涵洞为 2011 年桥梁定期检测时评定，未维修，影响了整体评分，其中 K483+747 盖板涵已于 2014 年进行了相关的维修。

（1）大中小桥检测

2013 年共检测大中小桥、匝道桥 63 座，在进行技术状况等级评定时，将左、右幅桥梁分别按独立单元进行评定，共有 114 个评定单元。其中：技术状况等级评定为 1 类的有 69 座（评定单元）；技术状况等级评定为 2 类的 45 座（评定单元）；技术状况等级评定为 3 类的有 0 座（评定单元）；技术状况等级评定为 4 类的有 0 座（评定单元）；技术状况等级评定为 5 类的有 0 座（评定单元）。

大中小桥、匝道桥等上部结构梁体裂缝较多，共计 619.14m，但裂缝均未超限。梁体局部破损露筋、保护层脱落、钢筋锈胀等病害面积共计 22.14m²，铰缝渗水析白现象较为普遍。大中小桥、匝道桥等下部结构墩台竖向、水平裂缝等较多，共计232.5m，裂缝大多宽度较小，个别裂缝超限。大中小桥、匝道桥部分桥梁支座存在完全脱空、支座缺失、支座错位、支座均匀鼓包、支座橡胶板横向开裂、支座封死等严重病害，共计102处。此外还存在局部脱空、支座变形、剪切破坏等问题。

(2) 通道桥检测结果

2013年共检测通道桥、分离式立交桥、支线上跨桥82座，在进行技术状况等级评定时，将左、右幅桥梁分别按独立单元进行评定，共有160个评定单元。其中：技术状况等级评定为1类的有70座；技术状况等级评定为2类的90座；技术状况等级评定为3类的有0座；技术状况等级评定为4类的有0座；技术状况等级评定为5类的有0座。通道桥、分离式立交桥、支线上跨桥上部结构梁体裂缝较多，共计349.3m，但裂缝均未超限。铰缝渗水析白现象较为普遍。通道桥下部结构台身裂缝较多，其中竖向裂缝总长共计807.66m，个别裂缝超限，另外侧墙、耳墙也存在部分裂缝，长度和宽度均较小，影响不大。10座通道桥未设置伸缩装置，相应的桥台顶部路面存在桥面铺装横向开裂，包括K401+981.5通道桥、K403+680通道桥、K404+780通道桥、K410+556通道桥、K412+440通道桥、K415+512通道桥、K441+795通道桥、K445+000.5通道桥、K455+664通道桥、K497+956通道桥。

(3) 通道检测结果

根据2014年对沿线193座通道桥进行定期检测结果（图3-1），技术状况等级评定为好的通道共29座，技术状况等级评定为较好的通道共161座，技术状况等级评定为较差的通道共3座。其中较差通道分别为K425+924通道桥（主要病害为锥坡开裂）、JK54+036通道桥（主要病害为八字墙位移）、K486+739.5通道桥（主要病害为八字墙位移，勾缝渗水）。

(4) 涵洞检测结果

根据2014年对沿线142座涵洞进行定期检测结果（图3-2），技术状况等级评定为好的涵洞共92座，技术状况等级评定为较好的涵洞共50座。

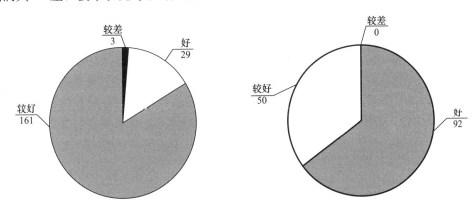

图3-1　2014年通道检测结果　　　　图3-2　2014年涵洞检测结果

(5) 无损专项检测

混凝土构件强度，主要检测构件包括上部结构主梁和下部结构墩台身混凝土，大多数桥梁实测混凝土强度均满足设计要求，构件强度状态为良好或较好；但部分混凝土强度评定标度值为3~5，构件强度状态为较差、差的或者危险。但由于《回弹法检测混凝土抗压强度技术规程》JGJ/T 23—2001中要求混凝土龄期小于1000天，本例混凝土强度检测不符合此规定，故回弹法测试混凝土强度值仅供参考。

混凝土碳化深度，主要检测构件包括上部结构主梁和下部结构墩台身混凝土，实测混凝土碳化深度均小于保护层厚度，评定标度值为1，对钢筋锈蚀的影响程度轻微。

混凝土保护层厚度，主要检测构件包括上部结构空心板和下部结构墩台身混凝土，多数测试构件评定标度值为1或2，即构件混凝土保护层厚度对结构钢筋耐久性没有显著影响或者有轻度影响。但有部分构件评定标度值为3~5。根据评定标准，评定标度值为3对结构耐久性有影响，评定标度值为4对结构钢筋耐久性有较大影响，评定标度值为5则构件钢筋易失去碱性保护，发生锈蚀。但从实测碳化深度和保护层厚度可知目前钢筋还不会发生整体大范围的锈蚀。

(6) 桥梁主要病害成因分析

(a) 上部结构：

a) 梁体裂缝：裂缝主要为预应力混凝土空心板底面纵向裂缝、钢筋混凝土空心板底面纵向裂缝及预应力混凝土组合箱梁腹板竖向裂缝、底面纵向裂缝。预应力混凝土空心板纵向裂缝数量较少，裂缝长度较短，宽度未超过规定的宽度限值。全线桥梁上部结构的裂缝宽度均未超过规定的宽度限值，病害对结构耐久性影响不大。

b) 梁体局部破损：主要为梁体表面轻微损伤，影响不大；仅个别破损有钢筋裸露，且发生锈蚀，主要影响结构耐久性。

c) 梁体钢筋锈胀保护层脱落：主要由于梁体局部钢筋保护层过薄，钢筋锈蚀导致保护层脱落所致，病害主要影响结构耐久性。

d) 空心板间铰缝渗水析白：桥面防水效果差和铰缝混凝土不密实共同引起，主要影响桥梁结构耐久性。

e) 空心板间勾缝脱落或未做：主要影响桥梁美观，对桥梁结构正常使用影响不大。

f) 横隔板裂缝：横隔板裂缝主要为组合箱梁间横隔板的竖向裂缝，个别为横隔板的斜向裂缝，裂缝宽度均未超过规定的宽度限值，对桥梁结构耐久性影响不大。

(b) 下部结构：

a) 墩台帽裂缝：多数大中小桥、通道桥台身等均存在竖向裂缝，个别为横向裂缝，仅个别裂缝宽度超过规定的宽度限值，宽度超限裂缝主要对桥梁结构耐久性有影响。

b) 桥台前墙竖向裂缝：部分通道存在前墙竖向裂缝，个别裂缝宽度超限，宽度超限裂缝对通道耐久性有影响，应及时灌缝处理，并注意修补后裂缝的新发展。

c) 墩台帽挡块破损、开裂：个别墩台帽挡块混凝土破损、开裂，主要由于边梁挤压墩台帽挡块所致。

d) 盖梁钢筋锈蚀、保护层脱落：主要由于盖梁局部钢筋保护层过薄，钢筋锈蚀保护层脱落，病害主要影响结构耐久性。

e) 桥台侧墙开裂：主要为桥台侧墙竖向开裂，应对桥台基础沉降进行监测。

(c) 支座：

桥梁主要采用普通板式橡胶支座、四氟板式橡胶支座及盆式支座，主要存在的病害为：

a) 支座局部脱空：支座局部脱空会导致支座受力不均，对支座正常使用有一定影响。

b) 支座完全脱空：支座全部脱空影响支座的正常使用，应及时填实。

c) 钢板锈蚀：普遍病害，多数板式支座钢板无防护，暴露在空气中易锈蚀，部分盆式支座、球型支座钢盆防护漆脱落，钢板暴露在空气中易锈蚀，且为轻微或者中度锈蚀，对支座正常使用影响不大，个别支座钢板严重锈蚀，应在日常养护中注意观测，适时处理。

d) 支座缺失：支座缺失影响支座的正常使用，应及时补齐。

e) 支座橡胶板破损、开裂：橡胶板老化所致，对支座耐久性影响较大。

f) 支座剪切变形：支座剪切变形数量较少，变形不大，对支座正常使用影响不大。

g) 锚栓安装不到位、缺失：个别病害，对支座正常使用影响不大。

h) 临时连接未解锁：个别病害，影响支座正常活动，解锁即可。

i) 梁体临时支撑未拆除：为梁体施工时的临时支撑装置，应进行拆除。

j) 支座掩埋封堵：个别病害，被施工时遗留杂物或者塑胶泡沫所掩埋。

k) 支座鼓包：个别支座存在此现象，且为均匀鼓包，对支座正常使用影响不大。

(d) 桥面系及附属设施：

a) 桥面系病害：大中小桥、匝道桥中桥面铺装基本完好，仅有少数桥梁桥面铺装有裂缝，且开裂长度很小，修补即可；通道桥中在未设置伸缩缝的桥台顶位置，由于温度影响造成此处路面横向开裂。

b) 伸缩缝病害：伸缩缝内有杂物阻塞为普遍现象，个别杂物较多，病害对伸缩缝正常使用影响不大；伸缩缝止水带破损主要由于橡胶止水带老化、开裂导致，病害引起渗漏水，影响下部结构的耐久性，须进行更换。梳齿型伸缩缝锚栓开焊、缺失仅为个别锚栓，对伸缩缝整体稳定性影响不大。

c) 附属设施：主要存在锥坡、护坡塌陷、局部损坏。其中锥坡塌陷、破损现象比较普遍，个别桥梁锥坡损坏严重，应及时进行修补，其余病害对桥梁整体结构影响不大，但对各附属部位构件正常使用功能有一定影响，应对缺损的设施及时补齐。

4 高速公路路面性能预测与分析

4.1 路面使用性能预测的主要方法

路面在使用过程中，其使用性能会随时间或行车荷载作用次数的增加以及环境因素等的作用而逐渐衰减，在性能衰减达到某一预定标准之前，就需要对路面采取一定的处置措施，如日常养护、预防性养护、大中修等，以恢复或提高路面的使用性能，延长其使用寿命。因此，建立科学、实用的路面使用性能预测模型，准确预测一定时期内路面使用性能的变化，对确定公路养护资金投入和最佳养护对策，科学地制定养护方案非常必要。

4.1.1 路面使用性能预测模型研究

对路面性能衰变规律的系统研究可追溯到美国的 AASHTO 试验。在此基础上，许多国家和地区建立了各自的路面性能衰变方程。

（1）AASHO 模型

20 世纪 50 年代末 60 年代初，根据美国 AASHO 试验路的经验数据，以服务能力指数（PSI）为衡量指标，得到路面服务能力的基本方程。

$$\mathrm{PSI} = \mathrm{PSI}_0 - (\mathrm{PSI}_0 - \mathrm{PSI}_t)(\mathrm{ESAL}/\mathrm{ESAL}_t)^\beta \tag{4-1}$$

式中：PSI——现时服务能力指数；

PSI_0——PSI 的初始值；

PSI_t——PSI 的临界值；

ESAL——累积当量轴次；

ESAL_t——PSI=PSI_t 时对应的累计轴载作用次数；

β——同路面结构（SN）和交通荷载有关的参数。

此公式为最早的路面使用性能模型之一，此方程中每一个预测值均可通过观测值来进行校核。但此模型预测精度取决于交通轴载 ESAL 的预测模型，具有很大的局限性。

（2）ALBERTA 省模型

基于 20 多年历史数据的回归分析，加拿大省的 ALBERTA 省提出了一种修正的确定型模型。模型以 RCI 为预测指标，路面类型的不同，模型的形式也存在着差异。

半刚性基层：

$$\mathrm{RCI} = 4.9856 + 5.802 \times \ln(\mathrm{RCI}_p) - 0.1846 \times \mathrm{FDN} \tag{4-2}$$

模型以 RCI 观测值为初值进行预测。考虑到不同年份内平整度量测上的差异，采用最近两次 RCI 观测的平均值作为预测起点。

（3）SASKATCHEWAN 省模型

以世界银行的公路设计养护标准（HDMS）模型为基础，Saskatchewan 省公路交通部门（SHT）采用一种经过修正的确定性模型。模型采用国际平整度指数 IRI 作为预测指标，，认为 IRI 是时间、交通荷载和损坏状况的函数，模型形式如下：

$$dRI = 134 \times dNE4 \times (1+MSN)^{-5} + m \times RI \times dt + 0.057 \times dRDM \tag{4-3}$$

式中：dRI——单位时间（dt）内 IRI 的变化量；

RI——时刻 t 对应的 IRI 值；

$dNE4$——单位时间 dt 内累计轴载作用次数 ESAL；

MSN——结构校正量；

dt——单位时间间隔；

$dRDM$——单位时间内车辙深度的变化量。

（4）IDAHO 州模型

美国 IDAHO 州交通局以 PSI 为预测指标，采用以下模型：

$$PSI = PSI_0 B^{-(ESAL_c)^D} \tag{4-4}$$

$$B = PSI/PSI_0 \tag{4-5}$$

$$D = \frac{\ln[\ln(PSI_0) - \ln(PSI_i)]}{\ln(ESAL_c/C)} \tag{4-6}$$

$$C = ESAL \quad (PSI_i > PSI_t) \tag{4-7}$$

式中：PSI——相当于 $ESAL_c$，PSI 的预测值；

PSI_0——PSI 的初始值；

PSI_i——累积轴载作用次数；

$ESAL_c$——临界状态所对应的 ESAL 值。

除上述几个模型外，国际上常用的模型还有美国华盛顿州模型、美国亚利桑那州模型、加拿大安大略省模型、芬兰模型、挪威模型、明尼苏达州模型等。

国内对于路面性能衰变规律的研究始于 20 世纪 60 年代，在 20 世纪 80 年代以来，为了完善和发展路面养护管理系统，道路研究工作者以多年积累的路况数据为基础，分析路面使用性能变化的实际情况，提出了形式不同的性能模型并部分应用于网级路面管理系统中。下面对我国国内主要的几种模型进行叙述。

（5）北京模型

北京地区选用路况指数 PCI、行驶质量指数 RQI 和结构性能（以路表弯沉和现有交通量共同表征）作为路面使用性能变量，使用性能影响变量选用路面使用年数，建立的预测模型如下：

$$PCI = 100e^{-ay^b} \tag{4-8}$$

$$RQI = ce^{-dy} \tag{4-9}$$

$$L = (e/PCI)^{1/m} \tag{4-10}$$

式中：y——路龄；

a、b、c、d、e、m——参数。

（6）天津模型

天津采用的路面性能预测标准模型：

$$Y_{a_0} = a_0 e^{-b_0^N} \tag{4-11}$$

$$Y_{a_b} = 100e^{-bN} \tag{4-12}$$

式中：N——累积轴载作用次数；

a_0、b_0——参数。

(7) 广东模型

广东采用的路面性能预测标准模型：

$$RQI = 5.0e^{-dy} \tag{4-13}$$

式中：y——路面使用年限；

d——参数。

(8) 上海模型

同济大学孙立军教授及其课题组提出的模型：

$$PPI = PPI_0\{1-\exp[-(A/y)^B]\}$$

国内这四种模型均采用了指数形式，很好的拟合了路面变化的实际情况，客观地反应了路面使用性能随使用年限的增加而衰减的具体规律。但国内前三种模型中各参数没有明确的物理含义；参数对路面数据采集误差非常敏感，参数的各回归值没有明确的规律，不便于后续研究的开展，而上海模型则较好地对交通、路面、材料和环境等因素与路面性能的关系进行了定量的研究，为路面设计、管理提供了更科学、更全面的理论基础。

4.1.2 路面使用性能预测的主要方法

路面使用性能的变化是许多因素的函数，这些因素包括路面结构、路基强度、路面强度和厚度、行车荷载、环境因素、养护类型和等级、施工水平、路面材料以及以上因素的综合作用等。路面使用性能衰变模型是路面研究中不可缺少的部分，是研究路面养护维修管理的理论基础。

(1) 路面使用性能预测方法

路面使用性能预测主要有三种方法：力学法、力学—经验法和经验（回归）法。

(a) 力学法

力学法是通过利用弹性理论模型或粘—弹性理论模型，通过结构理论分析得到路面在荷载作用下的应力、应变或位移反应。力学法有成熟的理论基础，但计算复杂，工作量大，而且我国路面养护历史短，在这方面的收集的数据较少，因此缺少足够的实际路面数据进行公式的修正和验证，缺乏可行性。

(b) 力学—经验法

力学—经验法是利用结构分析得到路面在荷载作用下的应力、应变或位移反应值，以此来预测路面使用性能随时间的变化关系。此方法分为两步：第一步是确定路面各结构层的回弹模量，由结构力学分析计算在路面设计条件下的路面结构的临界应力、应变或位移值；第二步是建立路面反应（应力或应变等）同使用性能参数衰变速率之间的经验关系。

(c) 经验法

经验法是利用多元回归分析技术建立使用性能变量与其影响变量之间的回归方程。采用经验法建立的路面使用性能回归方程，结构简单，易于更新，尤其是当某些使用性能的衰变机理尚不清楚时，采用经验法具有明显的优势。然而采用经验法建立的模型，只是使用性能与其影响变量之间的某种程度的统计拟合关系，并不能反应影响变量对使用性能影响的普遍关系，只适合于特定的路段。其可靠性不仅取决于实际路面数据的准确性与充分性，而且也依赖于专业技术人员对所选用的使用性能与其影响变量之间关系的理解和认识程度。

(2) 路面使用性能模型分类

世界上主要的衰变模型主要有两类。一类为确定型模型，为路面使用寿命或某项性能指标预估出一个数值；另一类为概率型模型，是预测路面使用性能在未来的状态分布。

(a) 确定型模型

确定型模型是为路面寿命或其他某项使用性能指标做出准确的预测。确定型模型包括基本反应模型、结构性能模型、功能性能模型和使用寿命模型等。基本反应模型是预测路面在荷载和气候因素作用下的基本反应，如弯沉、应力和应变等。可采用力学法、力学—经验法或经验法建模。结构性能模型既可预测路面各种单项损坏，如开裂、车辙等，也能预测路面的综合破损状况，如路面状况指数PCI等。可采用力学—经验法或经验法建模。功能性能模型用于预测路面行驶质量指数RQI或现时服务能力指数PSI、表面抗滑性能等。功能性指标同使用者的舒适性、安全性和经济性密切相关。可采用力学—经验法或经验法建模。使用寿命模型用于预测路面达到一定破损状况或服务水平时的使用寿命。当选用轴载作用次数作为指标，适用于路面的养护和改建方案；当选用时间指标，则多用于路面各种养护措施和改建方案的经济评价。可采用力学—经验法和经验法建模。

(b) 概率型模型

概率型模型是预测路面寿命或某项使用性能的状态分布。概率型模型包括残存曲线、马尔可夫（Markov）和半马尔可夫模型等。残存曲线是概率与时间的关系曲线，反映路面经过一定使用年限或一定累计标准轴载作用后，在不采取中修和重建措施的情况下路面保持较好服务能力的概率。马尔可夫模型的核心内容是状态转移概率矩阵，它表示路网内一组具有相同属性（结构、交通等级、使用年龄和环境因素等）的路面，其使用性能指标在预定时段内从某一状态转移到另一状态的概率。概率型模型考虑了影响路面使用性能变化的因素如荷载、环境、材料等的变异性，较好地反映了路面使用性能变化速率的不确定性。因此，采用概率型模型更能符合路面实际情况的变化，但在目前公路养护管理状况下，难以被管理者所接受，且转移概率矩阵建立在回归的基础上，给模型带来了不容忽视的误差。

4.2 路面使用性能预测模型的选择

在通过对沿线交通设施、自然环境、水文地质情况、养护维修历史等基础资料的调查，以及国内外模型的研究，选择具有针对性的、适宜性的预测模型，对高速公路路面使用性能进行预测和经济效益对比分析。

4.2.1 预测模型方程的选取原则

路面在使用过程中，随着时间的推移，在荷载和环境因素的影响作用下，使用性能逐渐下降。结合高速公路路面使用性能实际变化状况，将路面使用性能的衰变过程归结为凹型曲线模式，即先快后慢型。制定一个标准的路面使用性能方程，应满足以下条件：

(1) 能够正确反应路面性能衰变的全过程；

(2) 随着使用年数或累计轴载作用次数的增加，路面使用性能指数（包括PCI或

RQI）单调减少；

（3）满足必要的边界条件；

（4）方程形式简单，参数含义明确，能够为路面性能的深入研究奠定基础。

预测模型方程选择，根据上述的原则，经过长期的研究，上海模型能较好地对交通、路面、材料和环境等因素与路面性能的关系进行了定量的研究，建议采用；其衰变方程，见式（4-14）。

$$PPI = PPI_0\{1-\exp[-(A/y)^B]\} \quad (4\text{-}14)$$

式中：PPI——使用性能指数（PCI、RQI 或其综合）；

　　　PPI_0——初始使用性能指数，一般情况下取 100；

　　　y——路龄；

　　　A、B——模型参数。

由此衰变方程可知，路龄 y 为唯一变量，这样既充分考虑了荷载因素的作用，也较好地计入了非荷载因素对路面使用性能的影响。在本方程中，A、B 是两个模型回归参数，其数值是由观测数据回归而得，参数 A 的大小反映了路面使用寿命的长短，将其命名为路面的寿命因子，结合实测数据的分析和工程经验，A 值一般取 2～20。参数 B 决定了曲线的形状，不同的 B 值决定了路面的不同衰变模式，故称 B 值为路面衰变的模式因子，B 值一般在 0.2～3.0 之间变化。

参数 A、B 与路面性能曲线存在一一对应的关系，由此可推知，所有影响路面性能的因素都将影响参数 A、B 的大小，即：

$A=f$（交通轴载，结构强度，面层厚度，基层类型，环境状况，材料类型）

$B=f$（交通轴载，结构强度，面层厚度，基层类型，环境状况，材料类型）

4.2.2 路面性能预测模型指标的选取

根据现行行业标准《公路技术状况评定标准》对路面使用性能 PQI 的定义，PQI 综合了路面损坏（PCI）、平整度（RQI）、车辙（RDI）和抗滑（SRI）等技术内容。

从路面性能的计算公式可以看出，路面使用性能取决于路面损坏（PCI）、平整度（RQI）、车辙（RDI）和抗滑（SRI）这四个综合性指标，在这四个指标中，路面损坏（PCI）、平整度（RQI）所占比重较大，即对路面使用性能的影响较大，而车辙及抗滑性能的变化对道路养护所产生的作用较小，路面性能预测模型通常选择 PCI 和 RQI 这两个指标来进行分析，其中 PCI 作为表征路面损坏状况的测度，RQI 作为表征路面行驶舒适性的综合指标。而路面的承载能力是路面使用性能的一个重要组成部分，反映了路面的结构强度特性，是路面设计、施工控制、养护管理及路面改建过程中一个重要参数。因此，采用路面结构强度指数 PSSI 作为路面承载能力评定的指标。

4.3 PCI 预测模型

4.3.1 方程形式

根据使用性能的标准衰变方程，将式（4-14）中的使用性能指数 PPI 替换成 PCI，可得到 PCI 的衰变方程：
$$PCI = PCI_0\{1-\exp[-(A/y)^B]\} \quad (4\text{-}15)$$

式中：PCI——路面状况指数；

　　　PCI_0——初始路面状况指数；

　　　　y——路龄；

　　　　A——路面寿命因子；

　　　　B——形状因子。

4.3.2 模型参数的确定

在式（4-16）中 A、B 两参数确定了 PCI 的衰变过程，所以，只有确定了 A、B 参数，才能清楚地了解 PCI 随时间变化的规律。由于参数 A、B 与路面性能衰变曲线是一一对应的，故所有影响路面性能的因素都将影响 A、B 的数值，即

$A=f$（交通轴载，结构强度，面层厚度，基层类型，环境状况，材料类型）

$B=f$（交通轴载，结构强度，面层厚度，基层类型，环境状况，材料类型）

【项目实例】安徽省某高速公路 PCI 的衰变方程，通过反复的分析、比较，最终采用如下公式确定 A、B 参数：

$$A = \lambda\{1-\exp[-(\eta/l_0)^\zeta]\} \quad (4\text{-}16)$$

$$\lambda = a_1 h^{b_1} ESAL^{c_1} \quad (4\text{-}17)$$

$$\eta = a_2 h^{b_2} ESAL^{c_2} \quad (4\text{-}18)$$

$$\zeta = a_3 h^{b_3} ESAL^{c_3} \quad (4\text{-}19)$$

$$B = a_4 h^{b_4} ESAL^{c_4} l_0^d \quad (4\text{-}20)$$

式中：　　　h——路面面层厚度（cm），即沥青层厚度；

　　　　ESAL——标准轴次/天/车道；

　　　　l_0——初始弯沉（0.01mm）；

λ、η、ζ、a、b、c、d——回归系数。

PCI 衰变模型中的参数取值见表 4-1，具体路段中的参数取值应根据历年检测数据拟合得出，但当检测数据缺失或较少时，可选用参考值进行预测并通过检测数据进行参数标定。

通过 2010 年、2012 年、2013 年、2014 年道路检测结果发现，安徽省某高速公路 PCI 值变化速率与实际规律相似，故应保持原来的数据，并根据轴载分析结果对数据进行适当的修改。

PCI 衰变模型中的参数取值　　　　表 4-1

公式编号	a	b	c	d
(4-18)	12.6924	0.592	−0.205	—
(4-19)	89.1814	−0.1822	−0.1051	—
(4-20)	2.5386	−0.0912	−0.0982	—
(4-21)	0.4823	0.4142	−0.0254	−0.0859

4.4 RQI 预测模型

4.4.1 方程形式

跟 PCI 预测模型类似，RQI 预测模型也是根据标准衰变方程得来，即将 PPI 用 RQI 代替，得到行驶质量 RQI 的衰变方程：

$$RQI = RQI_0 \{1 - \exp[-(A/y)^B]\} \tag{4-21}$$

式中：RQI——路面行驶质量指数；

RQI_0——路面新建或新近一年改建后的初始行驶质量指数；

y——路龄；

A——路面寿命因子；

B——形状因子。

4.4.2 模型参数的确定

在式（4-21）中 A、B 两参数确定了 RQI 的衰变过程，同理，所有影响路面行驶质量的因素都将影响 A、B 的数值，即

$A=f$（交通轴载，结构强度，面层厚度，基层类型，环境状况，材料类型）

$B=f$（交通轴载，结构强度，面层厚度，基层类型，环境状况，材料类型）

【项目实例】安徽省某高速公路 RQI 的衰变方程，根据所选取指标对行驶质量发展的不同影响，参数 A、B 定义为：

$$A = a_1 h^{b_1} \text{ESAL}^{c_1} l_0^d \tag{4-22}$$

$$B = a_2 h^{b_2} \text{ESAL}^{c_2} l_0^d \tag{4-23}$$

式中： h——路面面层厚度（cm），即沥青层厚度；

ESAL——标准轴次/天/车道；

l_0——初始弯沉（0.01mm）；

a、b、c、d——回归系数。

参数的取值与 PCI 模型参数的取值相似，是根据检测数据，利用统计分析软件，经过回归，得出参数 A、B 的回归值，根据 A、B 与 ESAL 的关系式，通过回归得出对应的参数值，具体参数值见表 4-2。

通过 2010 年、2012 年、2013 年、2014 年道路检测结果发现，安徽省某高速公路 RQI 值变化速率有所降低，且 2014 年变化较小，故通过此三年的检测数据对原有参数进行修正。

RQI 衰变模型中的参数取值　　　　表 4-2

公式编号	a	b	c	d
（4-22）	11.492	0.839	−0.248	−0.16
（4-23）	0.9886	0.61	−0.114	−0.014

4.5 弯沉预测模型

4.5.1 方程形式

弯沉是表征路面结构强度的常用指标，其影响因素较多，变化机理较复杂，研究困难程度较大，在路面性能的变化过程中，路面材料的疲劳效应和路面损坏的增加在趋势上是一致的，路面的损坏状况在很大程度上反映了结构的疲劳效应。由于路面损坏状况（PCI）是一个易观测的、变异性较小可靠的宏观参数。因此，综合考虑各种因素，采用式(4-24)作为拟合路面弯沉变化的基本形式。

$$l = l_0 \gamma^{(10-\text{PCI}/10)} \tag{4-24}$$

式中：l——路面弯沉；

l_0——路面初始弯沉；

γ——与路面结构组成有关的参数。

4.5.2 模型参数的确定

【项目实例】根据路面的实际数据，可以确定的 γ 数值，因安徽省某高速 2014 年道路检测未检测弯沉数值，故可根据安徽省某高速 2010 年及 2013 年检测结果可得：

$$\gamma = 1.2084$$

根据《公路技术状况评定标准》JTG 5210—2007，已知路面弯沉可计算出路面结构强度指数 PSSI：

$$\text{PSSI} = \frac{100}{1 + a_0 e^{a_1 \text{SSI}}} \tag{4-25}$$

$$\text{SSI} = l_d / l_0 \tag{4-26}$$

式中：l_d——路面设计弯沉（mm）；

l_0——实测代表弯沉（mm）；

a_0、a_1——模型参数，其中 a_0 采用 15.71，a_1 采用 -5.19。

根据以上两个公式，可得到以下公式：

$$\text{PSSI} = \frac{100}{1 + a_0 e^{a_1 l_d / [l_0 \gamma^{(10-\text{PCI}/10)}]}} \tag{4-27}$$

4.6 路面使用性能预测实例

4.6.1 轴载分析

交通荷载是导致路面使用性能衰变的外在决定因素，在交通荷载的重复作用下，路面的总体结构性能降低。尤其是重载车辆的作用下，路面结构会造成较大破坏，使得路面过早出现损坏，具体车型分类及轴距详见表 4-3。

安徽省某高速公路车型分类及轴载 表 4-3

车型分类		代表车型	轴重		后轴数	后轴轮组数	后轴距
			前轴	后轴			
客车							
一类	小客车（<7座）	桑塔纳 2000					
二类	中型客车（8～19座）	江淮 AL6600	17	26.5	1	2	0
三类	大客车（20～39座）	黄海 DD680	49	91.5	1	2	0
四类	大客车（>39座）	黄海 DD690	56	104	2	2	4
货车							
一类	轻型货车（<2t）	北京 130	13.55	27.2	1	2	0
二类	中型货车（2～5t）	东风 140	23.6	69.3	1	2	0
三类	重型货车（5～10t）	济南 163	58.6	114	1	2	0
四类	集装箱车（10～15t）	东风 SP9250	50.7	113.3	3	2	4
五类	铰接车（>15t）	尤尼克 2766	67	103.5	4	2	2

目前所收集的交通资料都是分类交通量的大小和年平均日交通量（AADT）。而在路面研究中，所关心的是车辆的轴载谱或等效单轴荷载作用次数（ESAL）。随着时间的推移，运营车辆的轴载组成将不断变化，必须重新进行各类车辆的轴载组成调查。考虑到超载货车对路面的损害较大，因此计算 ESAL 时需要要考虑到超载车辆的影响，表 4-4 各类货车的超载数量进行了相关的预测。在计算 ESAL 时，将超载部分乘以系数折算到总量中。由于考虑到超载货车基本都行驶在行车道，因此计算超车道 ESAL 时不考虑超载车辆的影响。安徽省某高速公路的日当量轴载作用次数如表 4-5 与表 4-6 所示。

安徽省某高速公路超载车数量预测 表 4-4

年份（年）	超载车数量								
	三类车			四类车			五类车		
	30%以内	30%～100%	100%以上	30%以内	30%～100%	100%以上	30%以内	30%～100%	100%以上
2013	12	1	0	16	3	0	87	14	8
2014	13	1	0	17	3	0	94	15	8
2015	10	1	0	11	2	0	67	11	6
2016	4	0	0	5	1	0	28	5	2
2017	4	0	0	5	1	0	29	5	3
2018	4	0	0	6	1	0	31	5	3
2019	5	1	0	6	1	0	34	6	3
2020	5	1	0	7	1	0	37	6	3
2021	5	1	0	7	1	0	39	6	3
2022	6	1	0	8	1	0	42	7	4
2023	6	1	0	8	1	0	45	7	4
2024	7	1	0	9	2	0	48	8	4
2025	7	1	0	9	2	0	51	8	4
2026	7	1	0	10	2	0	54	9	5
2027	8	1	0	10	2	0	57	9	5
2028	8	1	0	11	2	0	60	10	5

续表

| 年份(年) | 超载车数量 |||||||||
| | 三类车 ||| 四类车 ||| 五类车 |||
	30%以内	30%~100%	100%以上	30%以内	30%~100%	100%以上	30%以内	30%~100%	100%以上
2029	9	1	0	12	2	0	63	10	6
2030	9	1	0	12	2	0	67	11	6
2031	10	1	0	13	2	0	70	11	6
2032	10	1	0	13	2	0	73	12	6
2033	10	1	0	14	2	0	76	12	7
2034	11	1	0	14	3	0	78	13	7
2035	11	1	0	15	3	0	81	13	7
2036	12	1	0	15	3	0	84	14	7

安徽省某高速公路上行车道ESAL（日当量轴载作用次数BZZ-100）预测　　表4-5

上行ESAL	黄庄-亳州东(次/(日·车道))	亳州东-亳州南(次/(日·车道))	亳州南-太和东(次/(日·车道))	太和东-刘小集(次/(日·车道))
2013	4282	4857	4524	4504
2014	4797	5338	5018	5185
2015	5288	5891	4737	4810
2016	4602	5133	4867	5023
2017	4833	5392	5111	5275
2018	5169	5770	5466	5645
2019	5604	6254	5928	6119
2020	6059	6760	6411	6617
2021	6409	7156	6784	6997
2022	6891	7692	7287	7524
2023	7389	8238	7812	8065
2024	7888	8805	8347	8618
2025	8792	9274	8619	9167
2026	8896	9928	9410	9714
2027	9405	10494	9945	10268
2028	9927	11077	10500	10833
2029	10449	11660	11055	11411
2030	10956	12223	11590	11959
2031	11470	12796	12132	12521
2032	11970	13353	12660	13068
2033	12447	13890	13168	13588
2034	12909	14403	13656	14097
2035	13362	14910	14134	14590
2036	13789	15390	14589	15057

注：ESAL为标准轴载作用轴次（BZZ-100，次/(日·车道)）

安徽省某高速公路下行车道 ESAL（日当量轴载作用次数 BZZ-100）预测　　表 4-6

下行 ESAL	黄庄-亳州东 （次/（日·车道））	亳州东-亳州南 （次/（日·车道））	亳州南-太和东 （次/（日·车道））	太和东-刘小集 （次/（日·车道））
2013	5893	5681	5429	5079
2014	6120	6134	5985	5567
2015	6306	5919	6113	5630
2016	5921	5944	5787	5395
2017	6220	6242	6078	5664
2018	6657	6679	6504	6061
2019	7217	7240	7049	6570
2020	7800	7823	7623	7099
2021	8253	8280	8060	7517
2022	8868	8903	8669	8078
2023	9508	9540	9289	8657
2024	10159	10191	9922	9252
2025	10804	10838	10555	9832
2026	11454	11486	11189	10427
2027	12106	12144	11828	11022
2028	12776	12816	12481	11630
2029	13452	13498	13144	12248
2030	14108	14153	13781	12844
2031	14763	14811	14427	13442
2032	15407	15458	15054	14027
2033	16023	16075	15654	14587
2034	16622	16675	16238	15130
2035	17200	17260	16811	15660
2036	17752	17809	17348	16163

注：ESAL 为标准轴载作用轴次（BZZ-100，次/（日·车道））

4.6.2 路面使用性能预测结果

高速公路路面使用性能应分路段进行预测，安徽省某高速公路路面使用性能预测示例，见表 4-7～表 4-9。

安徽省某高速公路 K401+000-K420+660 路段 PCI 长期性能预测　　表 4-7

年份	PCI			备注
	上行车道	下行车道	总计	
2011	98.2	97.9	98.1	
2012	96.5	96.9	96.7	
2013	94.7	94.6	94.7	
2014	94.2	93.6	93.9	
2015	92.0	91.6	91.8	
2016	98.0	98.0	98.0	
2017	97.5	96.0	96.8	

续表

年份	PCI			备注
	上行车道	下行车道	总计	
2018	94.6	90.4	92.5	
2019	90.3	98.5	94.4	
2020	99.0	98.5	98.7	
2021	98.1	95.4	96.8	
2022	95.3	90.6	93.0	
2023	91.2	86.1	88.7	
2024	86.5	100.0	93.2	
2025	100.0	99.4	99.7	
2026	99.5	96.1	97.8	
2027	96.6	92.5	94.5	
2028	93.2	98.0	95.6	
2029	98.5	97.1	97.8	
2030	97.2	95.4	96.3	
2031	93.5	90.3	91.9	
2032	88.7	99.0	93.8	
2033	99.0	98.2	98.6	
2034	98.3	94.3	96.3	
2035	94.8	99.0	96.9	
2036	90.7	97.7	94.2	

安徽省某高速公路 K401＋000-K420＋660 路段 RQI 长期性能预测　　表 4-8

年份	RQI			备注
	上行车道	下行车道	总计	
2011	95.5	95.8	95.7	
2012	95.4	95.9	95.7	
2013	95.4	95.5	95.4	
2014	94.4	94.3	94.4	
2015	92.7	92.2	92.5	
2016	95.5	96.0	95.8	
2017	95.0	95.0	95.0	
2018	94.5	92.6	93.6	
2019	92.2	97.0	94.6	
2020	96.5	97.0	96.7	
2021	96.5	95.0	95.8	
2022	95.5	92.9	94.2	
2023	92.7	88.5	90.6	
2024	88.9	98.5	93.7	
2025	99.0	98.0	98.5	
2026	98.5	97.4	98.0	
2027	97.9	94.2	96.1	

续表

年份	RQI			备注
	上行车道	下行车道	总计	
2028	95.0	96.0	95.5	
2029	96.5	95.0	95.7	
2030	95.9	94.0	95.0	
2031	94.9	91.1	93.0	
2032	91.8	96.5	94.1	
2033	97.0	96.5	96.7	
2034	96.8	94.4	95.6	
2035	95.3	96.5	95.9	
2036	93.3	96.5	94.9	

安徽省某高速公路 K401+000-K420+660 路段 PSSI 长期性能预测　　表 4-9

年份	PSSI			备注
	上行车道	下行车道	总计	
2011	97.4	97.8	97.6	
2012	97.0	97.2	97.1	
2013	96.6	96.3	96.4	
2014	95.8	95.8	95.8	
2015	94.6	94.9	94.7	
2016	93.6	93.5	93.5	
2017	91.7	91.3	91.5	
2018	89.4	88.3	88.9	
2019	86.8	96.0	91.4	
2020	95.0	95.5	95.2	
2021	94.7	93.0	93.9	
2022	93.1	89.9	91.5	
2023	90.0	86.0	88.0	
2024	85.1	98.0	91.5	
2025	98.0	97.9	98.0	
2026	97.9	97.1	97.5	
2027	97.1	96.0	96.5	
2028	95.7	94.8	95.3	
2029	93.9	93.6	93.8	
2030	92.0	91.5	91.7	
2031	90.1	88.6	89.4	
2032	87.1	95.5	91.3	
2033	96.0	95.5	95.7	
2034	95.9	94.4	95.1	
2035	94.1	92.7	93.4	
2036	92.7	91.2	91.9	

5 高速公路桥梁技术状况预测与分析

5.1 预测模型

桥梁结构在其生命周期内，由于环境因素的影响和使用条件的变化，在桥梁的不同部位会出现不同形式的损伤，表现为材料退化引起的功能性损伤与结构受力引起的结构性损伤。各种损伤随着使用年限的增加和车辆荷载的往复作用，特别是超载问题的日益严重，使得桥梁性能随着使用年限的增加而不断的劣化，当桥梁结构性能衰减到一定程度时，需对桥梁进行相应养护与维修措施，使其性能恢复到一定的技术水平。而针对不同技术状态水平的桥梁所采取何种维护策略将直接影响桥梁使用状态和使用寿命。因此，确定桥梁技术状态衰减规律成为高速公路桥梁中长期养护技术方案规划的核心问题。而在桥梁养护资金一定的条件下，根据处于不同技术状态的桥梁，采取不同的养护技术方案，合理分配资金，保证桥梁处于良好的技术状态和使用性能，成为高速公路桥梁中长期养护技术规划方案的关键问题。

根据高速公路桥梁特点，通过对国内多条高速公路同类桥梁多次定期检查结果的全面分析，结合桥梁技术状况衰变的一般规律，总结影响桥梁技术状况衰变的主要影响因素，并针对现状桥梁存在的主要病害及技术状况，制定明确的桥梁技术状况衰变的数学模型。在明确影响参数的量化指标体系的基础上，最终得出未来年桥梁技术状况的演变情况，并以此为依据进而预测未来年及经营期内桥梁养护维修的资金需求，同时确定未来年桥梁养护维修的基本方案。

本书采用的桥梁技术状况预测模型是利用回归分析的方法，对多条高速公路桥梁定期检测结果的进行拟合而成。桥梁技术状况预测模型，除了考虑桥梁主要病害综合影响系数和通行荷载影响系数之外，还考虑了环境影响系数的影响因素。影响桥梁结构性能的环境因素不仅包括桥梁的使用环境如车辆荷载和桥梁自身病害情况等因素，还应包括桥梁所在地区的自然环境，不同地区的自然环境各不相同，这也造成了桥梁衰败规律的差异。因此在进行桥梁技术状况预测的时候，有必要将桥梁周围的自然环境的影响考虑在内。

5.1.1 桥梁技术状况衰变规律

根据国内外大量资料的调查与分析显示，桥梁全寿命技术状况的衰减过程是一个渐变过程，其衰减过程表现为：桥梁运营初期技术状况衰减速率较慢，随着桥梁各部件损伤程度的增加，其技术状况的衰减速率呈逐渐加快的变化规律，特别是在桥梁主要承重构件出现较为严重的结构性损伤时，桥梁技术状况衰减速度呈急剧下降的趋势，如图5-1所示。

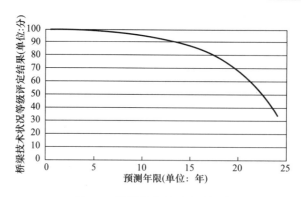

图 5-1 桥梁技术状况衰变规律

5.1.2 桥梁养护策略

由于在桥梁生命周期内其技术状况呈逐渐衰减的特征，为保证桥梁技术状况满足安全运营的要求，应根据桥梁现状技术状况指标制定相应的养护策略，对处于不同技术状况的桥梁采取相应的养护、维修与加固技术措施。常用的桥梁养护策略有维修性养护和预防性养护两种，维修性养护是指：当结构出现的损伤已经影响到其正常使用时所采取的维修措施。预防性养护是指：当结构尚未出现明显的结构性损伤且尚未对其使用功能产生明显影响的情况下，为保持桥梁处于良好工作状况、延长其使用寿命而采取的养护措施。不同的养护策略决定了桥梁的服务水平和养护费用的投入水平，对现状桥梁采取不同养护策略，桥梁技术状况与桥梁服务年限变化趋势如图 5-2 所示。

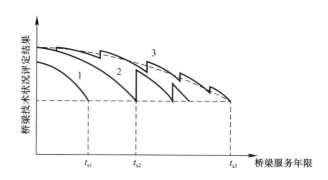

图 5-2 桥梁采取不同养护策略技术状况-服务年限趋势对比

5.1.3 养护维修费用预测模型研究

通过对国内多条高速公路桥梁每年投入维修费用的统计分析，根据安徽省某高速公路桥梁技术状况的特点、桥梁技术状况水平和桥梁主要病害的严重程度确定桥梁养护策略。结合路面维修计划，将桥梁养护维修费用划分为：桥面铺装维修费用；二类桥梁维修费用；三类桥梁维修费用；以桥梁过去几年维修费用的平均值作为预测未来桥梁维修费用的基准值，进而预测未来年桥梁维修成本预算。

5.2 桥梁全寿命技术状况衰变预测模型

5.2.1 桥梁技术状况衰变预测模型

根据国内多条高速公路桥梁多次定期检查资料的综合分析结果显示：桥梁全寿命技术状况预测模型符合指数分布规律，模型表达形式，见式（5-1）。

$$D_r(t) = D_r(t_0) + 1 - [D_r(t_0) - D_r(t_s) + 1]^{\left[\frac{t-t_0}{\xi \cdot \xi_L \cdot \xi_w \cdot (t_s - t_0)}\right]} \quad (t \geq t_0) \quad (5-1)$$

式中：$D_r(t)$ ——桥梁服务年限为 t 年时的预测技术状况评定等级；

$D_r(t_0)$ ——桥梁衰变模型起点 t_0 时的技术状况评定等级；

$D_r(t_s)$ ——桥梁服务年限为 t_s 预期技术状况评定等级；

t ——桥梁预测时间（年）；

t_0 ——桥梁衰变模型起点时间（年）；

t_s ——桥梁达到一定技术状况水平的预期服务时间（年）；

ξ ——桥梁主要病害综合影响系数（无量纲）。

ξ_L ——通行荷载影响系数（无量纲）。

ξ_w ——环境影响系数（无量纲）。

注：公式中"+1"是为了满足当 $t = t_0$ 时，式（5-1）成立。

5.2.2 影响系数的确定方法

（1）通行荷载影响修正系数 ξ_L 的确定

根据《公路桥梁承载能力检测评定规程》（报批稿）中活载影响修正系数的确定方法，确定荷载影响修正系数 ξ_L。

$$\xi_L = \sqrt[3]{\xi_{q1} \xi_{q2} \xi_{q3}} \quad (5-2)$$

式中：ξ_L ——荷载影响修正系数；

ξ_{q1} ——对应于交通量的活载影响修正系数，根据实际调查的典型交通量与设计交通量之比，按表 5-1 选用；

ξ_{q2} ——对应于大吨位车辆混入率的影响修正系数，依据实际调查的重量超过汽车检算荷载主车的大吨位车辆的交通量与实际交通量之比；即大吨位混入率 α，按表 5-2 取值；

ξ_{q3} ——对应于活载分布的影响修正系数，根据实际调查的轴载分布，确定后轴重超过检算荷载之最大轴载所占的百分数 β，按表 5-3 取值。

对应于交通量的活载影响修正系数 ξ_{q1} 表 5-1

Q_m/Q_d	ξ_{q1}
$1 < Q_m/Q_d < 1.3$	1.0～1.05
$1.3 < Q_m/Q_d < 1.7$	1.05～1.1
$1.7 < Q_m/Q_d < 2.0$	1.1～1.2
$2.0 < Q_m/Q_d$	1.2～1.35

对应于大吨位车辆混入率的影响修正系数 ξ_{q2}		表 5-2

a	ξ_{q2}
$a<0.3$	1.0~1.05
$0.3<a<0.5$	1.05~1.1
$0.5<a<0.8$	1.1~1.2
$0.8<a<1.0$	1.2~1.35

对应于活载分布的影响修正系数 δ_{q3}		表 5-3

β	ξ_{q3}
<5%	1.00
>5%且<15%	1.15
>15%且<30%	1.30
>30%	1.40

(2) 桥梁主要病害综合影响系数 ξ 的确定

根据《公路桥涵养护规范》JTG H11—2004 和《城市桥梁养护技术规范》CJJ 99—2003 中主要病害分项影响系数的权重和桥梁主要病害的严重程度，确定桥梁主要病害综合影响系数 ξ。

$$\xi = 1 - \left(\sum_{i=1}^{9} \frac{q_i \times s_i}{5} \right) \quad (5-3)$$

式中：s_i——桥梁关键部件破损评定标度指数（扣分值1~5分），根据桥梁主要病害的严重程度，按表5-5取值；

q_i——桥梁主要病害的权重指数，按式（5-4）计算：

$$q_i = \frac{w_i}{\sum_{j=1}^{9} w_j} \quad (5-4)$$

w——桥梁关键部件主要病害的权重分值。

依据《公路桥涵养护规范》JTG H11—2004 和《城市桥梁养护技术规范》CJJ 99—2003，结合桥梁各部件对桥梁整体技术状况的影响程度，确定桥梁关键部件主要病害的权重指数，见表5-4。

桥梁关键部件主要病害权重指数			表 5-4

编号	主要病害	权重分值	权重指数
1	桥墩裂缝	12.00	0.17
2	桥台裂缝	12.00	0.17
3	基础	12.00	0.17
4	主梁开裂	10.00	0.14
5	主梁钢筋锈蚀	8.00	0.11
6	横向联系破损	7.00	0.10
7	桥面铺装破损	4.00	0.06
8	伸缩缝破损	3.00	0.04
9	支座变形	4.00	0.06

(3) 桥梁主要病害及其影响程度评价标准

根据《公路桥涵养护规范》JTG H11—2004 和《城市桥梁养护技术规范》CJJ 99—

2003 中桥梁病害对桥梁技术状况的影响程度,将桥梁病害分为两大类,一类为功能性损伤,另一类为结构性损伤。功能性损伤是指桥梁受自然环境的影响,桥梁技术状况逐步退化的过程,功能性损伤引起桥梁技术状况的衰变速率较慢,不会造成桥梁技术状况的突变。结构性损伤是指结构重要部件产生结构性破损,导致桥梁技术状况发生突变,表现为桥梁技术状况的衰变速率加快。根据桥梁结构性损伤对桥梁技术状况的影响程度,确定影响桥梁技术状况的主要病害如下:

(a) 桥墩裂缝;
(b) 桥台裂缝;
(c) 基础病害;
(d) 主梁开裂;
(e) 主梁钢筋锈蚀;
(f) 横向联系破损;
(g) 桥面铺装破损;
(h) 伸缩缝破损;
(i) 支座变形。

依据《公路桥涵养护规范》JTG H11—2004 和《城市桥梁养护技术规范》CJJ 99—2003,按照主要病害的破损程度,确定主要病害对桥梁技术状况影响程度的评价标准,见表 5-5~表 5-13。

桥墩裂缝对桥梁技术状况影响程度的评价标准 表 5-5

病害描述扣分值	病害描述
0~1	(1) 墩身结构完好,无水平和纵向裂缝; (2) 桥墩盖梁无结构性裂缝,盖梁上出现网状裂缝等细微功能性裂缝面积占整个盖梁表面积的 3% 以内,盖梁开裂处无渗水; 依据损伤程度适当打分
1~2	(1) 墩身结构基本完好,墩身出现水平或纵向裂缝以及网状裂缝等,裂缝宽度均未超过规范允许限值,水平裂缝未形成环绕整个墩身的水平贯通裂缝,纵向裂缝没有形成自上而下贯通整个墩身的裂缝,网状裂缝等细微功能性裂缝面积不超过墩身表面积的 3%; (2) 桥墩盖梁出现结构性裂缝以及网状裂缝等功能性裂缝,但裂缝宽度未超过规范允许限值,网状裂缝等功能性裂缝的面积占整个盖梁表面积的 3%~10%; 依据损伤程度适当打分
2~3	(1) 墩身出现水平或纵向裂缝以及网状裂缝等,水平裂缝未形成环绕整个墩身的水平贯通裂缝,纵向裂缝没有形成自上而下贯通整个墩身的裂缝,网状裂缝等细微功能性裂缝面积不超过墩身表面积的 10%,3% 以内的裂缝开裂宽度超过规范限值; (2) 桥墩盖梁出现结构性裂缝以及网状裂缝等功能性裂缝,网状裂缝等功能性裂缝的面积占整个盖梁表面积的 10%~20%,10% 以内的裂缝宽度超过规范允许限值; 依据损伤程度适当打分
3~4	(1) 墩身出现水平或纵向裂缝以及网状裂缝等,水平裂缝未形成环绕整个墩身的水平贯通裂缝,纵向裂缝没有形成自上而下贯通整个墩身的裂缝,网状裂缝等细微功能性裂缝面积不超过墩身表面积的 20%,墩身裂缝宽而密,10%~20% 的裂缝开裂宽度超过规范限值; (2) 桥墩盖梁出现结构性裂缝以及网状裂缝等功能性裂缝,网状裂缝等功能性裂缝的面积占整个盖梁表面积的 20% 以上,20% 以上的裂缝宽度超过规范允许限值; 依据损伤程度适当打分

病害描述扣分值	病害描述
4～5	(1) 墩身出现水平或纵向裂缝以及网状裂缝等，水平裂缝形成环绕整个墩身的水平贯通裂缝，纵向裂缝形成自上而下贯通整个墩身的裂缝，网状裂缝等细微功能性裂缝面积超过墩身表面积的20%，墩身裂缝宽而密，20%以上墩身裂缝开裂宽度超过规范限值； (2) 桥墩盖梁出现结构性裂缝以及网状裂缝等功能性裂缝，网状裂缝等功能性裂缝的面积占整个盖梁表面积的20%以上，20%以上的裂缝宽度超过规范允许限值，盖梁裂缝宽而密； 依据损伤程度适当打分

桥台裂缝对桥梁技术状况影响程度的评价标准　　　　表 5-6

病害描述扣分值	病害描述
0～1	(1) 台身结构完好，无水平和纵向裂缝； (2) 台帽无结构性裂缝，台帽上出现网状裂缝等细微功能性裂缝面积占整个台帽表面积的3%以内，台帽开裂处无渗水； 依据损伤程度适当打分
1～2	(1) 台身结构基本完好，台身出现水平或纵向裂缝以及网状裂缝等，裂缝宽度均未超过规范允许限值，水平裂缝未形成环绕整个台身的水平贯通裂缝，纵向裂缝没有形成自上而下贯通整个台身的裂缝，网状裂缝等细微功能性裂缝面积不超过台身表面积的3%； (2) 台帽出现结构性裂缝以及网状裂缝等功能性裂缝，但裂缝宽度为超过规范允许限值，网状裂缝等功能性裂缝的面积占整个台帽表面积的3%～10%； 依据损伤程度适当打分
2～3	(1) 台身出现水平或纵向裂缝以及网状裂缝等，水平裂缝未形成环绕整个台身的水平贯通裂缝，纵向裂缝没有形成自上而下贯通整个台身的裂缝，网状裂缝等细微功能性裂缝面积不超过台身表面积的10%，3%以内的裂缝开裂宽度超过规范限值； (2) 台帽出现结构性裂缝以及网状裂缝等功能性裂缝，网状裂缝等功能性裂缝的面积占整个台帽表面积的10%～20%，10%以内的裂缝宽度超过规范允许限值； 依据损伤程度适当打分
3～4	(1) 台身出现水平或纵向裂缝以及网状裂缝等，水平裂缝未形成环绕整个台身的水平贯通裂缝，纵向裂缝没有形成自上而下贯通整个台身的裂缝，网状裂缝等细微功能性裂缝面积不超过台身表面积的20%，台身裂缝宽而密，10%～20%的裂缝开裂宽度超过规范限值； (2) 台帽出现结构性裂缝以及网状裂缝等功能性裂缝，网状裂缝等功能性裂缝的面积占整个台帽表面积的20%以上，20%以上的裂缝宽度超过规范允许限值； 依据损伤程度适当打分
4～5	(1) 台身出现水平或纵向裂缝以及网状裂缝等，水平裂缝形成环绕整个台身的水平贯通裂缝，纵向裂缝形成自上而下贯通整个台身的裂缝，网状裂缝等细微功能性裂缝面积超过台身表面积的20%，台身裂缝宽而密，20%以上台身裂缝开裂宽度超过规范限值； (2) 台帽出现结构性裂缝以及网状裂缝等功能性裂缝，网状裂缝等功能性裂缝的面积占整个台帽表面积的20%以上，20%以上的裂缝宽度超过规范允许限值，台帽裂缝宽而密； 依据损伤程度适当打分

5 高速公路桥梁技术状况预测与分析

桥梁基础病害对桥梁技术状况影响程度的评价标准　　表 5-7

病害描述扣分值	病害描述
0～1	（1）墩台基础结构完好，未出现基础冲刷、掏空、移动现象； （2）混凝土桩基础结构完好无损
1～2	（1）基础出现细微冲刷现象，未出现基础掏空和移动现象； （2）混凝土桩表面混凝土存在细微破损，破损面积<3%，但未露筋； 依据损伤程度适当打分
2～3	（1）基础出现轻微冲刷现象，冲刷面积小于基础表面积的10%，局部出现基础掏空现象，掏空面积小于基础面积的10%； （2）混凝土桩出现轻微混凝土破损、桩径减小，但未露筋，破损面积占桩基表面积的10%以内； 依据损伤程度适当打分
3～4	（1）基础出现冲刷现象，冲刷面积占基础表面积的10%～20%，部分出现基础掏空现象，掏空面积小于基础面积的20%； （2）混凝土桩出现轻微混凝土破损、桩径减小，出现少量露筋现象，破损面积占桩基表面积的10%～20%； （3）基础出现轻微倾斜； 依据损伤程度适当打分
4～5	（1）基础出现冲刷现象，冲刷面积占基础表面积的20%以上，受水冲刷出现基础掏空现象，掏空面积大于基础面积的20%； （2）混凝土桩出现轻微混凝土破损、桩径减小，破损面积占桩基表面积的20%以上，桩基露筋且出现钢筋锈蚀现象； （3）基础倾斜变形严重； 依据损伤程度适当打分
一票否决	当墩台基础面积出现20%以上的掏空破损，或基础倾斜严重时，该桥采取一票否决，必须立即修理

主梁开裂对桥梁技术状况影响程度的评价标准　　表 5-8

病害描述扣分值	病害描述
0～1	（1）主梁结构完好，未出现结构裂缝； （2）主梁表面出现网状裂缝等细微功能性裂缝，裂缝宽度在规范允许范围内，开裂面积占整个梁底表面积3%以内； （3）裂缝处无渗水现象； 依据损伤程度适当打分
1～2	（1）主梁结构基本完好，出现结构裂缝及表面网状裂缝等功能性裂缝，裂缝宽度在规范允许范围内； （2）结构裂缝面积不超过整个梁底表面积3%； （3）网状裂缝等功能性裂缝面积占整个梁底表面积3%～10%； （4）裂缝处有细微渗水现象； 依据损伤程度适当打分

51

续表

病害描述扣分值	病害描述
2~3	(1) 主梁出现结构性裂缝,结构裂缝面积不超过整个梁底表面积3%~10%,部分结构性裂缝宽度超过规范允许限值; (2) 网状裂缝等功能性裂缝面积占整个梁底表面积10%~20%; (3) 裂缝处有轻微渗水现象; 依据损伤程度适当打分
3~4	(1) 主梁出现结构性裂缝,结构裂缝面积不超过整个梁底表面积10%~20%,部分结构性裂缝宽度超过规范允许限值; (2) 网状裂缝等功能性裂缝面积占整个梁底表面积20%以上; (3) 裂缝处有渗水现象; 依据损伤程度适当打分
4~5	(1) 主梁出现结构性裂缝,结构裂缝面积不超过整个梁底表面积20%以上,裂缝宽度超过规范允许限值,裂缝宽而密; (2) 网状裂缝等功能性裂缝面积占整个梁底表面积20%以上; (3) 裂缝处有严重的渗水现象,渗水痕迹面积较大且非常明显; 依据损伤程度适当打分
一票否决	(1) 当主梁裂缝严重,超过规范允许限值,重点部位出现全截面开裂,该桥梁采取一票否决,必须立即修理; (2) A类预应力构件出现裂缝,该桥采取一票否决,必须立即修理; (3) B类预应力构件主梁开裂,裂缝超过规范限值,该桥采取一票否决,必须立即修理

主梁钢筋锈蚀对桥梁技术状况影响程度的评价标准　　　　表5-9

病害描述扣分值	病害描述
0~1	(1) 主梁混凝土出现轻微剥离,剥离面积不超过梁底表面积的1%; (2) 主梁表面混凝土剥落后钢筋外露且产生锈蚀现象,锈蚀总面积不超过梁底表面积的1%; 依据损伤程度适当打分
1~2	(1) 主梁混凝土剥离,剥离面积不超过梁底表面积的3%; (2) 主梁表面混凝土剥落后钢筋外露且产生锈蚀现象,锈蚀总面积不超过梁底表面积的2%; 依据损伤程度适当打分
2~3	(1) 主梁混凝土剥离,剥离面积占梁底表面积的3%~10%; (2) 主梁表面混凝土剥落后钢筋外露且产生锈蚀现象,锈蚀总面积占梁底表面积的3%~10%,裂缝宽度超过规范限值; 依据损伤程度适当打分
3~4	(1) 主梁混凝土剥离,剥离面积占梁底表面积的10%~20%; (2) 主梁表面混凝土剥落后钢筋外露且产生锈蚀现象,锈蚀总面积占梁底表面积的10%~20%,顺筋方向有纵向裂缝,裂缝宽度超过规范限值; 依据损伤程度适当打分

5 高速公路桥梁技术状况预测与分析

续表

病害描述扣分值	病害描述
4～5	（1）主梁混凝土剥离，剥离面积占梁底表面积的20%以上； （2）主梁表面混凝土剥落后钢筋外露且产生锈蚀现象，锈蚀总面积占梁底表面积的20%以上，部分钢筋屈服或断裂，裂缝宽度超过规范限值； 依据损伤程度适当打分
一票否决	预应力钢筋出现锈蚀，该桥梁采取一票否决，立即修理

横向联系破损对桥梁技术状况影响程度的评价标准　　表5-10

病害描述扣分值	病害描述
0～1	（1）横隔板混凝土剥落露筋、出现网状裂缝等细微功能性裂缝，裂缝宽度在规范允许范围内，剥落、露筋总面积不超过整个横隔板表面积的3%，网状裂缝等细微功能性开裂面积小于横隔板面积的3%，横隔板裂缝无渗水； （2）铰接缝混凝土剥落露筋，剥落露筋总面积不超过铰缝总面积的3%，铰缝出现微小裂缝，裂缝宽度在允许范围内，铰缝裂缝处无渗水现象； （3）钢板焊接联系构件脱焊松动或出现连接件断裂现象，产生脱焊松动的连接构件数占全部构件数量的3%以内，断裂连接件占全部构件总数的3%以内； 依据损伤程度适当打分
1～2	（1）横隔板混凝土剥落露筋、出现网状裂缝等细微功能性裂缝，裂缝宽度超过规范允许范围，剥落、露筋总面积占整个横隔板表面积的3%～10%，网状裂缝等细微功能性开裂面积占横隔板面积的3%～10%，横隔板裂缝有轻微渗水； （2）铰接缝混凝土剥落露筋，剥落露筋总面积不超过铰缝面积的10%，铰缝出现微小裂缝，裂缝宽度在允许范围内，铰缝裂缝处无渗水现象； （3）钢板焊接联系构件脱焊松动或出现连接件断裂现象，产生脱焊松动的连接构件数占全部构件数量的10%以内，断裂连接件占全部构件总数的3%～10%； 依据损伤程度适当打分
2～3	（1）横隔板混凝土剥落露筋、出现网状裂缝等细微功能性裂缝，裂缝宽度超过规范限值，剥落、露筋总面积占整个横隔板表面积的10%～20%，网状裂缝等细微功能性开裂面积占横隔板面积的10%～20%，横隔板裂缝无渗水； （2）铰接缝混凝土剥落露筋，剥落露筋总面积占铰缝总面积的10%～20%，铰缝出现裂缝，裂缝面积占铰缝总面积的10%～20%，裂缝宽度超过规范限值，铰缝裂缝处有轻微渗水现象； （3）钢板焊接联系构件脱焊松动或出现连接件断裂现象，产生脱焊松动的连接构件数占全部构件数量的10%～20%，断裂连接件占全部构件总数的10%～20%； 依据损伤程度适当打分
3～4	（1）横隔板混凝土剥落露筋、出现网状裂缝等细微功能性裂缝，裂缝宽度在规范允许范围之外，剥落、露筋总面积占整个横隔板表面积的20%以上，网状裂缝等细微功能性开裂面积占横隔板面积的20%以上，横隔板裂缝有明显渗水； （2）铰接缝混凝土剥落露筋，剥落露筋总面积占铰缝总面积的20%以上，铰缝出现裂缝，裂缝面积占铰缝总面积的20%以上，裂缝宽度超过规范限值，铰缝裂缝处有明显渗水现象； （3）钢板焊接联系构件脱焊松动或出现连接件断裂现象，产生脱焊松动的连接构件数超过全部构件数量的20%，断裂连接件占全部构件总数的20%以上； 依据损伤程度适当打分

续表

病害描述扣分值	病害描述
4～5	(1) 横隔板混凝土剥落露筋、出现网状裂缝等细微功能性裂缝，裂缝宽度在规范允许范围之外，剥落、露筋总面积占整个横隔板表面积的20%以上，网状裂缝等细微功能性开裂面积占横隔板面积的20%以上，横隔板截面产生贯通裂缝，横隔板裂缝有严重渗水现象； (2) 铰接缝混凝土剥落露筋，剥落露筋总面积占铰缝总面积的20%以上，铰缝出现裂缝，裂缝面积占铰缝面积的20%以上，裂缝宽度超过规范限值，铰缝截面形成贯通裂缝，铰缝失效，铰缝裂缝处有严重渗水现象； (3) 钢板焊接联系构件脱焊松动或出现连接件断裂现象，产生脱焊松动的连接件数超过全部构件数量的20%，断裂连接件占全部构件总数的20%以上； 依据损伤程度适当打分
一票否决	当横向联系破损导致主梁异常震动效应明显时，该桥采取一票否决，必须立即修理

桥面铺装破损对桥梁技术状况影响程度的评价标准　　　　表5-11

病害描述扣分值	病害描述
0～1	(1) 桥面铺装层完好，个别位置出现微小裂缝、网裂、龟裂、碎裂或破碎等开裂现象，桥面铺装无贯通的横、纵向裂缝，微小裂缝、网裂、龟裂、碎裂或破碎等开裂面积均小于整个桥面铺装层面积的3%； (2) 出现小面积变形、波浪及车辙现象，小面积变形、波浪及车辙总面积不超过整个桥面铺装层面积的3%； (3) 出现少数浅坑槽，浅坑槽总面积在全部铺装层面积的3%以内，依据损伤程度适当打分； (4) 防水层完好，依据损伤程度适当打分
1～2	(1) 桥面铺装层基本完好，个别位置出现微小裂缝、网裂、龟裂、碎裂或破碎等开裂现象，开裂面积占整个桥面铺装层面积的3%～10%，铺装层可以出现半贯通的横、纵向裂缝； (2) 出现波浪及车辙等变形现象，变形总面积不超过整个铺装层面积的10%； (3) 出现少数浅坑槽，浅坑槽总面积在全部铺装层面积的5%以内； (4) 防水层基本完好，5%以内泄水管堵塞，周围渗水； 依据损伤程度适当打分
2～3	(1) 桥面铺装层局部出现小裂缝、网裂、龟裂、碎裂或破碎等开裂现象，开裂面积占整个桥面铺装层面积的10%～20%，铺装层可以出现半贯通的横、纵向裂缝；出现波浪及车辙等变形现象，变形总面积占整个桥面铺装层面积的10%～20%； (2) 出现少数深坑槽，深坑槽总面积在全部铺装层面积的5%以内； (3) 桥面铺装形成因裂缝或破损而造成的洞穴，洞穴个数在2个以内； (4) 桥面板接缝处防水层断裂渗水，5%～20%的泄水管破损，脱落； 依据损伤程度适当打分
3～4	(1) 桥面铺装层局部出现小裂缝、网裂、龟裂、碎裂或破碎等开裂现象，开裂面积占整个桥面铺装层面积的20%以上，铺装层可以出现半贯通的横、纵向裂缝，裂缝宽而密； (2) 出现波浪及车辙等变形现象，变形总面积占整个桥面铺装层面积的20%以上； (3) 出现多处深坑槽，深坑槽总面积在全部铺装层面积的5%以上，桥面坑洼不平，积水； (4) 桥面铺装形成因裂缝或破损而造成的洞穴，洞穴个数不少于3个； (5) 桥面防水层老化失效，普遍断裂、渗水，20%以上泄水管破损、脱落、堵塞； 依据损伤程度适当打分

伸缩缝破损对桥梁技术状况影响程度的评价标准 表 5-12

病害描述扣分值	病害描述
0~1	伸缩缝结构完好，缝内清洁
1~2	(1) 伸缩缝与桥面铺装接缝处出现微小的破碎损坏，10 个以内破损部位面积小于 $0.1m^2$，破损深度小于 2cm； (2) 伸缩缝装置与桥面铺装之间的高低差不大于 2mm； (3) 伸缩缝装置内钢材构件产生轻微翘曲变形，变形小于 1cm，不影响伸缩缝的预期功能； (4) 伸缩缝在设计时预留结构缝宽略有变化，变化范围在 2cm 以内； (5) 伸缩缝内有少量杂物沉积；车辆通过伸缩缝装置时，产生轻微异常声响； 依据损伤程度适当打分
2~3	(1) 伸缩缝与桥面铺装接缝处出现轻微破碎损坏，10~20 个以内破损部位面积小于 $0.1m^2$，破损深度小于 2cm； (2) 伸缩缝装置与桥面铺装之间的高低差不大于 2mm； (3) 伸缩缝装置内钢材构件产生轻微翘曲变形，变形小于 1cm，不影响伸缩缝的预期功能； (4) 伸缩缝在设计时预留结构缝宽略有变化，变化范围在 2~5cm； (5) 伸缩缝内有大量杂物沉积；车辆通过伸缩缝装置时，产生轻微异常声响； 依据损伤程度适当打分
3~4	(1) 伸缩缝与桥面铺装接缝处出现破碎损坏，10~20 个以上破损部位面积大于 $0.1m^2$，破损深度大于 2cm； (2) 伸缩缝装置与桥面铺装之间的高低差大于 2mm； (3) 伸缩缝装置内钢材构件产生轻微翘曲变形，变形大于 1cm，影响伸缩缝的预期功能； (4) 伸缩缝在设计时预留结构缝宽略有变化，变化范围在 2~5cm； (5) 伸缩缝内有大量杂物沉积；车辆通过伸缩缝装置时，产生明显异常声响； 依据损伤程度适当打分
4~5	(1) 伸缩缝与桥面铺装接缝处出现严重破碎损坏，20 个以上破损部位面积大于 $0.1m^2$，破损深度大于 2cm； (2) 伸缩缝装置与桥面铺装之间的高低差大于 2mm； (3) 伸缩缝装置内钢材构件产生轻微翘曲变形，变形大于 1cm，影响伸缩缝的预期功能； (4) 伸缩缝在设计时预留结构缝宽变化很大，伸缩缝宽几乎为零，丧失其伸缩功能，伸缩缝被卡死； (5) 伸缩缝内有大量杂物沉积；车辆通过伸缩缝装置时产生严重的异常声响； 依据损伤程度适当打分

支座变形对桥梁技术状况影响程度的评价标准 表 5-13

病害描述扣分值	病害描述
0~1	支座各部分清洁、完好，位置准确，工作状态正常
1~2	支座结构基本完好，产生轻微的剪切变形、压缩变形，但变形值均在设计范围之内，依据损伤程度适当打分
2~3	支座产生剪切、压缩变形，10%~20%的支座变形值超过规范设计范围内，依据损伤程度适当打分

续表

病害描述扣分值	病害描述
3~4	支座产生剪切、压缩变形，20%以上支座变形值超过规范设计范围内，支座对梁的支撑不是很稳定，有一定的松动，依据损伤程度适当打分
4~5	支座错位、变形严重，变形值超过规范设计值，使上下部受到异常约束，支座对梁支撑不稳定，依据损伤程度适当打分
一票否决	支座错位变形很大，对主梁支撑很不稳定，有落梁危险，该桥采取一票否决，必须立即修理

5.3 桥梁技术状况衰变预测模型的确定

根据桥梁检测及技术状况资料，选取无主要病害的桥梁作为样本，确定一条桥梁技术状况衰变基本样本曲线。以《公路桥涵养护规范》JTG H11—2004、《城市桥梁养护技术规范》CJJ 99—2003 和《公路桥梁承载能力检测评定规程》（报批稿）中相关桥梁技术状况评定标准为依据，考虑安徽省某高速公路桥梁所处地理环境特点、通行荷载情况、结构重要部件损伤状况对桥梁技术状况的影响程度，采用通行荷载修正系数和主要病害综合修正系数修正桥梁技术状况基本衰变预测模型，作为存在主要病害桥梁技术状况的衰变预测模型。

5.3.1 无主要病害桥梁的技术状况衰变基本模型

以无主要病害的桥梁作为样本，利用模型确定一条桥梁技术状况衰变基本曲线。初始条件为：$D_r(t_0)=100$（初始状态）；$D_r(t_s)=60$（四类桥）；$t_0=0$（年）；$t=7$（年）；$D_r(t)=97.57$；$\xi=1.0$；$\xi_L=1.0$；$\xi_w=1.0$。将初始参数代入桥梁技术状况衰变模型，计算出桥梁技术状况衰减至四类桥时所需要的年限 $t_s=20.8$ 年，进而可以得到无主要病害桥梁技术状况基本衰变曲线，见图 5-3。

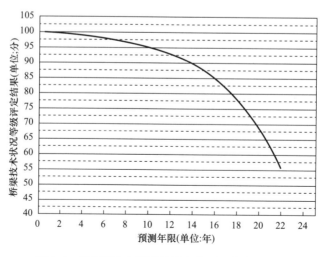

图 5-3 无主要病害桥梁的技术状况基本衰变模型

5.3.2 存在主要病害桥梁的技术状况衰变模型

以 K481+976.5 分离式立交桥为例,构建存在主要病害的技术状况衰变曲线。初始条件:$D_r(t_0)=100-(98.6-86)=87.4$(名义初始状态);$D_r(t_s)=60$(四类桥);$t_0=0$(年);$t=7$(年);$D_r(t)=85.7$(2013年评价结果);$\xi=0.73$;$\xi_L=0.89$,$\xi_w=1.03$。得到存在主要病害桥梁的技术状况衰变模型,进而预测桥梁未来技术状况等级。

名义初始状态 $D_r(t_0)$ 的确定方法:对于存在主要病害的桥梁,其主要病害发生在 (t_0, t) 的区间内,但具体时间点无法确定。桥梁一旦发生主要病害,其技术状况必然产生突变。在产生主要病害的时间点处,桥梁技术状况衰变曲线出现台阶式的突变点。为说明问题,采用名义初始状态 $D_r(t_0)$ 作为存在主要病害桥梁 t_0 时刻的技术状况水平,在保证桥梁技术状况衰变曲线通过本次检测评估点的前提下,计算出桥梁技术状况衰减至四类桥时所需要的时间 t_s。然后,再用桥梁主要病害综合影响系数和通行荷载影响系数对由 t_s 确定的桥梁技术状况预测模型进行修正,进而得到本座桥梁的技术状况预测模型,如图 5-4 所示。

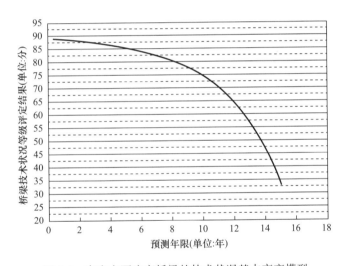

图 5-4 存在主要病害桥梁的技术状况基本衰变模型

对于其他存在主要病害、处于不同技术状况水平桥梁衰变模型的确定方法与本桥相同,在此不再一一赘述。

6 高速公路交通量预测与分析

6.1 高速公路交通流量影响因素分析

6.1.1 土地利用

交通能够引导土地利用和土地开发，而土地利用是产生交通的基础。土地利用和交通构成一个循环的动态反馈系统，交通运输是与土地使用密切相连的，互为因果，相互作用的系统。交通是由于人们的生产、生活、社会活动需要，这是一个常识。而因为人们的所有这一切生产、生活、社会活动都必须在一定的空间进行，最终都要落实到土地上。因此，交通运输和土地使用密不可分。

起初，土地利用是一个农业经济学中的术语，是指在一定的生产方式下，人们依据土地的自然属性和社会属性，对土地进行有目的的开发、利用、整治和保护的活动。慢慢地土地利用的概念被引入到了城市规划的领域，是指工业区、居民区以及商业区等城市功能区域的空间分布和地理类型。这时的土地利用包含两个方面的含义：一是人们对土地的开发利用是出于自身目的的需要；二是人们以土地作为劳动的对象，利用土地的性能。从土地利用的微观角度可以认为，土地利用是在人们依法取得土地利用权之后，在该土地上进行生产经营活动，并取得经济、社会等各方面效益的活动。

从交通规划的角度来看：不同的土地利用形态决定了交通发生量和吸引量，也决定了交通分布形态，并一定程度上决定了交通结构（交通方式结构、道路系统结构）。土地利用形态不合理或者开发强度过高将导致交通容量无法满足需求而影响开发效益。同时交通规划和建设对土地利用和城市发展具有导向作用，道路沿线土地利用和开发异常活跃，各种社会基础设施大都集中在地铁和干道周围。从土地利用的角度来看：发达的交通改变了城市结构、土地利用形态使得中心区人口向城市周围疏散。商业中心更加集中、规模扩大使土地利用的功能划分更加明确。

土地使用和交通相互关系的理论基础之一是表达特定的区位结构的区位理论。这方面的研究始于 19 世纪。最初的研究者是 Von Thunen（1826）。他所研究的是农业社团的土地结构。Christaller（1933）进而研究了交通在土地使用区位中的重要性。Burgess（1925）关于城市功能小区的研究，Harris 和 Ullmann（1945）认为在土地使用的分布中包含着很多因素，这就是：可达性、经济规模、毗连的土地使用特性、公司支付高可达性场地租的能力等。

20 世纪 50 年代前的交通规划局限于交通本身。自 1953 年，Michell, Rapkin 揭示了城市土地使用与交通之间的相互关系之后，人们可以通过控制那些主导出行起、终点的土地利用来影响出行需求。因此，把研究重点从道路交通本身转移到土地利用形态上。

20世纪60年代后,这种研究已导致了城市交通规划模型的出现。其中,特别有影响的是Lowry模型。这一模型涉及影响一个小区的,包括人口、经济增长(或衰退)、居民、工作岗位、服务的区位及交通供应等因素的变化。50年代开始,就已经用土地使用模型来预测土地使用的变化。当时,土地使用模型仅作为交通规划的输入。

自20世纪70年代开始,逐步认识到采用传统的四步骤方法(出行产生、出行分布、模式选择和交通分配),常常忽略了交通对土地使用的反作用,仅仅将交通作为土地使用预测的一种粗略方法,或者仅仅将土地使用预测作为交通模型的输入,而没有它们之间的反馈(Wgtconsutt,1977)。事实上,土地使用的类型、强度、布局都会影响交通,而交通的改变又会反过来影响土地使用。比如,北京地铁建设,就引起了周围土地使用渐进变化。20世纪70年代后,大批学者研究了交通对土地使用的影响,明确认识到两者之间互为因果,互相反馈的关系,循环反复,永无穷尽。如上自述,土地使用——交通构成一个系统,而且是一个复杂的动态系统。它与社会的发展,经济的发展,与人紧紧联系在一起。社会在不断发展,经济在不断发展,又引起交通行为,包括人的出行行为在不断变化。而所有这些变化又不是可以按照某种主观设定的模式或规律运行的。因此,土地使用/交通系统之间存在极其复杂的相互关系,完全具备了大系统所具有的特征,它是一个复杂的,随机变化的动态系统,见图6-1。

图6-1 土地使用和交通需求的反馈关系

6.1.2 经济发展

经济的发展与高速公路之间的影响关系的相互的。经济的飞跃使得高速公路的建设如火如荼,高速公路的建设运营对经济的发展起着推动作用。主要表现在以下几个方面:

(1) 相互拉动作用

高速公路建设是扩大内需、拉动经济的有效手段。国民经济要保持或实现一定的增速,离不开投资、出口、消费三大需求的拉动。1998年前后,亚洲金融危机的负面影响逐步加深,依靠投资拉动经济增长已成为最有效的现实选择。投资于高速公路建设,对扩大内需、拉动经济的作用是巨大的。通过投资建设高速公路扩大的内需主要有以下几个方面:一、原材料的购买。一条高速公路的建设过程中,原材料的购买费用几乎占到整条高速公路建设总投资的70%,大部分将转化为新的市场购买力来刺激新的消费需求。经专家测算,因高速公路带动社会总产出是高速公路的投资的2倍多。同时由于高速公路的建设与对原料的需求,还可带动钢材、水泥、建材、机械等相关产业发展。另外,高速公路的投资可为社会创造、保留很多直接与间接就业机会。

同时,当国民经济发展迅猛的适合也带动着国内其他方面的发展,未来这种发展的实效也效益,高速公路通常是发展的第一要素。

(2) 相互促进作用

高速公路的建设使公路交通发生质的飞跃。极大促进沟通了地域之间的人才、物资、信息的交流,改善投资环境。

促进第一、二产业发展。高速公路的运营将大大降低工业产品的运输成本,增强产品走向市场的竞争力;缩短农副产品的储运时间,方便水产、水果、蔬菜等鲜活产品的外运，从而加速农副产品的流通，极大提高农副产品的商品化程度。同时，工农业开发生产所需物资、机械也能及时运入，必将有力地推进规模经营和集约化生产，加快工农产业化、外向化、商品化、市场化、现代化进程。

带动第三产业发展。交通运输是第三产业的重要门类，而公路运输在我市的交通运输中又占有举足轻重的地位。高速公路的运营，必将有效地促进运输产业的结构调整，实现运输产业升级，使其真正成为第三产业的支柱产业。同时，高速公路运输，缩短了产地与销地的时空距离，必将极大地促进商贸流通业的发展。

为部分国有大中型交通运输企业摆脱困境提供历史性机遇。近年来，随着社会主义市场经济体制的确立和发展，运输市场竞争日趋加剧。部分国有大中型运输企业，由于人员变化，车辆设备陈旧，历史包袱沉重，生产经营普遍困难。随着高速公路的运营，必然加快国有大中型运输企业调整运力结构，拓宽运输领域，转变经营方式和经营机制，从根本上扭转目前的被动局面。

（3）相互推动作用

发挥高速公路对区域经济发展的推动作用，必须尽快搞好配套工程建设，完善公路网络。大力提高公路网络化程度，提高公路等级水平、通达深度和整体功能，形成以高速公路为主骨架，国、省干道及高速公路连接线为主通道，县乡村公路为脉络的干支相连、四通八达、功能齐全的现代化公路交通网络。同时，现有的公路基础设施，要与铁路、航空、水（海）运等多种运输方式相衔接、配套。

高速公路产业带发展。高速公路的发展历史已经清楚地告诉我们，一条高速公路建成通车后必将形成一条隆起的经济带。高速公路的崛起，将对发展区域经济起到桥梁和纽带作用，为沿线县（市）、区经济发展增添了几大优势：一是交通便利优势。硬件环境的改善，使沿线县（市）、区全方位、多层次开放与开发机遇增多；二是经济聚合优势。与政治、经济、金融、文化发达的城市联系密切，人缘、地缘关系大大增强；三是经济载体优势。为沿线地区提供了新的经济增长点，"经济走廊"迅速形成。

尽快运作交通运输企业抢占高速公路运输市场。在高速公路运输市场启动阶段，交通运输企业要主动占领，并起主导作用。

充分利用高速公路，营造环境，塑好形象。道路是一个城市的第一形象。在高速公路上无论是组成交通的高层次的人、现代化的车、高标准的路、美化的环境，还是沿线经济的繁荣景象，让人时时、处处、事事都能感受到经济发展的活力和精神文明的气息。高速公路的开发必须充分注重高速公路的形象化建设，认真做好绿化美化，增设整齐、规范的广告牌（塔），通过高速公路，树立地区现代化形象、市场经济形象和精神文明的形象。还要加强新闻宣传，将高速公路建成后带来的交通优势，优惠的政策以及将来的规划设想，通过新闻媒介进行充分报道，让社会各界认识交通，了解高速公路，扩大社会知名度和美誉度，让高速公路沿线成为国内外客商投资的热点，成为地区对外开放和促进经济发展的长线窗口。

6.1.3 人口因素

人口因素对交通量的影响主要表现在两个方面：一是人口的增长导致交通出行的增加，二是人口的分布导致道路上交通量区别较大。

人口增长对交通量的影响主要是从交通出行以及交通出行的需求上方面进行影响的。同时由于现代生活水平的不断提高，人口的增长导致车辆保有量的迅猛增加，进而导致交通量的增加。

人口分布分从人口年龄分布和人口地理位置分布两方面影响交通量。不同的人口年龄分布对交通出行产生较大的影响，进而导致路面交通量的变化。人口地理位置的分布影响人口出行的分布，进而导致路面交通量的变化。

6.1.4 政府调控

政府调控导致交通量变化主要表现在以下几个方面：
（1）路网的规划。不论是国家的路网规划还是省的路网规划都将直接影响人们出行路径的选择。
（2）道路收费。目前国家对高速公路采取借贷建设收费还款的形式，高速公路的收费费率直接影响交通出行的费用，由此影响路网中交通量的分布。
（3）产业布局调整。第一、第二、第三产业布局的比例直接影响到交通量的变化。

6.2 高速公路历史交通量的调研

6.2.1 调查的目的

交通量调查的目的是为了掌握公路交通流量、流向、车辆构成等基础资料，了解项目所在区域公路交通量的特性、构成，为项目的交通量预测提供依据。

6.2.2 调查的参考资料

交通调查的内容包括项目所在地区综合运输格局调查、公路路网调查、相关公路现状调查、相关公路断面交通量及OD调查等。其中，相关公路历年交通量调查是为了掌握路网交通量的流量特征；OD调查则是为了了解路网中交通量的流向特征。

【项目实例】以安徽某高速公路项目为例，由于该项目于2006年12月建成通车运营，有着较为完善的历史资料，2015年8月完成中长期规划修订，其调查参考资料主要包括如下：
（1）安徽省某高速公路2006年～2014年分断面交通量年报表；
（2）安徽省某高速公路2006年～2014年OD交通量年报表；
（3）安徽省某高速公路2010年8月大区域OD报表；
（4）安徽省某高速公路2006年～2014年通行费收入报表；
（5）《安徽省某高速公路工程可行性研究报告》；
（6）2000～2008年《安徽省公路交通情况调查资料汇编》；
（7）2000～2014年安徽省某高速公路相关省市的统计年鉴；
（8）《国家高速公路网规划》、安徽省某高速公路相关的高速公路网规划及相关省市的交通规划；
（9）安徽某高速公路相关省市的"十一五"国民经济和社会发展规划及"十二五"规划纲要；

(10) 国家中长期铁路网规划;

(11) 安徽省城镇体系发展规划;

(12)《安徽省某高速公路 2011 年路费收入预算编制报告》等。

6.2.3 交通调查

(1) 交通小区的划分

利用四阶段法进行交通量预测时,OD 小区的划分是否合理会直接影响交通量分析的可靠性及交通量预测结果,因此,在 OD 分区时应遵循以下主要原则:

1) 在项目直接影响区内将 OD 小区划分至有完整社会经济资料数据,有明确行政区划限界的市、县级。

2) 在间接影响区内结合现状路网与规划路网,将有可能利用不同交通路线而对项目产生影响的区域划分为不同的 OD 区。

3) 为便于交通流量分析,在 OD 分区时,把整个影响区在不影响交通量分配的前提下,进行适当归并。

4) OD 调查询问时事先不规定具体起讫点,如实记录询问结果,数据处理时再归类统计。

选择 OD 调查地点时,主要考虑了以下因素:

1) 选定的调查地点,应以能够全面掌握项目直接影响区与间接影响区之间,直接影响区内各小区之间,及小区内部各主要交通量流向为基本原则。

2) 与拟建公路平行或者相交的路线,应是主要考虑的设点线路。

3) 尽量避免城镇内交通的影响,设点应远离城镇。

4) 以能够把握住交通量分布特征,不影响调查目的和精度为前提,调查地点应尽量减少。

5) OD 调查的对象是除正在执行公务的公安、武警、消防、救护等车辆外的所有汽车。

【项目实例】以安徽省某高速公路项目为例,该项目 OD 交通小区的划分以安徽省、亳州市、阜阳市现有的行政区划为基础,结合各路线方案重要交叉口的初拟位置,对部分行政区划进行了细分。根据受项目影响程度的不同,采取项目所经过的区域应细分,远离项目的地区宜粗分的原则,将整个影响区域划分为 18 个交通小区,具体划分见表 6-1。交通小区分区示意见图 6-2。

OD 分区表　　　　表 6-1

序号	小区名称	小区范围	序号	小区名称	小区范围
1	周口	周口市及西北地区	10	阜阳	阜阳市区
2	商丘	商丘及以北地区	11	利辛	利辛县
3	淮北	北市及东北地区	12	蒙城	蒙城县
4	亳州	亳州市区	13	蚌埠	蚌埠市及以东地区
5	涡阳	涡阳县	14	淮南	淮南市及东南地区
6	太和	太和县	15	颍上	颍上县
7	界首	界首市	16	六安	六安市及以南地区
8	临泉	临泉县	17	信阳	信阳市及西南地区
9	阜南	阜南县	18	驻马店	驻马店市及以西地区

(2) 交通调查结果

根据交通小区的划分，制定各个交通调查点，由于此次调查的目的是进行四阶段法预测，需要充分考虑周围路网发生变化，因此拟定的调查点的范围为项目影响区内高速公路、国道、省道上布设观测点，不对县乡道路进行调查。调查点的设置方法为"区域边界"布点法与"节点包围"法相结合。基年项目影响区客货车出 OD 分布，见表 6-2。

基年项目影响区客货车出 OD 分布（单位：辆/日（小客车）） 表 6-2

OD	周口	商丘	淮北	亳州	涡阳	太和	界首	临泉	阜南	阜阳	利辛	蒙城	蚌埠	淮南	颖上	六安	信阳	驻马店
周口	0	150	118	1227	561	323	104	83	78	91	476	368	10	167	78	69	55	47
商丘	357	0	351	2232	863	59	71	53	29	196	565	558	63	446	29	150	38	43
淮北	157	651	0	119	96	143	72	58	51	429	265	292	298	221	56	221	155	166
亳州	1452	3146	217	0	1729	709	354	283	319	914	576	576	145	289	283	115	13	14
涡阳	38	91	650	1299	0	266	208	166	156	741	422	253	42	170	169	32	23	6
太和	7	128	162	518	275	0	192	164	154	2765	220	165	169	548	154	115	92	97
界首	319	266	254	575	217	2583	0	1291	1033	2212	165	124	127	411	115	86	69	73
临泉	279	232	222	503	190	2260	727	0	723	1548	115	87	89	288	81	60	48	51
阜南	199	166	159	359	136	1614	520	416	0	1626	121	91	93	302	85	63	51	54
阜阳	399	332	317	719	271	3229	1039	831	779	0	545	382	62	62	727	863	419	359
利辛	14	53	156	1039	915	186	145	116	109	1235	0	177	30	119	118	61	23	5
蒙城	12	42	125	831	732	149	116	93	87	988	1086	0	24	95	95	49	19	4
蚌埠	59	7	300	91	101	152	85	90	90	65	988	19	0	331	30	196	79	82
淮南	167	270	220	301	71	538	231	120	250	435	95	76	298	0	27	871	479	522
颖上	160	133	127	288	108	1291	416	332	312	600	218	153	25	25	0	345	168	144
六安	69	308	190	90	28	47	29	70	60	850	97	44	187	740	276	0	1275	1360
信阳	69	6	150	45	20	80	80	50	55	450	8	18	75	431	151	1020	0	2040
驻马店	83	6	140	7	7	70	100	60	50	370	8	4	82	522	158	1156	2040	0

6.2.4 车型分析

在对交通量的预测过程中，应将国内 GDP、项目所在区域 GDP 以及人口等因素联系起来综合考虑其对交通量的影响进行预测；而车型比例应根据历史资料进行分析。

【项目实例】安徽省某高速公路于 2006 年 12 月 15 日正式通车，起点为黄庄，终点为刘小集枢纽；2009 年 12 月 28 日阜阳至周集路段通车，安徽省某高速新增刘小集枢纽至终点路段，安徽省某高速公路全程 101.3km。由于在道路刚开通的前两年，交通量以及车型比例的变动都会很大，规律性不明显，但是随着时间的推移，高速公路上的交通量将会与我国的 GDP、项目所在区域的 GDP、人口等各方面有着密切的联系，高速公路上的车型比例也会逐渐趋于稳定。

由于该项目的交通量预测和路段断面的划分都与通行费的收入直接相关，因此在对车型进行划分与路段断面划分的过程中还应考虑通行费测算过程。根据已有数据得到本项目交通调查中的车型划分标准和路段的断面点，如表 6-3 所示。其中车型的划分主要以收费站对不同类型车辆的收费情况进行划分的，路段断面的

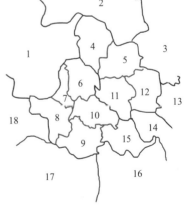

图 6-2 交通小区划分图

确定主要是根据安徽省某高速公路的起终点、中间路段收费站以及与其他高速公路的立体交叉而确定,主要有安徽省某高速公路的起点、黄庄、亳州枢纽、亳州东收费站、亳州南收费站、太和东收费站、刘小集互通以及终点。

车型划分标准　　　　　　　　　　　　　　　　　　　　　　　表 6-3

类别	客车车型及规格	货车核定载质量（收费车型）	
第 1 类	≤7 座	≤2t	10t 以下
第 2 类	8～19 座	2～5t（含）	
第 3 类	20～39 座	5～10t（含）	
		20 英尺集装箱	
第 4 类	≥40 座	10～15t（含）	10～40t
第 5 类		>15t	40t 以上
		40 英尺集装箱	

根据分析可知,安徽省某高速公路的车型划分主要从收费车型进行划分,客车和货车合并共分为 5 种车型。但是为了计算通行费,必须将客车与货车的比例以及客车、货车在每种车型中所占的比例预测出来。

收集安徽省某高速公路开通以来的历史交通量数据,如表 6-4～表 6-6 所示:

历史数据交通量情况（辆/日（自然车））　　　　　　　　　　　表 6-4

年份	客车				货车			免费车	合计
	1	2	3	4	1	2	3		
2006	204	23	33	15	133				408
2007	431	55	139	83	661	46	41	5	1460
2008	498	20	121	77	198	550	578	71	2113
2009	751	36	80	112	230	524	618	63	2414
2010	1330	56	83	159	322	622	789	57	3418
2011	1778	52	91	182	424	754	732	58	4071
2012	2200	48	86	233	431	579	760	59	4396
2013	2764	47	61	233	548	710	893	60	5316
2014	3307	49	51	227	611	772	1088	66	6171
2015	4173	52	48	233	690	771	1195	77	7239

注:本项目 2006.12.15 正式开通运营。1 类车指实际重量小于 10 吨;2 类车指实际重量在 10—40 吨之间;3 类车指实际重量大于 40 吨。2015 年数据为 2015 年 1-6 月份断面流量数据,数据准确性有待检验。

各种车型分别占客、货车总交通量比例　　　　　　　　　　　表 6-5

年份	客车				货车			免费车	合计
	1	2	3	4	1	2	3		
2006									
2007	29.54%	3.74%	9.54%	5.67%	45.25%	3.14%	2.80%	0.31%	100%
2008	23.57%	0.96%	5.71%	3.62%	9.38%	26.04%	27.37%	3.35%	100%
2009	31.12%	1.50%	3.30%	4.65%	9.52%	21.70%	25.60%	2.61%	100%
2010	38.91%	1.65%	2.41%	4.67%	9.43%	18.18%	23.08%	1.66%	100%
2011	43.67%	1.28%	2.24%	4.47%	10.42%	18.52%	17.98%	1.42%	100%
2012	50.05%	1.08%	1.96%	5.29%	9.81%	13.17%	17.30%	1.34%	100%
2013	51.98%	0.89%	1.14%	4.39%	10.31%	13.36%	16.79%	1.13%	100%
2014	53.60%	0.79%	0.83%	3.66%	9.89%	12.53%	17.63%	1.07%	100%
2015	57.65%	0.72%	0.66%	3.22%	9.53%	10.65%	16.51%	1.06%	100%

各种车型占总交通量的比例 表6-6

年份	各客车车型所占总数比例				客车总比例	各货车车型所占总数比例			货车总比例	免费车	合计
	1	2	3	4		1	2	3			
2006	74.16%	8.24%	12.09%	5.51%	67.36%						
2007	60.93%	7.71%	19.66%	11.70%	48.49%	88.40%	6.13%	5.48%	51.19%	0.31%	100%
2008	69.62%	2.82%	16.86%	10.69%	33.86%	14.95%	41.46%	43.59%	62.79%	3.35%	100%
2009	76.71%	3.69%	8.13%	11.47%	40.57%	16.75%	38.19%	45.06%	56.82%	2.61%	100%
2010	81.67%	3.47%	5.07%	9.79%	47.65%	18.60%	35.87%	45.53%	50.70%	1.66%	100%
2011	84.55%	2.47%	4.33%	8.65%	51.66%	22.20%	39.48%	38.32%	46.92%	1.42%	100%
2012	85.70%	1.87%	3.35%	9.08%	59.19%	24.35%	32.71%	42.94%	40.81%	1.36%	100%
2013	89.02%	1.51%	1.96%	7.50%	59.08%	25.48%	33.01%	41.52%	40.92%	1.14%	100%
2014	91.03%	1.35%	1.40%	6.22%	59.52%	24.69%	31.28%	44.03%	40.48%	1.08%	100%
2015	92.61%	1.15%	1.07%	5.17%	62.92%	25.98%	29.03%	44.99%	37.08%	1.08%	100%

由表6-4可以看出，3类客车在逐步降低，而其他车型都在逐年增加，呈现增长的趋势；由表6-5可以看出，客车总量所占交通量总量比例在逐年增加，货车总量所占交通量总量比例在逐年降低。

由表6-6可以发现，客车车型1、货车车型1的增加趋势较为明显；客车车型2、3、4、货车车型2、3的比例在逐渐降低。

查阅安徽省交通运输"十二五"规划文件，其规划中明确提出是十二五期间将新建设高速公路里程1078km，但是在项目影响区内的高速公路只有泗许高速公路亳州段（宿登高速公路）、G35周集至六安段。其中泗许高速公路于2011年12月通车运营，G35周集至六安段于2012年1月20日通车。"十二五"期间还将对安徽省干线公路进行升级改造，项目影响区内的主要有G206、G105以及S202。项目影响区内高速公路的建设到2012年基本完成。根据安徽省"十二五"交通规划发现，项目影响区内道路新建工程基本没有，但改扩建工程较多，S307省道亳州至蚌埠段的改扩建及蚌埠到蒙城段的重修，导致近两年车流量有明显激增的态势，且济祁高速的建成通车也会影响项目的交通流量。但车型的构成基本不会发生变化。因此可根据现有数据对未来年交通量的车型比例进行预测。

6.2.5 通行能力分析

通行能力也称为道路容量，是指道路的某一断面在单位时间内所能通过的最大车辆数。当道路上的交通量接近道路的通行能力时，就会出现交通拥挤现象。当道路上的交通量小于道路通行能力时，驾驶员驾车前进就有一定的自由度，有变换车速和超车的机会。

通常采用美国交通研究委员会报告《道路通行能力手册》中所定义的服务水平。服务水平描述的是公路交通流状况，并应用于通行能力定义中。每一服务水平对应于不同的通行能力，即指保持这一服务水平时达到的最大通行能力，高速公路服务水平分为A、B、C、D、E、F六个等级，表6-7定义了A至F级服务水平。

服务水平定义 表6-7

服务水平	定义
A	表示自由流，每位驾车者不受交通流中其他车辆的影响，驾驶速度和自由度很大
B	稳定流范围内，但是开始关注到交通流中其他使用者，驾驶速度和自由度不受其他车辆影响
C	稳定流范围内，驾驶员需提高警惕，速度的选择轻微受其他车辆的影响

续表

服务水平	定义
D	车流密度高但仍是稳定流,速度和驾驶的自由度受到其他道路使用者很大影响
E	通常为不稳定流,运行条件不畅顺,车速可降得很低,驾驶的自由度受到严格限制
F	强制流或间断阻塞流,交通流超过了通行能力

高速公路服务水平分级　　　　　　　　　　　　　　　　　　　　　　表6-8

服务水平等级	密度(pcu/km/ln)	设计速度(km/h)								
		120			100			80		
		速度(km/h)	V/C	最大服务交通量(pcu/h/ln)	速度(km/h)	V/C	最大服务交通量(pcu/h/ln)	速度(km/h)	V/C	最大服务交通量(pcu/h/ln)
一	≤7	≥109	0.34	750	≥92	0.31	650	≥74	0.25	500
二	≤18	≥90	0.74	1600	≥79	0.67	1400	≥66	0.60	1200
三	≤25	≥78	0.88	1950	≥71	0.86	1800	≥60	0.75	1500
四	≤45 >45	≥48 <48	接近1.0 >1.0	<2200 0~2200	≥47 <47	接近1.0 >1.0	<2100 0~2100	≥45 <45	接近1.0 >1.0	<2000 0~2000

注：V/C是在理想条件下,最大服务交通量与基本通行能力之比。基本通行能力是四级服务水平上半部的最大小时交通量。

2004年3月中国交通部颁布的《公路工程技术标准》JTG B01—2003把公路服务水平等级划分为一、二、三、四级。同时,《公路路线设计规范》JTG D20—2006规定：高速公路、一级公路应按二级服务水平设计；计算实际通行能力时按三级服务水平进行计算。因此,本次研究采用中国交通部标准中的三级服务水平计算公路通行能力,如表6-8所示。我国的三级服务水平相当于表6-9中的D级服务水平。

高速公路路段的基本通行能力与设计通行能力应按表6-7选取；典型的速度与流量关系曲线应按图6-3选用。

高速公路基本通行能力与设计通行能力　　　　　　　　　　　　　　表6-9

实际行驶速度(km/h)	120	100	80
基本通行能力(pcu/h/ln)	2200	2100	2000
二级服务水平下设计通行能力(pcu/h/ln)	1600	1400	1200
三级服务水平下设计通行能力(pcu/h/ln)	1950	1800	1550

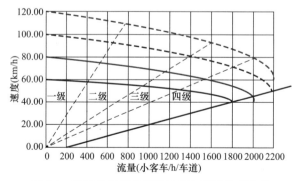

图6-3　高速公路基本路段速度与流量关系曲线

实际通行能力的计算公式如下：
$$C_r = C_d \times f_{HV} \times f_N \times f_P \tag{6-1}$$

式中：C_r——高速公路路段的实际通行能力，pcu/h/ln；

C_d——与实际行驶速度相对应的设计通行能力，pcu/h/ln；

f_{HV}——交通组成修正系数，$f_{HV} = \dfrac{1}{1+\sum P_i(E_i-1)}$ 计算，其中 P_i 为中型车、大型车、拖挂车（i）交通量占总交通量的百分比；E_i 为中型车、大型车、拖挂车（i）车辆折算系数，见表6-10；

f_N——车道修正系数，取1.0；

f_P——驾驶者总体特征修正系数，取0.95。

高速公路通行能力分析车辆折算系数 表6-10

车型	交通量（veh/h/ln）	实际行驶速度（km/h）			
		120	100	80	60
中型车	≤500	1.5	2	3	3
	500~1000	2	3	4	5
	1000~1500	3	4	5	6
	≥1500	1.5	2	3	4
大型车	≤500	2	2	3	3
	500~1000	4	5	6	7
	1000~1500	5	6	7	8
	≥1500	2	3	4	5
拖挂车（含集装箱）	≤500	3	4	6	7
	500~1000	5	6	8	10
	1000~1500	6	7	10	12
	≥1500	3	4	5	6

高速公路实际行驶速度计算式如下：
$$V_R = V_D + \Delta V_W + \Delta V_N \tag{6-2}$$

式中：V_R——三级服务水平下，高速公路路段的实际行驶速度（km/h）；

V_D——设计速度（km/h）；

ΔV_W——车道宽度和路侧宽度对设计速度的修正（km/h）见表6-11；

车道宽度和路侧宽度对设计速度的修正 表6-11

宽度（m）		设计速度修正值 ΔV_W（km/h）	
		高速公路	一般公路
车道	3.25	−5	−8
	3.5	−3	−3
	3.75	0	0
左侧路缘带	0.25	−3	−5
	0.5	−1	−3
	0.75	0	0

续表

宽度（m）		设计速度修正值 ΔV_W（km/h）	
		高速公路	一般公路
右侧路肩	≤0.75	−5	−8
	1	−3	−5
	1.5	−1	−3
	≥2	0	0

ΔV_N——车道数对设计速度的修正值（km/h），见表6-12。

车道数对设计速度的修正　　表6-12

车道数（单向）	设计速度修正值 ΔV_N（km/h）
≥4	0
3	−4
2	−8

由于安徽省某高速公路设计速度120km/h，车道宽度3.75m、路缘带宽度0.75m，硬路肩宽度3m，土路肩宽度0.75m，双向四车道高速公路，因此高速公路实际行驶速度：

$$V_R = 120 - 8 = 112 \text{km/h}$$

利用插值法的到实行速度112km/h、服务水平为三级的条件下，设计通行能力：

$C_d = 1800 + [(1950 - 1800) \div (120 - 100)] \times (112 - 100) = 1890 \text{pcu/h/ln}$

则安徽省某高速公路实际通行能力为：

$C_r = 1890 \times 0.337 \times 1.0 \times 0.95 = 605 \text{pcu/h/ln}$

安徽省某高速公路断面为双向4车道，实际通行能力：

$605 \times 24 \times 4 = 58080$ 辆/日（小客车）

由于通行费的收费标准与车型折算小客车的标准有着较大的区别，因此将之折算为自然车。具体折算系数如表6-13所示。

收费车型与折算小客车车型表　　表6-13

	收费车型划分		折算车型划分		采用折算系数	备注
	车型	划分标准	车型	划分标准		
客车	1型车	P≤7	小客车	P≤19	1	P为额定载客座
	2型车	7<P≤19				
	3型车	19<T≤39	大客车	P>19	1.5	
	4型车	P>39				
货车	1型车	T≤2	小货车	T≤2	1	T为额定载重吨位
	2型车	2t<T≤5	中货车	2<T≤7	1.5	
	3型车	5.0<T≤10	大货车	7<T≤20	3	
	4型车	10<T≤15				
	5型车	T>15	特大型车	T>20	4	

假定：自然车数量为 x 时，达到实际通行能力；由表6-11可以发现，客车1、2型车为小客车，客车3、4型车为大客车；货车1型车为小货车，货车2型车为中货车，货车3

型车中假定 α 为中货车、$1-\alpha$ 为大货车,货车 4 型车为大货车,货车 5 型车中假定 β 为大货车,$1-\beta$ 为特大货车。(α、β 为百分数)

客车折合为小客车:$(56\%+4\%)x+(2\%+3\%)x \cdot 1.5$

货车折合为小客车:$8\% \cdot x+9.5\% \cdot x \cdot 1.5+3\% \cdot \alpha \cdot x \cdot 1.5+[3\%(1-\alpha)+4.5\%+10\% \cdot \beta]x \cdot 3+10\%(1-\beta)x \cdot 4 4$

由此可得:$x_0=[0.675+0.8475-0.045\alpha-0.1\beta]x=58080$

求解得到:$x_{max}=36719$,$x_{min}=36445$。

因此,自然车达到 36500 辆/日时,基本达到安徽省某高速公路的通行能力。

6.3 高速公路交通量预测模型构建

6.3.1 交通量预测的原理与理论方法

交通量预测是依据现状和历史数据,采用一系列模型、方法对未来道路承担的交通量进行估算工作的统称。它是公路建设项目可行性研究工作的重要环节之一,它是确定项目的建设标准、规模的依据,也是经济评价工作的基础。

(1) 预测原理

预测是在特定背景下实现的,受预测原则指导和约束的,交通量预测也不例外,交通量预测应遵循以下原则。

1) 全面系统的原则

具体表现在四个方面:须全面考虑区域社会经济系统与国内(国际)社会经济系统及周边区域社会经济系统的关系;分析区域运输系统与其社会经济系统的内在关联;将区域综合运输体系中各种运输方式联系起来;将区域公路运输系统中影响交通需求的各个要素联系起来。

2) 规划一致原则

对区域未来交通量需求的预测必须与国家、区域和地区社会经济总体发展规划相一致,以相关政策为导向来进行交通量需求的预测。

3) 定性与定量相结合的原则

交通出行既有规律性又具偶然性,因此我们在应用科学的定量分析手段的同时,应充分考虑未来发展中的偶然性(不确定性),充分利用政策、专家经验和领导决策等定性分析手段把握预测的方向。

4) 弹性原则

既然未来社会经济发展带有偶然性,那么预测结果不能是唯一的、不变的,应充分考虑未来交通需求的多种可能性,预测结果应留有必要的弹性范围。

5) 历史与未来发展相结合的原则

我们只能从区域社会经济与交通运输历史发展、演变中探索出区域交通需求发展的规律性,而对区域未来的交通需求预测则既要考虑区域交通需求的历史现状、又要根据区域未来社会经济发展政策、条件、制约因素的分析,做出合乎逻辑的判断、决策。

(2) 预测的理论方法

预测的任务就是要寻求研究对象发展变化的规律。预测的基本原理大致可归纳为三个：

1) 惯性原理

客观事物的发展变化过程往往表现出它的连续性，通常称这种现象为"惯性"现象。根据惯性原理，由研究对象的过去和现在的状态，向未来延续，从而预测其未来状态。惯性原理是趋势外推法的理论依据。

2) 类推原理

许多特性相近的客观事物，它们的变化有相似之处，通过分析类似事物相互联系的规律，根据已知事物的变化特征，推断具有近似特征的预测对象的未来状态。类推可以分为定性和定量类推。

3) 相关原理

任何事物的发展、变化都不是孤立的，而是在与其他事物的相互影响下发展的。事物之间的相互影响常常表现为因果关系。相关原理是回归预测的理论依据。

6.3.2 交通量预测的相关模型

目前高速公路交通量预测方法众多，定性的预测方法主要有头脑风暴法、专家经验预测法；定量的预测方法主要有时间序列法、回归分析法、灰色预测法以及基于OD调查的四阶段预测法。目前交通量的预测主要以定量的方法为主，而这些方法又各有不同的使用条件和适用范围。

时间序列分析法是一种利用预测目标的历史时间数列，通过统计分析或构造出数学模型，进行外推定量的预测方法。它强调数据的时间排列，通过观察不同时间段上的数据找寻规律进行预测。

回归分析预测方法属因果分析预测法，它是在具有统计相关关系的两个或两个以上的变量之间找出回归方程建立起数学模型，进行统计分析预测。它从数据出发，将影响数据变化的因素作为变量，通过一组或者多组数据进行分析得到变量之间的影响规律并建立定量回归模型。

时间序列法、回归分析法都需要大量的数据，它们适用于数据变化趋势平稳、未来遵循同样的规律继续变化的情况。

灰色预测是一种以数找数的方法，从系统或积分离散数列中找出系统的变化关系，建立系统的连续变化模型。它一种是从杂乱无序、资料不齐全、规律性较差的数据（系统）中，通过累加的手段找出规律的方法。它是将随机的数据变为有规律的过程并找出关系建立模型的方法。

四阶段法是目前交通量预测中较为常用的一种方法，分为交通生成、交通分布、方式划分以及交通分配四个阶段。他是一种动态的预测方式，根据道路路网结构的变化、道路的运行时间、收费状况等的不同进行预测，使用范围比较广。下面主要介绍四阶段法交通量预测四个阶段中的模型。

（1）交通生成预测

1) 指数平滑模型

指数平滑模型属于时间序列模型，它认为随机变量 X 是时间的函数，根据随机变量 X 的 n 个时间序列数据，对 t 时间段后的数值进行预测。使用指数平滑模型可以对交通区域的社会经济信息进行预测。

指数平滑预测模型分为线性和非线性两类：

对经过处理的数据（平滑值），再作适当变换即可构成下述预测模型：

线性模型 $$y_{t+T}=a_t+b_t T \tag{6-3}$$

非线性模型 $$y_{t+T}=a_t+b_t T+c_t T^2 \tag{6-4}$$

式中：y_{t+T} 为 $t+T$ 时刻的预测值，而 T 就是以 t 为起点向未来延伸 T 时刻的意思，即表示 t 以后的外推时间。模型中 a_t、b_t、c_t，的计算方法如下：

a. 线性模型

$$a_t = 2s_t' - s_t''$$

$$b_t = \frac{\alpha}{1-\alpha}(s_t' - s_t'')$$

b. 非线性模型

$$a_t = 3s_t' - 3s_t'' + s_t'''$$

$$b_t = \frac{\alpha}{2(1-\alpha)^2}[(6-5\alpha)s_t' - 2(5-4\alpha)s_t'' + (4-3\alpha)s_t''']$$

$$c_t = \frac{\alpha^2}{2(1-\alpha)^2}(s_t - 2s_t + s_t)$$

上式中，α 为平滑系数，大多采用 0.01～0.3。式中 s_t 为第 t 时点的指数平滑值，二次指数平滑是以相同的平滑系数 α，对一次指数平滑数列 s_t' 再进行一次指数平滑，构成时间序列的二次指数平滑数列 s_t''；s_t''' 为三次指数平滑数列。

2) 增长率法

增长率法是根据预测对象（如交通量、经济指标等）的预计增长速度进行预测的方法。其步骤是：(a) 分析历史年度预测对象增长率的变化规律；(b) 根据对相关因素发展变化的分析，确定预测其增长率；(c) 进行未来值的预测。其一般式为：

$$Q_t = Q_0 (1-\alpha)^t \tag{6-5}$$

式中：Q_t——预测值；

Q_0——基年值；

α——确定的增长率；

t——预测年限。

3) 类别生成率法

类别生成率法是考虑对交通产生或吸引影响较大的某些因素，如人口、职业结构、用地面积、不同性质用地的结构等，由这些因素组合成有不同生成率的类别，根据现状调查资料、统计不同类别单位指标的交通产生、吸引量，进而进行交通生成预测。

生成率法只能考虑单一因素，如人口或用地面积等对交通生成的影响，如果有多个因素影响交通，则生成率法会有较大的误差，因此生成率法只可用于较为粗略的交通生成预测。类别生成率法是考虑对交通产生或吸引影响较大的某些因素，如人口、职业结构、用地面积、不同性质用地的结构等，由这些因素组合成有不同生成率的类别，根据现状调查资料、统计不同类别单位指标的交通产生、吸引量，进而进行交通生成预测。

4) 弹性系数法

弹性系数法是一种定性定量相结合的综合分析方法，它通过研究确定交通的增长率与国民经济发展的增长率之间的比例关系——弹性系数,根据国民经济的未来增长状况,预测交通的增长率,进而预测未来交通。

弹性系数与社会经济的发展层次、地区特点、发展战略等均有一定的关系。因此,弹性系数的确定应综合分析预测地区的历史、现状、发展趋势,通过历史现状资料分析其不同时期的弹性系数并通过与其他地区的类比分析确定。

5) 回归预测模型

回归预测模型用来对各交通区的出行产生、出行吸引进行预测,它考虑了出行产生、出行吸引与交通区的各种社会经济信息之间的相关关系,利用社会经济信息的预测值或控制值来预测交通区未来的出行产生与出行吸引。

a. 逐步回归分析

对多元线性回归进行因子筛选,最后给出一定显著性水平下各因子均为显著的回归方程中的诸回归系数、偏回归平方和、估计的标准偏差、复相关系数及F-检验值、各回归系数的标准偏差、应变量条件期望值的估计值及残差。

b. F-分布函数计算模型

在给定F-分布的函数值 α ($\alpha = P(F, n_1, n_2)$) 的情况下,根据 n_1,n_2 采用试算的方法确定相应的随机变量 F 数值。

计算方法:

随机变量 F 的F-分布函数定义为

$$P(F, n_1, n_2) = \frac{\Gamma\left(\frac{n_1+n_2}{2}\right)}{\Gamma\left(\frac{n_1}{2}\right)\Gamma\left(\frac{n_2}{2}\right)} n_1^{\frac{n_1}{2}} n_2^{\frac{n_2}{2}} \int_F^{\infty} \frac{t^{\frac{n_1}{2}-1}}{(n_2+n_1 t)^{\frac{n_1+n_2}{2}}} dt \qquad (6-6)$$

其中随机变量 $F \geq 0$,n_1 与 n_2 为自由度。其极限值为

$$P(0, n_1, n_2) = 1, P(\infty, n_1, n_2) = 0$$

F-分布函数可以用不完全贝塔函数计算,即

$$P(F, n_1, n_2) = B_{n_2/(n_2+n_1 F)}\left(\frac{n_1}{2}, \frac{n_2}{2}\right) \qquad (6-7)$$

(2) 交通分布预测

1) 增长系数模型

增长系数模型用于四阶段预测法中的交通量分布预测,它利用交通小区之间的现状出行OD和各交通小区未来的出行产生与吸引数据,在一定的精度控制要求下,模拟出各交通小区之间的未来出行交换量。

增长系数法包括均衡增长率法、平均增长率法、底特律法、弗雷特法等,其基本假定是交通量分布的模式现在和将来变化不大,因此,当土地使用、交通源布局等有较大变化、预测区域交通运输设施状况有较大变化时,此法的误差较大,但它简单、方便,可用于粗略的交通量分布预测。增长系数法是最早的交通量分布预测方法。

a. 平均增长率法

设交通小区 i 与交通小区 j 之间未来分布交通量为 $Q_{ij}^{(n)}$,现状分布交通量为 Q_{ij},i 区现状交通产生量 p_i 和未来交通产生量 P_i 之间的增长系数为 α_i。i 区现状交通吸引量 a_j 和未来交通吸引量 A_j 之间的增长率为 β_j。平均增长率法假定未来分布交通量按 α_i、β_j 的平

均值增长,即

$$Q_{ij}^{(n)} = \frac{1}{2}(Q_{ij}^i + Q_{ij}^j) \tag{6-8}$$

式中

$$Q_{ij}^i = Q_{ij} \cdot \alpha_i \cdot \beta_j \frac{\sum_j Q_{ij}}{\sum_j Q_{ij} \times \beta_j}$$

$$Q_{ij}^j = Q_{ij} \cdot \alpha_i \cdot \beta_j \frac{\sum_j Q_{ij}}{\sum_j Q_{ij} \times \alpha_i}$$

用弗雷特法进行交通量分布预测计算时,仍需应用同平均增长率法相同的迭代方法进行迭代计算。

b. 弗雷特法

此法认为,两交通小区之间未来的交通量不仅与两交通区的交通量生成增长系数有关,而且还与整个规划区域的各交通区的交通量生成增长系数有关。

$$Q_{ij}^{(1)} = Q_{ij} \frac{P_i}{p_i} \cdot \frac{A_j}{a_j} \cdot \frac{(L_i + L_j)}{2} \tag{6-9}$$

式中

$$L_i = \frac{p_i}{\sum_j Q_{ij} \cdot A_j/a_j}$$

$$L_j = \frac{a_j}{\sum_i Q_{ij} \cdot P_i/p_i}$$

用上式计算出的 $Q_{ij}^{(1)}$ 一般不会满足约束条件: $\sum_i Q_{ij} = A_j$, $\sum_j Q_{ij} = P_i$, 因此需要进行反复迭代计算,直到 $\alpha_i' = \frac{A_j}{\sum_i Q_{ij}}$ 与 $\beta_j' = \frac{P_i}{\sum_j Q_{ij}}$ 收敛到等于或者接近 1 为止。

2) 重力模型

重力模型的基本假定是:交通区 i 到交通区 j 的交通分布量与交通区 i 的交通产生量、交通区 j 的交通吸引量成正比,与交通区 i 和 j 之间的交通阻抗参数,如两区重心间运输的距离、时间或费用等成反比。

a. 单约束重力模型

(a) 乌尔西斯重力模型

模型形式为

$$X_{ij} = T_i \frac{U_j \cdot f(t_{ij})}{\sum_j U_j \cdot f(t_{ij})} \tag{6-10}$$

式中,$f(t_{ij})$ 为交通阻抗参数,包括 $t_{ij}^{-\alpha}$、$e^{-\beta t_{ij}}$ 等形式,其中 $t_{ij}^{-\alpha}$ 为最常用的形式,α 为待定系数,其余符号意义同上。

待定系数 α 根据现状 OD 调查资料拟合确定,一般可采用试算法等数值方式,以某一指标作为控制指标,通过用模型计算和实际调查所得指标的误差比较确定。以 t_{ij} 采用时间为例,其计算过程是:先假定 α 值,利用现状 OD 调查统计所得的 T_i,U_j 以及现状调查所得 t_{ij} 代入进行计算,所得出的计算交通量分布称为 GM 分布。当出行按 GM 分布与按 OD 分布(即按计算分布与按实际分布)的平均出行时间(控制指标)之间误差不大于某一限定值(常用 3%)时,试算即可结束,当误差超过限定值时,需改动待定系数 α 值进行下一轮计算，平均出行时间 $\bar{t}$ 可用下式计算：

$$\bar{t} = \frac{\sum_i \sum_j X_{ij} \cdot t_{ij}}{\sum_i \sum_j X_{ij}} \tag{6-11}$$

如果相对误差大于限定值，应调整待定系数 α。调整方法为：如果 GM 分布的 F 大于 OD 分布的 $\bar{t}$，可增大 α，反之则减小 α 值。

(b) 美国公路局重力模型

模型形式为

$$X_{ij} = T_i \frac{U_j \cdot f(t_{ij}) \cdot k_{ij}}{\sum_j U_j \cdot f(t_{ij}) \cdot k_{ij}} \tag{6-12}$$

式中：k_{ij}——运量调整系数。

与乌尔西斯重力模型相比，此模型引入了交通量调整系数 k_{ij}。模型中 α 及 k_{ij} 的确定方法是：先令 $k_{ij}=1$，此时模型与乌尔西斯模型相同，用同乌尔西斯模型相同的方法试算得出待定系数 α，并计算 X_{ij}。再将计算所得的 X_{ij} 和调查所得的 X'_{ij} 代入下式计算 k_{ij}：

$$k_{ij} = r_{ij} \frac{1-Y_{ij}}{1-Y_{ij} r_{ij}}$$

式中：r_{ij}——调查所得的 X'_{ij} 与计算所得的 X_{ij} 之比 $r_{ij} = \frac{X'_{ij}}{X_{ij}}$；

Y_{ij}——交通小区 i 到交通小区 j 出行量占 i 区出行产生总量的比，例 $Y_{ij} = \frac{X'_{ij}}{\sum_j X'_{ij}}$。

通过交通量调整系数 k_{ij} 的确定方法可以看出，引入该系数的目的是校正乌尔西斯重力模型计算值与调查值之间的误差，反映除交通阻抗、运量产生、吸引之外的其他因素对运量分布的特殊影响。

b. 双约束重力模型

其模型形式：

$$X_{ij} = A_i \cdot B_j \cdot T_i \cdot U_j \cdot f(t_{ij}) \tag{6-13}$$

$$A_i = \left[\sum_j B_j \cdot U_j \cdot f(t_{ij})\right]^{-1}$$

$$B_j = \left[\sum_i A_i \cdot T_i \cdot f(t_{ij})\right]^{-1}$$

由于该模型结构满足军 $\sum_j X_{ij} = U_j$、$\sum_i X_{ij} = T_i$ 两个约束条件，故可称为双约束重力模型。模型中符号的意义同前。

模型中待定系数的确定可采用同乌尔西斯模型类似的试算法。以 $f(t_{ij})$ 采用 $t_{ij}^{-\alpha}$ 的形式为例，t_{ij} 为运输时间，α 为待定系数，其试算过程如下：

(a) 用现状 OD 调查统计 T_i、U_j，确定现状 t_{ij}；

(b) 假定一 α 值，并假定所有 B_j 的初始值为 1，用公式计算；

(c) 将求出的 A_i 从代入公式求，再将求得的 B_j 代回公式求 A_i，如此反复，直到第 N+1 次计算结果 A_i、B_j 与第 N 次计算大致相同；

(d) 将所求得的 A_i、B_j 代入公式，求出 X_{ij} 的 GM 分布，并按同乌尔西斯模型计算相同的方法求计算所得的运输的平均时间与实际运输的平均运输时间之间的误差是否满足要求，如误差小于限定值则假定的 α 即为所求，否则修正 α 值，回到步骤 b。

c. 重力模型的验证

重力模型的标定是通过拟合现状 OD 调查资料确定待定系数,但拟合的目标是以某种指标(如平均出行时间)的误差作为控制指标,因此,其标定的模型精度有时不能仅以此作为评判标准,必要时应作统计检验,统计学中的许多标准统计检验的方法均可使用,其中最常用的是 χ^2 检验。

如用模型计算的分布值为 X_{ij},实际调查值为 X'_{ij},则

$$\chi^2 = \sum_i \sum_j (X'_{ij} - X_{ij})/X'_{ij} \qquad (6\text{-}14)$$

计算 χ^2 值与其临界值比较,如果计算的 χ^2 比临界值小,则说明拟合良好。临界值可根据自由度(DF)和显著性水平(a)利用 χ^2-分布函数试算得到。自由度(DF)数是 i—j 对的总数减 1,显著性水平 $a = 100\% \sim$ 可信度。

χ^2-分布函数计算方法:

χ^2-分布函数的定义为

$$P(\chi^2, n) = \frac{1}{2^{n/2} \Gamma\left(\frac{n}{2}\right)} \int_0^{\chi^2} t^{\left(\frac{n}{2}-1\right)} e^{(-t/2)} dt \qquad (6\text{-}15)$$

其中 n 为自由度,$\chi^2 \geq 0$。它的极限值为

$$P(0, n) = 0, P(\infty, n) = 1$$

χ^2 为分布函数可用不完全伽玛函数来计算,即

$$P(\chi^2, n) = \Gamma\left(\frac{n}{2}, \frac{\chi^2}{2}\right) \qquad (6\text{-}16)$$

(3)方式划分预测

方式选择预测方法包括转移曲线法、比例模型法、概率模法、回归模型法等,各种方法有其特点和适用范围,其中最常用的有比例模型法和概率模型法。

概率模型通过考察交通区之间不同交通方式的交通阻抗,采用概率模型确定交通区之间不同交通方式的分担率。

概率模型(即 MNL 模型)是非集合模型中的一种比较实用的模型,其函数形式可表达为:

$$P_{ijk} = e^{-\theta r_{ijk}} / \sum_k e^{-\theta r_{ijk}} \qquad (6\text{-}17)$$

式中:P_{ijk}——交通区 i 到交通区 j 交通方式 k(或调查)所得分担率;

θ——待定系数;

r_{ijk}——交通区 i 到交通区 j 交通方式 k 的交通阻抗。

交通阻抗反映的是交通使用者在选择交通方式时所考虑的各种因素及其重要性。如果我们假定 r_{ijk} 与各种影响因素之间的关系是线性的,则

$$r_{ijk} = \sum_n a_n \times Y_{ijkn} \qquad (6\text{-}18)$$

式中 a_n——系数,根据大量的调查统计分析确定;

Y_{ijkn}——交通区 i 到交通区 j 交通方式 k 的第 n 种阻抗因素的值。

待定系数 θ 的标定,可采用与乌尔西斯重力模型相似的标定方法,拟合现状 OD 调查

资料确定,即以某一指标作为控制目标,用试算法等数值方法,假定不同的 θ 值,通过比较用模型计算和实际调查所得指标的误差确定。控制指标可采用如下平均出行阻抗 ($\bar{r}$):

$$\bar{r} = \frac{\sum_i \sum_j \sum_k P_{ijk} \cdot X_{ij} \cdot r_{ijk}}{\sum_i \sum_j \sum_k P_{ijk} \cdot X_{ij}} \tag{6-19}$$

式中:P_{ijk}——交通区 i 到交通区 j 交通方式 k(或调查)所得分担率;

X_{ij}——交通区 i 到交通区 j,交通方式 k,按 θ 值代入模型计算调查所得的交通分布量。

(4) 交通分配预测

1) 网络运量静态分配

交通量静态分配是运输规划的一个重要组成部分。所谓交通量分配就是把各种出行方式的空间 OD 量分配到具体的交通网络上,通过交通量分配所得的路段、交叉口交通量数据是检验道路规划网络是否合理的主要依据之一。交通量静态分配模型主要指多路径交通量分配方法,其原理如下。

由出行者的路径选择特性可知,出行者总是希望选择最合适(最短、最快、最方便、最舒适等)的路线出行,称之为最短路因素,但由于运输网络的复杂性及运输状况的随机性,出行者在选择出行路线时往往带有不确定性,称之为随机因素。这两种因素存在于出行者的整个出行过程中,两因素所处的主次地位取决于可供选择的出行路线的路权差(行驶时间)。因此,各出行路线被选用的概率可采用 Logit 型的路径选择模型计算。

$$P(r,s,k) = \exp[-\theta \cdot f(k)/\bar{f}] \Big/ \sum_{i=1}^{m} \exp[-\theta \cdot f(i)/\bar{f}] \tag{6-20}$$

式中:$P(r,s,k)$——OD 量 $T(r,s)$ 在第 k 条出行路线上的分配率;

$f(k)$——第 k 条出行路线的路权(行驶时间);

$\bar{f}$——各出行路线的平均路权(行驶时间);

θ——分配参数;

m——有效出行路线条数。

2) 容量限制分配方法

容量限制分配是一种动态的交通分配方法,考虑了路权与交通负荷之间的关系,即考虑了交叉口、路段的通行能力闲置,比较符合实际情况。容量限制分配有容量限制—增量加载分配、容量限制—迭代平衡分配两种形式。

采用容量限制—增量加载分配出行量时,需先将 OD 表中的每一 OD 量分解成 k 部分,即将原 OD 表分解成 k 个 OD 分表,然后分 k 次用最短路分配模型分配 OD 量,每次分配一个 OD 分表,并且每分配一次,路权修正一次,路权采用路阻函数修正,直到把 k 个 OD 分表全部分配到网络上。在具体应用时,视道路网的大小,选取分配次数 k 及每次分配的 OD 比例。

采用容量限制—迭代平衡分配方法分配出行量时,不需要将 OD 表分解,先假设网络中各路段流量为零,按零流计算路权,并分配整个 OD 表,然后按分配流量计算路权,重新分配整个 OD 表,最后比较新分配的路段流量与原分配的路段流量,新计算的路权与原计算的路权,若两者比较接近,满足迭代精度要求,则停止迭代,获得最后的分配交通量。若不能满足迭代精度要求,则根据新分配的流量重新计算路权,重新分配,直至满足迭代精度。

增量加载分配与迭代平衡的原理是基本相同的,原则上说,若迭代精度控制合理,迭代平衡分配的结果优于增量加载分配的结果。但迭代平衡法事先无法顾及迭代次数及计算工作量,不便于上机工作的安排,并且,对于较复杂的交通网络,通常会因为个别路段的迭代精度无法满足要求而使迭代进入死循环。增量加载分配最大的优点是事先能估计分配次数及计算工作量,便于上机安排,只要分配次数选择适当,其精度是可以保证的。

3) 多路径多方式分配方法

随着我国交通运输基础设施的发展,随着我国沿海一些地区城市化的发展,这些发展体现如下:(a) 该地区城市化水平高,居民收入高,对出行的要求也随着提高,更多的要求出行的舒适度和时间;(b) 该地区的路网复杂,不仅是路网稠密,还有出行的方式多样化;(c) 由于经济的发展和城市化的要求,各种交通方式之间不仅竞争还加强合作,结果导致各种交通方式间换乘越来越方便快捷。

这些发展对交通需求预测理论带来了新的要求,那就是各种交通方式之间不再有明显的差别,在四阶段预测理论中,有必要扩展四阶段预测的理论和模型。多路径多方式分配方法应运而生,多方式多路径组合分配模型进行方式划分和路径选择,考虑到所在地区出行者的经济特征、交通运输特征及轨道、公路等不同交通方式间的差异,采用综合路权和换乘阻抗进行流量分配预测。

a. 综合路权与换乘阻抗的确定

根据所在地区的交通运输特征、出行者的经济特征和经济社会活动的区域特征,出行者在决定出行的方式与线路时,既受各种交通方式及其路线的服务水平(即所需时间、费用、舒适性、安全性、可信度等)的影响,又受出行者价值基准(最小费用、最大效益等)的影响。因此,反映交通运输网络服务水平的综合路权是十分重要的决定性因素之一。该地区的交通运输网络的综合路权的函数式如下:

$$F_{ij} = \left(a\frac{d_{ij}}{v_{ij}}f_{Tij} + bd_{ij}f_{dij}\right)C_{k_1} \tag{6-21}$$

式中:F_{ij}——i 与 j 节点之间的综合路权;

a——出行时间权重,一般通过交通调查统计获得;

b——出行费用权重,一般通过交通调查统计获得;

d_{ij}——线路长度(km);

v_{ij}——i 与 j 节点之间的线路上的平均行驶速度(km/h);

f_{Tij}——i 与 j 节点之间的单位时间费用[元/(人·h)];

f_{dij}——i 与 j 节点之间的单位出行费用[元(人·km)];

C_{k_1}——修正系数,考虑了影响各交通通道路权的其他相关因素,如便捷性等,取值在 11~15 之间。

式中参数 a,b 是根据旅客出行意愿调查数据中选择交通方式的首要条件情况统计确定,在有效旅客出行意愿调查表中,认为出行首选条件是时间因素的人数比例为 44.45%,参数 a 的取值为 0.4445;认为出行首选条件是费用因素的人数比例为 10.75%,参数 b 的取值为 0.1075,归一化后参数 a 确定为 0.8053,b 确定为 0.1947。线路长度参照现状路网和规划路网站间里程确定。

单位出行费用的确定参照各个地区的票价,每种交通通道上的出行费用采用各种交通方式出行费用的均值。预测年出行费用参照经济预测指标等来确定。对于出行者在不同方式之间(主要是指轨道与道路交通之间)的转换,要充分考虑到在近中期综合交通换乘枢纽未建成时存在着下车、出站、步行、再进站、上车的过程,这一过程必然消耗时间甚至费用,从而引起综合路权变化。这里把由于出行者在不同交通方式之间转换所增加的综合费用定义为换乘阻抗。换乘阻抗表示式为:

$$F' = (a \cdot T \cdot f_T \cdot b \cdot f_d) C_{k_2} \tag{6-22}$$

式中:a——出行时间权重,一般通过交通调查统计获得;

b——出行费用权重,一般通过交通调查统计获得;

T——换乘所花的时间,包括上下车时间、进站时间、买票时间等,单位为小时;
$T = t_T + t_出 + t_进 + t_上 + t_下$,$t_T$ 为从一方式到另一方式的交通及买票时间,$t_出$ 为出站时间,$t_进$ 为进站时间,$t_上$ 为上车时间,$t_下$ 为下车时间;

f_T——单位时间费用[元/(人·h)];

f_d——换乘所耗的出行费用(元/人);

C_{k_2}——修正系数。

b. 客流分配预测

针对以上分析,该地区客流分配预测采用多方式多路径组合分配模型进行。多方式多路径交通分配模型是一种方式划分—交通分配组合模型,进行小区间交通量在路网上采用多路径分配的过程中,充分考虑到轨道、公路等不同交通方式间的差异,进而得到轨道、公路等不同方式的路段交通流量。多方式多路径分配模型计算过程如图6-4所示。

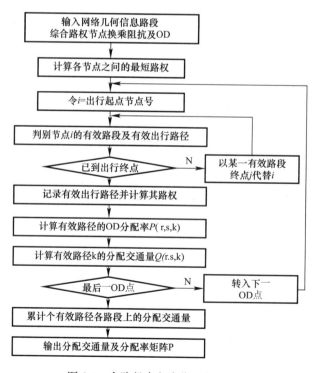

图6-4 多路径多方式分配方法流程

本次客流分配所应用的多方式多路径法有别于静态多路径分配法、动态多路径分配法等一般的多路径分配法，多方式多路径法在客流分配过程中，除路段综合路权之外，在路网换乘节点上加入节点换乘阻抗，从而充分考虑到客流分配过程中各不同交通运输方式间的实际差异。多路径分配客流过程中，各有效出行路径被选用的概率采用 Logit 型的选择模型计算，具体计算模型公式如下公式所示。此外，本次多路径分配客流过程中，有效路径被选择的同时也被记录下来，因而在完成交通客流分配的同时得到规划线路上各站间 OD。

$$P(r,s,k) = \exp[-\theta \cdot t(k)/\bar{t}] \Big/ \sum_{i=1}^{m} \exp[-\theta \cdot t(i)/\bar{t}] \tag{6-23}$$

式中：$P(r, s, k)$ ——OD 量 $T(r, s)$ 在第 k 条出行路线上的分配率；

$t(k)$ ——第 k 条出行路线的路权（广义费用）；

$\bar{t}$ ——各出行路线的平均路权（广义费用）；

θ ——分配参数，一般取为 3.00~3.50；

m ——有效出行路线条数。

6.4 高速公路收入模型构建

6.4.1 高速公路收入构成及影响因素

（1）高速公路运营收入的构成

（a）车辆通行费收入，是建设项目投资回收采用的主要方式，在运营收入中占相当大比例，又称主营业务收入；

（b）其他业务收入，主要指服务区及沿线经营开发收入。

（2）高速公路运营收入的影响因素

（a）高速公路车辆通行费收入取决于车流量和收费标准；

（b）服务区及沿线经营开发收入主要受沿线经济发展状况，所处地理位置及经营者的经营态度的影响。

6.4.2 高速公路运营收入预测模型

（1）模型一

根据交通量和收费标准预测，其方法是各路段交通量与收费标准的乘积之和。由于高速公路运行车辆类型的多样性，对每一类车辆进行分析，不仅会增加问题分析的复杂性，而且会因为不同车辆之间缺乏统一标准而导致相互之间无法比较。因此，有必要对分车型交通量进行简化，将分车型交通量换算为小型车收费交通量。其换算公式为：

$$Q_{ith} = Q_{ijt} \times \sum_{j} (X_{ijt} \times k_{ijt}) \tag{6-24}$$

式中：Q_{ith} ——预测年路段 i 的换算交通量；

Q_{ijt} ——预测年路段 i 车型 j 的年平均日交通量；

X_{ijt} ——预测年路段 i 车型 j 的车型构成比例；

k_{ijt} ——预测年路段 i 车型 j 的收费系数，是指各车型的收费标准与小客车收费标准的比值。

根据预测年的换算交通量,得出的运营收入简化模型:
$$R_t = \sum_i (Q_{ith} \times \alpha_{it0}) \times N \times K \quad (6\text{-}25)$$
式中:R_t——预测年高速公路运营总收入;

α_{it0}——预测年路段 i 小客车的收费标准;

N——日历天数;

K——附加系数,指公路收费交通量与通过交通量的比值。

(2)模型二

根据交通量与经济发展水平预测,高速公路运营收入与国民经济发展水平同样密切相关。因此,可选定国内生产总值、工农业生产总值、人均 GDP 等国民经济指标以及对高速公路运营收入起决定作用的交通量指标,采用多元线性回归模型对其进行回归分析,同样可以预测出远景年份的高速公路运营收入。预测模型如下:
$$R_t = \eta_0 + \eta_1 X_{1t} + \eta_2 X_{2t} + \eta_3 X_{3t} + \eta_4 X_{4t} \quad (6\text{-}26)$$
式中:R_t——预测年高速公路运营总收入;

X_{1t}——交通量第 t 年预测值;

X_{2t}——国内生产总值第 t 年预测值;

X_{3t}——工农业生产总值第 t 年预测值;

X_{4t}——人均 GDP 第 t 年预测值;

η_i——回归系数($i=1,2,3,4$)。

【项目实例】安徽省某高速公路收入预测

(1)安徽省某高速公路收费标准

安徽省某高速公路收费标准执行安徽省高速公路收费标准,具体内容见表6-14。

安徽省高速公路收费标准　　　　　　　　　　　表6-14

类别	车型分类收费标准			计重收费标准		超限30%(含30%)的重量部分按基本费率收取车辆通行费;超限30%-100%(含100%)的重量部分,按基本费率的3倍线性递增至6倍计收通行费;超限100%以上的重量部分,按基本费率的6倍计重收取车辆通行费。
	客车车型及规格	货车核定载货质量	收费标准(元/车公里)	货车计重总质量	收费标准(元/吨公里)	
第1类	≤7座	≤2t	0.45	基本费率	0.09	
第2类	8座~19座	2~5t(含)	0.8	≤10t	0.09	
第3类	20座~39座	5~10t(含)	1.1	10~40t(含)	按0.09线性递减到0.05	
		20英尺集装箱				
第4类	≥40座	10~15t(含)	1.3	>40t	0.05	
第5类		>15t	1.5			
		40英尺集装箱				

注:按车型分类收费标准收费时,客车计费座位按照行驶证核定的座位数计算;货车车型分类计费吨位按行驶证核定的载货质量计算;当单车拖拽另一辆挂车时,该组合车辆的车型按照高于主车一个类别的车型分类标准执行。(1)车型分类收费最低收费为5元;计重收费不足20元时,按20元计费;计重收费车货总质量不足5t者,按5t计费;高速公路实行2.50元以下舍,2.51-7.50元归5元,7.51-9.99元归10元。(2)对超限运输车辆的认定标准为(绿色通道车辆超限按此标准认定):二轴货车17t;三轴货车25t;四轴货车35t;五轴货车43t;六轴及六轴以上货车49t。

(2)通行费测算步骤

安徽省某高速公路通行费收入测算分为三步骤:

步骤一：免费车的剔除。根据安徽省某高速公路近年来免费车（含绿色通道）的占比情况，参考周边成熟项目的情况，设定安徽省某高速公路未来年份的免费车占比为2.5%，收费车辆数量为上述交通量预测结果的97.5%；

步骤二：政府优惠政策。（1）目前安徽省内使用"徽通卡"在安徽省境内高速公路缴付通行费的用户，可以享受当次通行费5%的优惠，且徽通卡用户可以在高速公路ETC专用车道不停车收费，并在安徽省、江苏省一级上海市均可使用。目前高速ETC仍处于大力推广阶段，目前高速公路持有率达到1%，且有逐年增加的趋势。根据现有资料可知，预计短期内将仍保持优惠措施。在本报告的预测中，采用保守估计，预计运营期内安徽省某高速公路将始终保持优惠政策。（2）节假日车辆免费通行，免费对象为7座以下小客车。根据目前的政策，全年共有20天免费通行的节日。（3）通行费基本费率变更。由于我国高速公路里程逐年增加，高速公路的造价也越来越高，物价上涨、居民收入也在不断增加。但是由于收费方面的政策并非属于可预测的范畴，因此对于费率变更方面暂不考虑。

步骤三：收费车辆通行费收入测算。按照上述交通量预测结果，利用安徽省某高速公路全程计费里程对应各车类的收费标准，计算得出各车类的里程通行费收入；

步骤四：货车超载率通行费收入。目前由于省道国道上超载整治力度大大增加，导致大量超载超限货车涌上高速公路，安徽省某高速公路上超载车辆也不少。在计算车辆通行费的过程中，超载率数据是计算中一个很重要的地方。通过实地调研数据发现，安徽省某高速公路上超载车辆所占比例较大，在10%左右。但是，安徽省高速路政执法对超载超限治理的目标是将之控制在2%以内。为了扭转安徽省治超工作局面，2014年6月1日，安徽省正式施行了《安徽省治理货物运输车辆超限超载条例》。作为全国第一部专门为"治超"制定的地方性法规，此条例的制定，将极大地提升高速公路治超工作力度。故考虑此条例的制定，考虑到政府调控因素，在测算通行费时暂定2011~2012年超载率为8%，2013~2015年超载率为3%，2016~2036年超载率为2%。

（3）通行费测算结果

通行费计算结果（单位：万元） 表6-15

年份（年）	通行费收入	增长率
2012	17544	
2013	20487	16.77%
2014	23844	16.39%
2015	26741	12.15%
2016	27188	1.67%
2017	28453	4.65%
2018	30431	6.95%
2019	32970	8.34%
2020	35731	8.37%
2021	37680	5.46%
2022	40484	7.44%
2023	43381	7.16%

续表

年份（年）	通行费收入	增长率
2024	46457	7.09％
2025	49250	6.01％
2026	52190	5.97％
2027	55145	5.66％
2028	58339	5.79％
2029	61235	4.96％
2030	64183	4.81％
2031	67156	4.63％
2032	70275	4.64％
2033	72886	3.72％
2034	75595	3.72％
2035	78244	3.50％
2036	80975	3.49％
合计	1196864	

注：2012、2013、2014年通行费收入均为实际数字。

7 高速公路养护规划

7.1 全寿命费用分析方法

全寿命费用分析（Life-Cycle Cost Analysis，LCCA）是以经济分析原理为基础来评价可选投资方案的长期经济效益的一种技术，它考虑了比选投资方案的初始修建费以及未来的管理费用和分析期内的其他相关费用，其目的是为投资效益确定最佳值，即获得满足所求性能目标下的长期费用最低的方案。道路全寿命费用分析被认为是一种选择最经济合理的路面结构厚度组合和罩面改建方案的有效工具。本书主要采用全寿命费用分析方法为高速公路制定未来年的养护规划。

全寿命分析首先要确定路面的分析期，根据高速公路的运营管理周期确定项目的分析期。从高速公路的养护需求出发，个别性能指数较低的路段可进行相应的专项处治，养护规划思路应立足于预防性养护的思想，结合必要的中修和大修措施，对高速公路进行养护和规划。当然也必须认识到，预防性养护只是养护策略的一部分，高速公路养护规划应根据路段的具体状况制定相应的养护方案。

7.1.1 预防性养护理念

路面的两个基本功能，一是提供平整、抗滑的路表面，以便车辆安全、舒适地行驶；二是承受车辆和环境作用的荷载，并将车辆行驶时的交通荷载传递和分布到路基上。路面的使用性能和服务能力则反映路面基本功能的实际水平。

路面在交通荷载和环境因素的作用下，随时间的推移会出现各种各样的病害，路面会变得凹凸不平，其抗滑能力和承载能力也会逐渐衰减和下降，随之路面使用性能和服务能力也将变得愈来愈差。由图7-1可以看出，随着路面使用年限的增长，从路面混合料中抽提所得沥青的延度在不断下降。当延度下降到20cm左右时，路面开始出现细料的失散；下降到15cm左右时，开始出现松散；降到10cm左右时，开始出现裂缝；降到5cm左右时，裂缝明显扩展；降到3cm左右时，路面严重龟裂而开始破坏和失效。

预防性养护工程应满足以下三项要求：

（a）原路面的轻微病害已被处理，或预期可能出现的病害已被防止或延缓；
（b）根据现场工程条件选择了最适当的养护技术；
（c）在实施养护技术的时机上是效果最佳的，即性能最好、费用最低。

预防性养护是一种在高速公路状况良好的情况下，基于费用—效益而采取对现有道路系统进行有计划的养护策略；预防性养护理念的核心在于防患于未然，基础在于经济性最优，也可以说，预防性养护就是指在高速公路技术状况衰减的初期，在最适当的时机，应用最适当的预防性养护措施，以最小的寿命周期成本，最大限度地延缓路况退化。

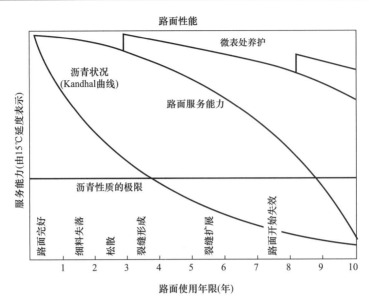

图 7-1　沥青路面服务能力下降和沥青性能衰减与路面病害的关系

预防性养护计划的制订应包括以下基本内容：
（a）现场工程条件的评估，初步确定是否适宜和需要进行预防性养护；
（b）根据现场工程条件初步选择若干种养护方案；
（c）对所期望的性能和工程项目的约束条件进行评估，并确定最终可供进行费用—效益分析的预防性养护方案；
（d）进行费用—效益分析，确定各种方案的费用—效益；
（e）选择优先采用的预防性养护方案，并验证其最佳实施时机。

(1) 预防性养护的目的和意义

在高速公路良好的路面条件下，对高速公路采取预防性养护，有利于延长道路服务寿命，降低道路的全寿命成本。道路全寿命成本，不仅考虑初期修建费和该路面结构的使用寿命，还应考虑预定分析期内可能采用的各种维修方案所发生的费用，这些方案包括各种养护和改建措施的不同组合。一条质量合格的道路在使用寿命前75%的时间内性能下降40%，这一阶段称之为预防性养护阶段，如未得到及时养护，在随后12%的使用寿命时间内，性能将迅速下降40%，从而造成养护成本大幅度的增加，见图7-2。

预防性养护大多采用对道路面层处理的方式来起到对道路补强的作用，施工方便快捷，对交通影响小；通过对路面进行预防性的养护，在道路行驶质量明显下降之前就采取措施恢复道路通行能力，就能给道路用户提供机动性大、拥挤少且更加安全、舒适和耐久的路面。

摒弃"即坏即修"的传统理念，实行预防性养护，在道路损坏的初期对病害进行修复，既保证了道路的完好平整，又延长了道路使用寿命，有效降低了养护维修成本，必将收到良好的社会效益和经济效益。图7-3是美国路面长期使用性能研究计划SPS-3课题对预防性养护在保持路面良好使用性能、延长路面使用寿命、节约养护维修费用等方面研究成果的总结。由图7-3可以看出经过三次预防性养护，路面服务能力的评分仍可达到75分以上，路面经过四次预防性养护到其寿命周期终结，共延长使用寿命15年，养护维修工程总费用节省约45%。

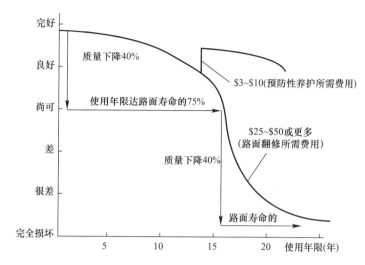

图 7-2 未及时进行预防性养护将导致费用大幅增长

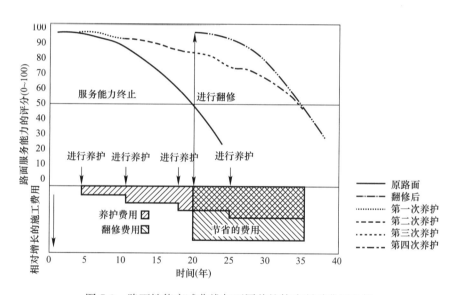

图 7-3 路面性能衰减曲线与不同养护策略所需费用比较

（2）预防性养护的措施

预防性养护措施种类较多，不同地区、不同管理部门、不同的合同承包方针对不同的路况所用的预防性养护措施都不尽相同。沥青路面预防性养护措施一般包括：填缝、封缝；雾封层；稀浆封层；微表处；cape封层；碎石封层；车辙填补；薄层罩面；超薄磨耗层；超薄层罩面；超薄抗滑层；刷入封层；现场热再生等。预防性养护决策的流程图，见图 7-4。

通过对当前路面的病害性质和使用性能、承载能力的检测与调研，结合原路面病害和使用性能的历史资料以及结构设计、施工、养护的情况，路面排水的历史资料，即可判定该项目是否适宜实施预防性养护。原路面适宜实施何种养护措施的主要判别条件，见表 7-1。

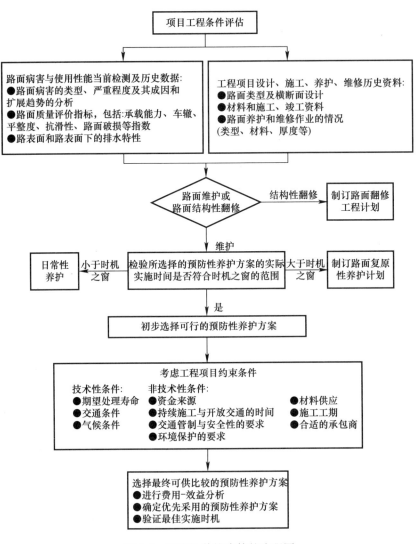

图 7-4 预防性养护决策的流程图

原路面适宜实施何种养护措施的主要判别条件　　　　　表 7-1

		预防性养护	复原性养护	路面翻修	
病害所在的结构层		路表面	表面层	部分深度或整个沥青面层	
				沥青面层和基层	
使用性能指标	设计弯沉值与实际弯沉值之比（SSI）	≥1	≥1	<0.5	
	平均车辙深度（RD）	≤10mm	≤25mm	>25mm	
	路面破损指数（PCI）	>80 分	>70 分	<60 分	

由于稀浆封层和微表处具有良好的经济效益和路面性能而引起广泛关注。稀浆封层通常用于交通量小的低等级道路，而微表处通常用于交通量大的高等级道路。此外，薄层罩面因其结构性能优良、美观等优点也被广泛应用于预防性养护。

（3）预防性养护时机的选择

预防性养护的经济性和有效性在很大程度上取决于采取预防性养护措施的时机，预防性养护最佳时机应该在路面尚处于良好状态，或者只有某些病害先兆时进行。一个有效预防性养护程序的关键因素是确定其选择养护方案的最佳时机。目前，路面预防性养护的选择方法主要有：基于时间/路况的方法、费用—效益法、寿命周期效益评估法、决策树/矩阵法、排序法和基于老化的方法，本书采用基于时间/路况的方法，从路面的实际破坏状况出发，找出进行预防性养护的临界破坏状态。

影响选择预防性养护工程和养护技术的主要因素有：

（a）交通荷载

日交通量和重载车的数量直接决定着对路面施加的荷载强度，不同的预防性养护技术所能承受的交通荷载强度是不同的；

（b）气候条件

不同的预防性养护技术对不同的气候条件的适应性不一样；并且施工气温、湿度和时节对不同的养护效果也有不同的影响；

（c）原路面条件

原路面的承载能力，原路面综合性的路况条件和服务能力，原路面病害的类型、密度和严重程度等是影响预防性养护适用性和选择预防性养护技术最重要的因素，也是现场工程条件评估的重点；

（d）施工时间限制

为尽可能减少养护施工对道路通行的干扰，希望尽量减少预防性养护的施工时间。这对交通量大的高速公路尤为重要，这也是选择预防性养护技术的类型时需要考虑的；

（e）期望的性能与费用

期望的性能与费用是选择预防性养护技术的重要约束条件。预防性养护技术的费用与其性能没有直接关系；通常延长使用寿命，采用性能较高的预防性养护技术，其费用也较高；而延长使用寿命又与交通强度、气候条件等因素有关。因此，需要在性能与费用之间找到一个最佳的结合点。

一条道路随着路面使用时间的增加，面层会不断老化，路面服务能力不断下降，当路面质量下降40%时，路面使用年限达到道路寿命的75%时达到临界状态，之后路面的服务状况急剧下降，为了及时制止沥青路面状况的恶化，可在临界点前采取预防性养护措施，使路面的服务水平处于较好状态，延长使用寿命，减少养护成本。

关于实施时间，由于制定预防性养护计划从开始原路面检测调查到正式施工需要较长时间，通常都在半年至一年之间，在此期间路面的状况还在继续变化，其路面状况指数PCI的变化规律研究应考虑这个因素。预防性养护的实施时机对预防性养护的费用—效益有着重要的影响。路面年预防性养护费用和年修理费用随预防性养护实施时间而变化的示意图，见图7-5。从图中可以看出当总费用变化曲线的最低点即为预防性养护的最佳实施时间。

由于受到众多因素的影响，要获得精确的

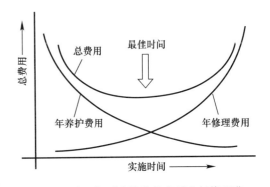

图7-5 路面年预防性养护费用和年修理费用随预防性养护实施时间而变化的示意图

最佳实施时机往往是困难的，而对于预防性养护工程来说，一个精确的最佳的实施时间点没有太大的实际意义。这是因为实施时机围绕着最佳时间点，在一定范围内其费用—效益的变化很小，这一范围被称为时机之窗。表 7-2 展示了美国对各种预防性养护技术时机之窗定量化研究的结果，由于美国在路面设计、施工、养护条件与我国的差别，在使用时应根据我国实际条件做适当的调整。

预防性养护实施时机之窗　　　　　　表 7-2

预防性养护技术类型	时机之窗	
	PCI（分）	实施年（建后）（年）
裂缝填封	80～95	2～5
稀浆封层	70～85	5～8
单层微表封层	70～85	5～8
10 双层微表封层	70～85	5～8
单层石屑封层（改性沥青）	70～85	5～8
双层石屑封层（改性沥青）	70～85	5～8
超薄层罩面	65～85	5～10˙
超薄磨耗粘结层	65～85	5～10
薄层罩面	60～80	6～12
冷铣刨＋薄层罩面	60～75	7～12

路面性能衰减曲线上与这一最佳实施时间相对应的路面性能指数代表了当路面性能指数下降到这一指示值时实施预防性养护可以获得最好的费用—效益，因而也常称为最佳实施时机。根据国内外经验，通常采用 PCI 或 RQI 指数下降到 90 分时作为介入预防性养护的备选时机。

7.1.2　养护措施寿命预估模型

根据对高速公路所在地区常用养护措施的调查，选用该地区常用的应用效果较好的养护措施，防止路面破坏进一步恶化，从性质上来说也可归类为预防性养护。不同状况的路面应用了不同的养护措施以后，必然带来衰变规律的变化。而不同养护措施对路面衰变规律的影响也不同。为了分析养护的效益费用，首先应对不同养护措施的使用寿命进行预估。预估使用寿命可以有两种方法，一种是根据从实施养护措施时原路面的路况条件（PCI）出发到处理后路面的路况条件衰减至同一水平时所经过的时间来确定；另一种是根据处理后路面的路况条件衰减至某一临界值与原路面不做处理衰减至同一临界值时的时间差来确定，见图 7-6。

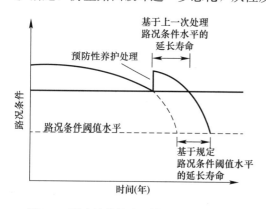

图 7-6　预防性养护处理措施预估使用寿命

养护措施的寿命预估需利用路面使用性能预测方程，确定采取养护措施后的路面等效厚度是正确使用路面性能预测方程的前提。

养护后面层厚度的变化

(1) 路面自然衰变引起的厚度变化

通常认为路面在荷载作用下的自然衰变过程中，面层有效厚度会有所减小。厚度的变化可用下式表示：

$$h = c \cdot h_0 \tag{7-1}$$

式中：h——面层有效厚度（mm）；

h_0——原路面面层厚度（mm）；

c——衰变系数。

根据经验，当 PCI 值下降到 85 分时，c 取为 0.98；PCI 值下降到 80 分时，c 取为 0.95；PCI 值下降到 75 分时，c 取为 0.90。路面实施微表处后，面层厚度仍可按照上述规律计算其厚度的变化。

(2) 罩面后的路面等效厚度

罩面后面层的厚度并非原路面面层厚度与罩面厚度的简单相加。与新路面相比，罩面层与旧路面所形成的复合结构更加复杂。这种复合结构的等效作用既与罩面层的厚度、材料质量有关，也与旧路面的完好状况、新旧路面层间的黏结条件，即耦合能力有关。通常将实施罩面后路面面层的厚度转化为与新路面面层等效的厚度，其表达式为：

$$h = h_1 + f \cdot h_0 \tag{7-2}$$

式中：h——等效面层厚度（mm）；

h_1——罩面层厚度（mm）；

h_0——原路面面层厚度（mm）；

f——原路面面层的有效厚度系数。

经研究发现有效厚度系数 f 可用以下的公式进行计算：

$$f = \lambda \cdot \text{PCI}_t^{\mu} \cdot h_0^{\gamma} \tag{7-3}$$

式中：PCI_t——原路面实施罩面前的 PCI 值；

λ、μ、γ——回归系数或指数；

其他参数意义同前。

根据大量的数据分析得到 $\lambda = 0.000034$；$\mu = 2.3564$；$\gamma = -0.4207$。即实施罩面后等效面层厚度的计算公式为：

$$h = h_1 + \lambda \text{PCI}_t^{\mu} h_0^{\gamma+1} = h_1 + 0.000034 \text{PCI}_t^{2.3564} h_0^{1-0.4207} \tag{7-4}$$

7.1.3 费用—效益分析

分析期内的路面要经过多次养护措施，这些措施的不同组合对路面性能会产生不同的影响，从而对最终设计结果产生影响。通过对不同措施组合的设计考虑以及寿命周期费用分析，得出最佳养护时机与对策，为制定养护规划提供科学的参考依据。

全寿命费用分析是考虑了比选投资方案的初始修建费以及未来的管理费用和分析期内的其他相关费用，其目的是为投资效益确定最佳值，即获得满足所求性能目标下的长期费用最低的方案。

全寿命费用分析需要分别计算路面从新建开始到某一分析周期（全寿命周期）内的全部效益和费用。全寿命周期内的效益由路面性能曲线下从新建路面衰减开始，经每次预防性养护以及每次路面翻修后恢复性能的跳跃和随后的衰减所构成的面积来确定，见图 7-7。

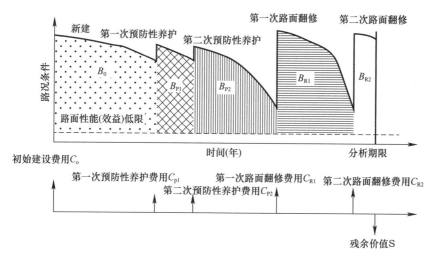

图 7-7 全寿命周期的效益和费用示意图

全寿命周期的费用由以下四部分组成：
（a）折算成现值的初始建设费用；
（b）在全寿命周期内产生的按贴现率折算成现值的养护和修理费用；
（c）在全寿命周期内按贴现率折算成现值的道路使用者（用户）产生的费用；
（d）在到达分析期限时按贴现率折算成现值的残余价值。

全寿命周期费用计算：

$$\mathrm{TLCC} = \mathrm{IC} + \sum_{j=1}^{n} \mathrm{M\&R} \times \left(\frac{1}{1+r_{\mathrm{dis}}}\right)^j + \sum_{j=1}^{n} \mathrm{UC} \times \left(\frac{1}{1+r_{\mathrm{dis}}}\right)^j - \mathrm{SV} \times \left(\frac{1}{1+r_{\mathrm{dis}}}\right)^n$$

(7-5)

式中：TLCC——以净现值表示的全寿命周期费用；
　　　IC——折算成现值的初始建设费用；
　　　M&R——第 j 年内产生的养护维修业务费用；
　　　UC——第 j 年内产生的用户费用；
　　　SV——在到达分析期末时的残余价值；
　　　r_{dis}——贴现率；
　　　n——按年计的分析期限。

费用—效益分析是一种从经济的角度对技术的评价方法，其通过贡献的费用与增益的性能相比较来评价不同技术方案的优劣。在预防性养护费用—效益分析中常用的方法有效益费用比法、当量年费用法、现值法、未来值法、收益率法等。效益费用比法是建立在寿命周期费用分析的基础上，以寿命周期的效益与寿命周期的费用之比（BCR）作为评价标准，BCR 最大者为优。安徽省某高速公路项目根据分析目的采用现值法进行综合分析。

效益费用比法能更好地比较各种方案的长期费用—效益，但它必须建立在大量信息的基础上，无论是计算效益还是计算费用，如果没有可靠数据支持都可能产生很大误差。

对于效益的计算，最主要的信息是原路面实施预防性养护和大修后的性能衰减曲线。预测这些衰减曲线的方法，最为可靠的是从现有已建的在结构设计、所用材料、施工质量、路面使用条件相类似的一组道路族的数据库中获得所需的统计数据；但在实际工作中很难满足这样的条件。

在计算全寿命周期费用方面也存在很多不确定因素，首先面临用户费用计算的困难。用户费用主要包括：车辆的运营费用、事故费用、时间延迟的费用等。在用户费用中存在许多不确定因素，即使是占主要成分的车辆运营费用也有很多不确定性，例如燃油价格的波动等；折算至现值的道路初期建设费用，也常常由于年度久远而难于评估；贴现率也可能由于通货膨胀和政策的变化而发生变动。因此，在使用效益费用比法时应对其可靠性进行评估。为减少不确定因素的影响，在应用中建议可根据实际情况不考虑初始建设费用和用户费用。

7.1.4 费用模型及应用实例

现值法是将工程项目整个寿命期内的一切收入和支出均折算成现值，再以现值进行分析比较。一般适宜以寿命开始时间（即坐标中零点的时间）作为基准时间来计算现值。现值法是工程经济分析的最基本方法，是其他计算方法的基础。现值法包括费用现值和净现值两种，由于进行费用分析和比较的主要目的，并不是为各个设计方案做出准确的费用或效益的估算，而是对各个设计方案的经济价值做出相对的评价，因而没有必要对所有的费用或效益项考虑的十分全面和准确，故只需考虑影响各个方案评价结果的主要费用和效益项以及相关主要参数，并要求在选用时对各个方案协调一致。考虑到与道路性能相关的某些效益难以计量，仅计费用而不考虑效益，即采用费用现值法。

预防性养护要求提前支付养护费用，但是它推迟了昂贵的路面大修的时间，从而带来了养护效益。在不同时期支付同样多的费用有不同的经济价值，所以有必要进行经济分析，分析的方法是将分析期内不同时间支出的费用，按照某一折现率转换为现在的费用（现值），通过转换为单一的现值，可在等值的基础上比较各种养护措施的经济性。

折现率是经济评价中的一个重要参数，它的选择对于比较方案在经济上的优劣有重要的影响，综合考虑各方面的因素，本书取折现率为 8%。

本书中费用主要由管理部门的费用和用户费用确定的。管理部门费用主要包括设计费、养护费、改建费和残值，用户费用主要包括车辆运营费、延误费、行程时间费和事故费等。

(1) 养护措施费用计算实例

【项目实例】在安徽省某高速公路费用计算中，主要考虑养护措施费用和用户费用。本实例以 1km 为单位，根据标段涉及路段的现状，取车道数为双向 4 车道。

根据安徽地区的经验，微表处（1.5cm）的实施单价在 25 元/m² 左右，而对于罩面措施而言，4cm 的 SMA 实施单价在 60~70 元/m²，4cm 现场热再生的实施单价一般为热拌沥青混合料的 80%，4cm 厂拌热再生的实施单价一般为热拌沥青混合料的 85%，铣刨路面 3.5 元/(cm·m²)。本实例每 cm 单价统一取为 19.5 元/m²。具体价格列于表 7-3。

预防性养护措施单价 表 7-3

养护种类	微表处	3.5cm 罩面	4cm 罩面	4cm 现场热再生	厂拌热再生	12cm 罩面	16cm 罩面
造价（元/m²）	25	48.8	78.1	63.5	66.5	234.4	351.7

在不同时期支付同样多的费用有着不同的经济价值，因此在不同时机实施同样的路面养护措施有必要进行经济分析。分析的方法是将分析期内不同时间支出的费用，按某一预定的折现率转换为现在的费用（现值）。通过转换成单一的现值，可在等值的基础上比较各种方案。按照经济发展状况，取折现率为 8%。因此可得到各种养护措施的等值费用计算公式如下：

$$\mathrm{MC} = m \times 1000 \times W \times 4(1+8\%)^t \tag{7-6}$$

式中：MC——养护措施的费用；

t——实施罩面的时间距离分析期初期之间的时长（年）；

W——车道宽；

m——不同罩面措施的对应造价，如表 7-3 所述。

(2) 用户费用计算实例

用户费用是指用户在使用道路时所支出的费用，包括车辆运营费、延误费、行驶时间费和事故费等，是寿命周期费用中最大的一个组成部分。根据我国的研究，与道路状况关系最密切、受其他因素影响较小的是其中的车辆运营费，而受路况影响的是其中的可变部分，主要包括燃料消耗、轮胎磨耗以及保修材料等资源消耗的费用。在本例只选取受路况影响的部分进行分析，即分析燃油消耗费、轮胎消耗费、保修材料消耗费这三种费用。

a. 油耗模型

参考世界银行在巴西的油耗试验方法和成果及同济大学姚祖康教授所做的油耗试验，通过分析和标定确定了油耗平整度关系模型为：

$$\mathrm{FL} = a + b \cdot \mathrm{IRI} \tag{7-7}$$

式中：FL——百公里油耗，L/100km；

a、b——回归系数，见表 7-4；

IRI——国际平整度指数，m/km。

油耗—平整度关系式的回归系数 表 7-4

回归系数	小汽车（汽）	面包车（汽）	大客车（汽）	轻货车（汽）	轻货车（柴）	中货车（柴）	重型车（柴）	铰接车（柴）
a	9.78	14.87	23.80	17.42	8.03	23.00	19.00	35.39
b (10^{-2})	18.200	23.439	29.367	56.879	24.219	43.407	29.848	89.258

b. 轮耗模型

轮耗是车辆运营费的主要组成部分之一，弄清轮胎消耗与车辆、道路状况之间的关系，对于正确进行公路工程的用户费用评估和投资效益分析是十分必要的。其中典型的是 HDM-Ⅲ 中的轮耗模型，它是采用力学-集成法建立的。但建模所采用的数据取自巴西，后经过长期的研究和标定，对模型重新进行标定，建立了适合我国的轮耗模型：

$$\mathrm{TC} = \mathrm{NT} \left[\frac{(1+\mathrm{RREC} \cdot \mathrm{NR})\mathrm{TWT} \cdot k_1}{(1+k_2 \cdot \mathrm{NR})\mathrm{VOL}} + 0.002 \right] \tag{7-8}$$

式中：TC——轮耗；
　　　NT——轮数；
　　　RREC——翻新与新轮胎的价格比；
　　　NR——翻新次数；
　　　TWT——轮胎磨耗；
　　　VOL——胎面可磨耗面积；
　　　k_1——回归系数，见表 7-5；
　　　k_2——轮胎系数，值为 0.77。
对于小型客车，由于数据无法调查，所以采用下列模型：
$$TC = NT(0.01165 + 0.001781 IRI) \tag{7-9}$$
式中参数含义同上式

回归系数 k_1　　　　表 7-5

轮胎类型		回归系数 k_1	
		南方	北方
9.00/20	（卡车）	0.417	0.352
10.00/20	（卡车）		0.320
11.00/20	（卡车）	0.814	1.262
9.00/20	（客车）		0.280

c. 保修材料消耗模型

汽车保修费用包括车辆维修的料耗费、人工费等。车辆损坏主要是与车辆运行时道路平整度引起的应力和道路的几何线形引起的两种应力有关。前者主要通过重复作用使受力部件如车辆驾驶系、悬挂系等其他部位产生疲劳及破坏，后者则因车辆受力状态的改变直接使发动机受力，从而造成车辆驱动系、制动系的磨损。

对车辆维修费用模型，较成熟的经验模型是世界银行的 HDM 模型。它建立在以往的研究基础上，通过大规模的用户调查，得出的合乎实际的模型参数。我国也采用了此模型，并对此的模型参数进行了相关的修正，保修费用模型如下：

$$客车：PC = e \cdot k \cdot \exp(f \cdot IRI) CKM^{K_p} \tag{7-10}$$
$$卡车：PC = e \cdot k \cdot \exp(1 + f \cdot IRI) CKM^{K_p} \tag{7-11}$$

式中：e、f——模型的回归系数，见表 7-6；
　　　k——维修费参数，见表 7-6；
　　　K_p——车龄指数或车辆老化系数，见表 7-6；
　　　PC——千车公里的维修费用与该种车型当时的新车价格的比值；
　　　CKM——车辆的累积行驶里程；
　　　IRI——道路平整度指数。

我国的维修费用模型指数　　　　表 7-6

车型	k	e (10^{-6})	f (10^{-2})	K_p
小汽车、面包车	1.54	33.49	17.81	0.308
大客车	3.86	1.77	4.63	0.483

续表

车型	k	e (10^{-6})	f (10^{-2})	K_p
轻货车	3.86	1.49	327.33	0.371
中货车	3.86	1.49	327.33	0.371
重货车	1.43	8.61	45.90	0.371
铰接车	1.43	13.94	45.90	0.371

注：在模型中所用的标定数据值包括三种车辆类型，即中型货车、重型货车和面包车，为与其他费用模型匹配，进行了相关的整理和借鉴。其中小汽车采用面包车模型参数；轻货车借用中型货车模型参数；我国的大客车一般采用中型货车的底盘或发动机，故参数 e 借用中型货车，其他参数采用大客车模型，铰接车接近重型货车，故借用重型货车标定参数。

d. 有关说明

用户费用模型中涉及了道路平整度指数 IRI，其与路况指数 PCI 的转换关系如下：

$$PSI = 3.5 \times (PCI - 50)/50 \qquad (7-12)$$

$$IRI = 2 - 5.6 \times (\lg 0.2 + \lg PSI) \qquad (7-13)$$

式中：PSI——现时服务能力指数。

（3）不同养护方案的费用对比实例

不同的养护方案对资金的使用以及路况的维持差异较大，以安徽省某高速公路 K401+000-K420+660 上行路段段为例，按照大修、大修+中修、大修+中修+预防性养护三种方案制定养护计划，根据在全寿命费用分析方法思想，计算各个方案的效益费用比，并估算分析期内的资金投入，如图 7-8 所示。

方案一：大修

根据检测数据，对该路段进行了性能衰变的预测，得出如图 7-8 所示的全大修方案的路面衰变曲线，图中各大修时机的选择根据规范要求的路面结构强度下降到 80 分的时候来确定。内容包括路面破损状况指数（PCI）曲线、路面平整度指数（RQI）曲线、路面结构强度指数（PSSI）曲线。

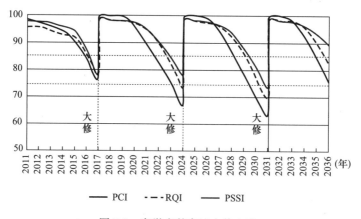

图 7-8 安徽省某高速大修方案

根据在全寿命费用分析方法思想，计算大修模型的费用现值。由图 7-8 所示，预测的年限为 24 年，结合交通量和养护初期的路面状况指数值，计算得出该方案的费用现值为 306.9 元/m²（表 7-7）。

7 高速公路养护规划

安徽省某高速大修方案资金投入估算 表 7-7

分析期	养护方案	费用现值（元/m²）
24年	3次大修	306.9

方案一在寿命期内不做预防性养护与中修，而安排了3次大修，在预测起始点（2013年）后，于2017年进行第一次大修，参照路面使用性能的预测结果，于2024年进行第二次大修，于2031年进行第三次大修。所有的费用现值的计算点为2013年，即所有的养护费用全部折现到2013年，费用现值，见图7-9。

方案二：大修+中修

根据检测数据，对该路段进行了性能衰变

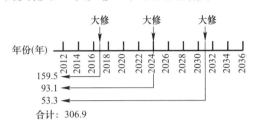

图7-9 方案一费用现值（元/m²）

的预测，得出如图7-10所示的全大修方案的路面衰变曲线，图中各大修时机的选择根据规范要求的路面结构强度下降到80分的时候进行，中修时机的选择根据规范要求的PCI或RQI指数在85分的时候进行。内容包括路面破损状况指数（PCI）曲线、路面平整度指数（RQI）曲线、路面结构强度指数（PSSI）曲线。

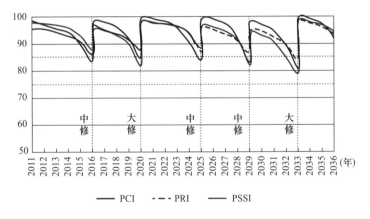

图7-10 安徽省某高速大修+中修方案

根据全寿命费用分析，计算大修+中修模型的费用现值。如图7-10所示，预测的年限为24年，结合交通量和养护初期的路面状况指数值，计算得出该方案的费用现值为248.3元/m²（表7-8）。

安徽省某高速大修+中修方案资金投入估算 表 7-8

分析期	养护方案	费用现值（元/m²）
24年	2次大修+3次中修	248.3

方案二在寿命期内不做预防性养护，而安排了2次大修+3次中修，在预测起始点（2013年）后，于2016年进行第一次中修，于2020年进行第一次大修，于2025年进行第二次中修，于2029年进行第三次中修，于2033年进行第二次大修。所有的费用现值的计算点为2013年，即所有的养护费用全部折现到2013年，费用现值，见图7-11。

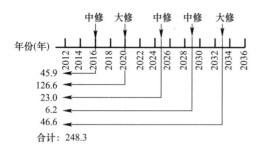

图 7-11 方案二费用现值（元/m²）

方案三：大修＋中修＋预防性养护

根据检测数据，对该路段进行了性能衰变的预测，得出如图 7-12 所示的全大修方案的路面衰变曲线，图中各大修时机的选择根据规范要求的路面结构强度下降到 80 分的时候进行，中修时机的选择根据规范要求的 PCI 或 RQI 指数在 85 分的时候进行，预防性养护时机的选择根据规范要求的 PCI 或 RQI 指数在 90 分的时候进行。内容包括路面破损状况指数（PCI）曲线、路面平整度指数（RQI）曲线、路面结构强度指数（PSSI）曲线。

根据全寿命费用分析，计算大修＋中修模型的费用现值。由图 7-13 所示，预测的年限为 24 年，结合交通量和养护初期的路面状况指数值，计算得出该方案的费用现值为 193.1 元/m²（表 7-9）。

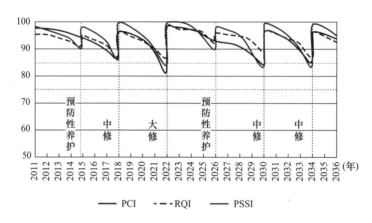

图 7-12 安徽省某高速大修＋中修＋预防性养护方案

安徽省某高速大修＋中修＋预防性养护方案资金投入估算　　表 7-9

分析期	养护方案	费用现值（元/m²）
24 年	1 次大修＋3 次中修＋2 次预防性养护	193.1

方案三在寿命期内安排 2 次预防性养护＋3 次中修＋1 次大修，在预测起始点（2013 年）后，于 2015 年进行第一次预防性养护，于 2018 年进行第一次中修，于 2022 年进行第一次大修，于 2026 年进行第二次预防性养护，于 2030 年进行第二次中修，于 2034 年进行第三次中修。所有的费用现值的计算点为 2013 年，即所有的养护费用全部折现到 2013 年。

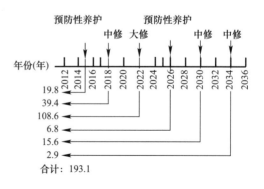

图 7-13 方案三费用现值（元/m²）

7 高速公路养护规划

不同方案费用现值比较　　表 7-10

方案编号	方案类型	费用现值（元/m²）
1	3次大修	306.9
2	2次大修+3次中修	248.3
3	1次大修+3次中修+2次预防性养护	193.1

由表 7-10 结果可知，方案三大修+中修+预防性养护在分析期内费用现值较为合理，且取得的养护效果最为突出，故在养护对策中所有路段中均采用"大修+中修+预防性养护"的组合。

7.2 桥涵设施长期技术性能预测及养护策略

桥梁结构在其生命周期内，由于环境因素的影响和使用条件的变化，在桥梁的不同部位会出现不同形式的损伤，表现为材料退化引起的功能性损伤与结构受力引起的结构性损伤。各种损伤随着使用年限的增加和车辆荷载的往复作用，特别是超载问题的日益严重，使得桥梁性能随着使用年限的增加而不断的劣化。根据桥梁技术状况评价等级，选取等级分较高和较低的两种桥梁，通过对两种不同技术状况桥梁中长期养护技术方案的预测分析，阐述高速公路桥梁总体中长期养护技术方案制定的原则。

按照正常情况，一般混凝土桥的大修年限为 50 年，钢桥的大修年限为 100 年。为了保证桥梁在其设计使用年限内保持正常的技术状况，需要定期对桥梁进行小修和保养工作，包括对桥梁的日常检查、清扫、保养、局部轻微病害的修补、预防性养护，还包括钢桥及索桥的除锈、防腐处理，这些工作在桥梁投入使用时就开始了，并随它的寿命的终止而终止。桥梁结构的设计使用年限是指在正常使用的条件下，不需要进行大修即可满足使用功能的年限，但不包括超载等非正常使用状态及偷工减料等非正常因素，一般超载是桥梁提前进入大修的主要原因。据调查，北京西直门桥，1999 年建成，由于堵车现象严重于 2006 年进行大修；北京房山 107 国道琉璃河大桥，1999 年建成通车，由于车流量猛增，重型、大型车辆频繁驶过，2014 年 4 月 1 日大修启动；而位于重庆市的牛角沱嘉陵江大桥1966 年 1 月竣工，直到 2008 年进行首次大修。超重车使得大修年限缩短一半，主要是混凝土部分出现裂缝，内部钢筋由于受力变形无法恢复，造成裂缝不断发展。为了保证桥梁在其设计年限内的正常使用性能，一般只需要进行日常的预防性养护，同时确定合理周期对其进行适当的小修和中修，及时消除或减轻病害对桥梁的不利影响，提高桥梁技术状况和评分等级，可以有效地延长桥梁的使用寿命。

7.2.1 桥涵设施长期技术性能预测

针对不同技术状态水平的桥梁所采取何种维护策略将直接影响桥梁使用状态和使用寿命。因此，确定桥梁技术状态衰减规律成为高速公路桥梁中长期养护技术方案规划的核心问题。而在桥梁养护资金一定的条件下，根据处于不同技术状态的桥梁，采取不同的养护技术方案，合理分配资金，保证桥梁处于良好的技术状态和使用性能，成为高速公路桥梁中长期养护技术规划方案的关键问题。本书采用的桥梁技术状况预测模型是利用回归分析的方法，对多条高速公路桥梁定期检测结果的进行拟合而成。桥梁技术状况预测模型，除了考虑到桥梁主要病害综合影响系数和通行荷载影响系数之外，还考虑了环境影响系数的影响因素。影响桥梁结构性能的环境因素不仅包括桥梁的使用环境如车辆荷载和桥梁自身病害情况等因素，还应包括桥梁所在地区的自然环境，不同地区的自然环境各不相同，这也造成了桥梁衰败规律的差异。桥涵设施长期技术性能预测及桥梁全寿命技术状况衰变预测模型，详见本书5.2。

【项目实例】根据2013年桥梁技术状况评价等级，选取等级分较高和较低的两座桥梁，通过对两种不同技术状况桥梁中长期养护技术方案的预测分析，阐述安徽省某高速公路桥梁总体中长期养护技术方案制定的原则。桥梁结构的设计使用年限是指在正常使用的条件下，不需要进行大修即可满足使用功能的年限。超载等非正常使用状态及偷工减料等非正常因素会造成桥梁结构的使用年限无法达到设计使用年限，一般超载是桥梁提前进入大修的主要原因。根据调查报告，安徽省某高速公路于2014年6月1日起对过往超重货车实施计重收费，预计未来运营期内超重车辆比例将非常低，有利于桥梁减缓衰变有利。

（1）桥梁技术状况评价等级分较高的桥梁长期养护技术方案

以K435+045小桥右幅为例，构建技术状况评价等级分较高的技术状况衰变曲线。名义初始状态：$D_r(t_0)=100-(97.63-97.57)=99.94$；$D_r(t_s)=60$（四类桥）；$t_0=0$（年）；$t=7$（年）；$D_r(t)=97.57$（本次检测评价结果）（2013年评价结果）；$\xi=0.96$；$\xi_L=0.89$，$\xi_w=1.03$。

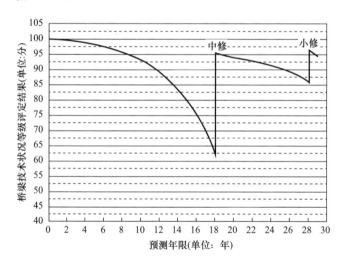

图7-14 技术状况等级分较高的桥梁长期养护技术方案

由图7-14可见，对于桥梁初始状态较好的一类桥梁，如果在其收费期内的预防性养护措施得到保证，桥梁在其收费期内只需要经过一次中修和一次小修，另外加上若干次预防性养护，即可保证收费期结束时桥梁技术状况等级达到二类桥标准。

（2）桥梁技术状况评价等级分较低的桥梁长期养护技术方案

由图7-15可见，对于桥梁初始状态一般的二类桥梁，如果在其收费期内的预防性养护措施得到保证，桥梁在其收费期内需要经过两次小修和一次中修，另外加上若干次预防性养护，即可保证收费期结束时桥梁技术状况等级达到二类桥标准。

7 高速公路养护规划

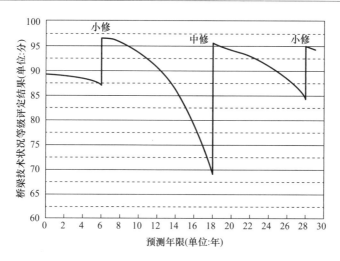

图 7-15 技术状况等级分较低的桥梁长期养护技术方案

7.2.2 桥涵设施养护策略

从两座技术状况等级处于不同技术水平桥梁的中长期养护技术方案可以看出,由于安徽省某高速公路桥梁总体技术状况较好(没有三、四类桥梁),桥梁长期养护策略最多需要两次小修和一次中修。同时,为保证收费期结束时桥梁技术状况处于良好状态,统一采取在收费期结束前1~2年安排一次桥梁小修工程,以满足收费期结束工程验收的需要。

由于影响桥梁技术状况的因素复杂多变,其技术状况衰变过程存在更多的不确定性。对于安徽省某高速公路桥梁中长期养护技术方案的制定,应首先立足于中期(5年)养护技术方案的针对性与合理性,在保证第一个中期(5年)桥梁技术状况良好的前提下,根据下一次定期检查结果预测下一个中期(5年)养护技术方案,保证以此方法确定的安徽省某高速公路桥梁长期养护技术方案更为科学,可靠度更高。

根据桥梁技术状况衰变模型的预测结果,表 7-11~表 7-14 分别给出的安徽省某高速公路大中桥梁、通道桥梁、机耕通道与人行通道桥梁、涵洞在其服务期内的长期桥梁养护策略表格示例。其中,除实施小、中修维护策略之外的其他时段,应根据桥梁日常检查和定期检查结果,对桥梁进行科学合理的预防性养护,以保证桥梁正常使用状态,延长桥梁使用寿命。

安徽省某高速公路大中桥梁长期养护策略预测结果　　表 7-11

序号	桥梁名称	桩号	上部结构类型	桥梁长期养护策略与养护时间预测结果			
				策略/时间	策略/时间	…	策略/时间
1							
2							
3							
4							
5							
6							
7							
⋮							

注:策略/时间,策略指采用的养护策略,例如预防性养护、小修、中修、大修。

安徽省某高速公路通道桥梁长期养护策略预测结果   表 7-12

序号	桥梁名称	桩号	上部结构类型	桥梁长期养护策略与养护时间预测结果			
				策略/时间	策略/时间	…	策略/时间
1							
2							
3							
4							
5							
6							
7							
⋮							

安徽省某高速公路机耕通道和人行通道桥梁长期养护策略预测结果   表 7-13

序号	桥梁名称	结构形式	桥梁现状技术状况评定等级与分数	桥梁长期养护策略与养护时间预测结果			
				策略/时间	策略/时间	…	策略/时间
1							
2							
3							
4							
5							
6							
7							
⋮							

安徽省某高速公路涵洞长期养护策略预测结果   表 7-14

序号	桥梁名称	桥梁长期养护策略与养护时间预测结果				
		策略/时间	策略/时间	策略/时间	…	策略/时间
1						
2						
3						
4						
5						
6						
7						
⋮						

8 高速公路沥青路面养护技术

8.1 稀浆封层技术

稀浆封层，是以乳化沥青为结合料，加粉料（水泥、石灰、矿粉等）、添加剂和水按照一定的比例拌和而成，均匀摊铺在沥青路面表面形成薄层。稀浆封层一般分为两种，即普通型和慢裂快凝型。稀浆封层沥青混合料干燥硬化成型后，相似于细粒式沥青混凝土，可以将裂缝、表面磨损、老化开裂、磨光、松散等病害迅速处治，该技术处理的沥青路面具有防水、抗滑、平整、耐磨耗等技术性能，具有施工快、造价低、用途广、耗能少的优点，是现今沥青路面预防性养护常用的新材料、新工艺和新结构。

稀浆封层技术起源于德国，兴起于20世纪40年代后期。在美国，稀浆封层的养护应用占到全国沥青路面60%，其使用范围得到了拓展，对新旧沥青路面的裂缝、老化、磨光、松散、车辙等病害起到了预防和维修的作用，改善了沥青路面的防水性、抗滑性、平整度和耐久性。稀浆封层的寿命取决于原来路面的表面状况、现有的交通情况，当地的自然气候条件、养护决策阶段计划投入的资金等因素。施工完成后，经过使用多年后，在车辆的作用下，稀浆封层完全磨损后，原路面的空隙和裂缝已经被乳化沥青稀浆封层混合料所填补，所以，其作用依然存在。

8.1.1 稀浆封层技术特点

（1）增加路面强度，不存在老化的问题。稀浆封层沥青混合料所用级配较细，接近细粒式热拌沥青混凝土，可以在常温条件下拌和，在破乳前摊铺，不存在加热老化的问题。经实验证明，采用稀浆封层养护措施的沥青路面强度较一般热拌沥青材料高。

（2）沥青面层的整体效果好，污染小。传统的罩面，层与层之间分层较为明显。而稀浆封层沥青混合料的流动性好，面层能与原路面很好的黏结，形成统一的整体。由于选用乳化沥青，不需加热，对环境的影响很小。

（3）造价低，施工方便。由于不需加热，节省了二次加热费用，在混合料中加入相当比例的水，使工程造价大大降低；常温施工，降低了对混合料材料的温度控制要求，便于施工。

（4）封闭交通时间短。优质的稀浆封层面层施工仅仅需要40～60min就能开放交通，而普通的面层施工封闭交通的时间为4～5h，极大地缩短了时间，缓解交通压力。

8.1.2 稀浆封层技术工程适用性

（1）原路面条件

稀浆封层只能适用于原路面有足够承载能力的场合，它通过隔离和封闭原路面来防止水、空气、阳光对下层路面的侵入和老化，矫正原路面的细料失散和松散病害，重建路面的抗滑性能。

稀浆封层是一层只有 4～12mm 厚度很薄的养护层，它不可能解决诸如裂缝（除轻微的开裂外）、坑洞、车辙、变形、沉陷、基层损坏等路面的结构性损坏。所有这些局部的结构性损坏都应在路面整体强度足够的前提下修复好后，才能实施稀浆封层。

（2）交通条件

普通乳化沥青的稀浆封层由于铺层较薄、粘结强度较低、初凝时间较长，只能适应于低交通量的道路。

（3）气候条件

普通的稀浆封层抵抗温度变形的能力较差，通常不适宜在严寒的气候区应用。稀浆封层都不宜在寒冷的深秋和冬季施工。

8.1.3 稀浆封层采用的材料

稀浆封层沥青混合料主要的组成材料是集料、乳化沥青和水，根据需要可适当添加矿物填料和化学添加剂。所有的材料都有各自的特定的要求，应根据规范要求选择。

（1）乳化沥青

乳化沥青是稀浆封层沥青混合料的重要成分，用来裹覆集料，作为粘结料存在于稀浆封层中。在道路工程中，乳化沥青分为阳离子型和阴离子型，根据破乳速度，乳化沥青可以分为快裂（RS）、中裂（MS）和慢裂（SS）。用于稀浆封层的乳化沥青一般为慢裂型的，并且以阳离子型为主。

目前，在传统的慢裂型乳化沥青的基础上发展了阳离子快凝乳化沥青（CQS）和聚合物改性乳化沥青，CQS 乳化沥青跟慢裂型乳化沥青有很大差别，它可能不能通过普通慢裂乳化沥青（SS）的水泥拌和试验，但并不影响它的使用，目前 CQS 型乳化沥青已被广泛应用于需要较快开放交通的稀浆封层养护技术中。

（2）集料

集料是稀浆封层沥青混合料的重要组成部分，作为矿物的骨架。通常用于热沥青施工的石料如石灰石、花岗岩、玄武岩等均可用于稀浆封层中。用于稀浆封层的集料首先应该满足特定的级配要求，其次要干净、坚硬、完全破碎、外观均匀。矿料中不能含有超过封层厚度的超粒径颗粒。在级配选择上应适中，级配偏粗可能会引起空隙率过大，防水效果差，偏细可能会引起强度不足。稀浆封层用的集料必须控制含泥量，含泥量越高，危害就越大。

（3）水

水也是稀浆封层混合料的重要组成部分。稀浆混合料的水有三个来源：集料中的水、乳化沥青中的水和预湿集料的水。预湿集料的水必须是洁净的可饮用的水，不能使用含有泥沙的水和盐碱水。预湿水的加入能够起到润滑作用，使摊铺容易，适宜的用水量会使稀浆混合料达到最佳的工作状态。如果预湿水过少或者没有用，在拌和时细集料就会迅速吸附乳液，乳液过早破乳，使得拌和困难，最终无法摊铺，反之，过量的水会使稀浆混合料离析细集料与沥青漂浮甚至流失，使得原路面与封层不能很好的粘结以及造成路表光滑。合适的用水量需要通过实验确定，影响用水量的因素主要有：集料级配、集料的材质、路面条件、气候条件等。

(4) 矿物填料

矿物填料的使用主要目的有：(a) 改善集料的级配；(b) 促进稀浆封层混合料的稳定性；(c) 调节破乳速度。矿物填料一般是矿物集料总量的 0.5%～2%。使用最广泛的填料是水泥，其次是石灰，这两种填料具有化学活性。填料也可使用石灰石粉，但只能调整矿料的级配。

(5) 添加剂

稀浆混合料中的添加剂的作用是调节拌和时间和破乳速度，不同于填料之处是添加剂是可溶于水的，不改变集料的级配。常用的添加剂分为无机盐类和表面活性剂类两大类。添加剂的种类与用量需要通过实验确定，影响因素主要有：(a) 集料的性质；(b) 环境温度；(c) 乳液温度；(d) 矿粉含量。

8.1.4 稀浆封层施工技术要点

(1) 施工前，应保证基层和透层沥青施工质量合格，应将基层的表面杂物、尘土及松散颗粒清扫干净。同时要清除干净由汽油或柴油滴漏形成的大块油污，否则会降低基层与封层的黏结力，引起起皮、剥离等质量问题。

(2) 施工前要检验所用的原材料（改性乳化沥青、矿料、水等），检验合格后方可使用。施工前需要将超大粒径的石料筛除，否则会造成稀浆混合料难以拌和和摊铺。

(3) 施工需要用稀浆封层摊铺机，在摊铺前必须保证对摊铺设备全面检查和调试，标定摊铺厚度，保证摊铺机械处于正常工作状态时方可施工，当原材料或者混合料配合比发生变化时，需要重新计量标定。

(4) 稀浆封层混合料摊铺后如果出现不平整，应立即在起终点处、纵横向接缝处以及坑槽处人工找平。

(5) 接缝处理。处理横向接缝时，稀浆封层摊铺车要从上一个车程的终点往回倒 5～10cm，再进行下一个车程的施工。处理纵向接缝时，下一个车程的运行轮迹必须与上一车相吻合，纵横向接缝漏接处需要进行人工找平。

(6) 稀浆封层的厚度不宜过薄也不宜过厚，过薄达不到防水的效果，过厚则由于稀浆混合料本身强度不足而导致油包。根据设计的级配，压实后稀浆封层的厚度在 6mm 左右，不宜低于 5mm 且不能大于 10mm。

(7) 施工气温和养护成型期内的气温不能低于 10℃。如果遇到天气即将下雨或者正在下雨时严禁施工，雨后基层的积水未清除或未干前不能施工。

(8) 需要注意早期的养护。在乳化沥青刚破乳时要及时用小型轮胎压路机反复碾压 4～6 遍，有利于提高密实度、早期强度和平整度以及防水性。在开放交通前，需要全面检查铺好的路面，发现损坏时及时修补。

(9) 外观质量要求：表面平整密实、无松散、无轮迹；纵横施工缝衔接平顺，外观色泽要一致；与其他构造物衔接平顺，无污染；摊铺范围以外没有流出的稀浆混合料；表面粗糙；摊铺厚度均匀。

8.1.5 稀浆封层施工方案

(1) 施工前的准备工作

(a) 预先修补好路面病害。坑槽和宽的裂缝应填补整平，坑槽修补时修补表面与原路面一致或稍微凹下去，不许向上凸起，否则会造成稀浆在鼓起处破损。裂缝的缝填应保持表面平整，不应有凸出，最好略微地域原路面，如果不能保证原路面平整，则有可能在施工时摊铺箱的刮平器会将凸出部分撕裂形成刮痕，影响施工效果。

（b）冲洗、清扫路面。路面不应留有异物（泥巴、赃物），应做施工前做好清洁工作。道路上的划线标志应用小型铣刨机去除，避免封层过后在划线部位发生脱落。

（c）放样划线。按施工设定的封层宽度（应根据路面的全宽，调节摊铺箱宽度，使施工宽度幅数为整数）划出宽度线，作为摊铺机行驶的引导线。

（d）喷水润湿。高温天气下路面较为干燥，施工前应在路面喷洒适量水（喷洒水主要起到润湿的作用），以改善封层材料与原路面的黏结，但喷洒水量不宜过多，不得在路面上出现明显的积水。

（e）喷洒黏层。一般情况下施工中不用喷洒黏层油，对于特殊路面条件（路面十分干燥、有露骨松散剥落、严重磨光的路面）应喷洒黏层油。乳化沥青粘层油应与封层所用的乳化沥青一致。喷洒黏层油前应对放好的样线进行必要遮盖，黏层油可以按照一份乳化沥青三份水的比例进行稀释，后以 $0.16 \sim 0.36 L/m^2$ 的用量进行喷洒。

（f）路面设施保护。原路面的下水道井、雨水等市政基础设施应采取必要保护措施。

（2）稀浆封层机的标定

稀浆封层机的计量控制系统对于稀浆混合料配合比的正确性有着很大的影响，由于多数封层机的计量系统是以体积为单位进行计量的，而稀浆混合料配合比的设计则是由质量计算得到的，因而体积与质量的相互换算对于标定的精确度起到较大的影响。稀浆封层机的标定还受到材料的含水量、密度等外界因素的影响，因此在具体施工操作中施工人员也应更为仔细，避免出现不必要的失误，影响施工质量。各种类型的稀浆封层机其计量系统结构不同，针对不同机型的标定应按照各自设备的说明书进行具体操作，但还是有一些必要的操作原则应共同遵守：

（a）集料的质量的标定是通过对于集料皮带转动速度的监测得到的，集料皮带打滑会造成计量集料质量与实际集料质量不一致，所以在开始施工前应充分检查，并将其调整至规定的数值，必要时应重新对皮带的滑转率进行标定；

（b）在对于各种材料进行标定过程中，材料的称量应从材料出口处接料进行直接称量，从而确保称重值正确；

（c）原材料称重的计量用具应在使用前校准正确；

（d）集料的含水量应从标定称量的集料中多次取样进行测定，并计算其平均值，这两可更加准确的反应标定材料的含水量；

（e）在以下情况中，施工人员在开始施工前需要对于稀浆封层机计量系统进行重新标定：a）新设备第一次使用前；b）第一次施工前；c）材料来源发生改变时；d）集料的级配发生变化时。

（3）摊铺作业

将装好料的摊铺机行驶至施工指定位置，调节封层机方向使其对准导向线。启动封层机工作装置发动机，放下摊铺箱让滑靴落地，调整好摊铺箱方向使其边缘封条紧贴路面，同时按要求初步调整好摊铺厚度。

按照配合比的设计要求，调整好集料、粉料、水、乳化沥青和添加剂的设定值。

首先让封层机搅拌器空转，而后依次启动集料输送带、粉料输送机、水泵、添加剂给料器、乳化沥青泵，现代稀浆封层机各种材料供给系统均可自动匹配，即当改变生产速率时，各个给料系统均可根据生产速率不同进行变化。

启动摊铺箱的螺旋分料器，待稀浆混合料注满摊铺箱 1/2 时，启动封层机，按设定的摊铺速度沿导向线匀速行驶，需要润湿的路面可打开喷水器湿润路面。

封层机开始作业后应有一试铺阶段，此时应调节摊铺速度、混合料的用量、封层的厚度，使摊铺箱和搅拌器的生产率能协调一致，保持摊铺箱中混合料的容量为摊铺箱容积的½，并满足稀浆混合料应用率和厚度的要求。

稀浆混合料在实验室完成配合比设计并经过现场试铺的验证后，在施工中一般不允许随意改变，只有用水量和添加剂用量允许作少量调整，以适应施工时气候条件和路面条件的变化。

封层机内任何一种材料用完时，应立即切断所有材料的供给，待搅拌器内的混合料全部送入摊铺箱后，摊铺机停止前进，并升起摊铺箱，将封层机开出施工地点，立即用清水冲洗搅拌缸和摊铺箱，装料后继续工作。在停料后不应希望将摊铺箱中混合料都用完，这种操作会导致许多不良的后果，因为搅拌器中的混合料在没有新料继续供应时会加速破乳，使进入摊铺箱的混合料已处在从半流体向半凝固的过渡状态，在摊铺箱还来不及将混合料铺覆在路面上之前就会出现凝团的现象。这不仅会在铺层上形成刮痕，丧失与原路面应有的粘结力，而且还会粘在摊铺箱和刮平器上给清洗工作带来麻烦。

（4）接缝处理

横向接缝宜采用平接的方式，首先在已铺好的封层端头切出直边，用油毛毡或土工布沿接缝放置于已铺设的封层上。将摊铺箱置于这一位置的油毛毡上，当装入新料重新开始摊铺时，形成平接的横向接缝。待摊铺箱铺过后，取走油毛毡，然后再用手工稍作修整即可。纵向接缝可采用搭接的方式，但必须严格控制搭接量不超过 50mm，最好在 10～20mm 内，搭接部分应用刮板人工刮去搭接部分，然后再作手工修整。也可用轻型的振动平板振压搭接部分（用此种方法搭接重叠量必须很小）。

（5）手工作业

在稀浆封层的施工中，手工作业通常是不可避免的，手工作业的工具主要使用橡胶刮板、拖布、铲子等，应由经验丰富、操作熟练的人员进行，以免留下难看的痕迹。手工作业应尽量避免进入未凝固的封层，如必需进入应十分小心，避免留下脚印，手工作业的主要工作是：修整侧边线；修整横向和纵向接缝；修整刮痕、拉伤；修补漏铺的地方或机器不能达到的区域。

（6）碾压

稀浆封层通常无须碾压，在施加于路面的载重量大而转弯很慢的区域，例如机场，可用轮胎压路机进行碾压，充气压力应调至 345kPa，碾压应在混合料初凝后进行。

（7）初期养生与开放交通

稀浆混合料在初凝后至达到初始固化能承受车辆碾压前仍需一段初期养生的时间，在此时间内仍应封闭交通，禁止一切车辆、行人通行。

目前尚无可通过现场实验来准确确定何时能开放交通的方法，开放交通的时间应根据经验慎重决定。ISSA 建议可用以下简单的"靴迹试验"来检验：将人的全身质量置于靴的跟部和底部，站在封层上2s，如离开封层表面时没有集料被带出或黏附在靴上，则可认为开放交通一般不会给表面带来明显损伤。

如必须提前开放交通，可在稀浆封层的新鲜表面上撒薄层砂或稀浆封层用的集料以保护封层表面。

（8）施工过程的质量控制

(a) 原材料的质量控制

施工人员在施工过程中应重点把控原材料，做好原材料进场的质量检查工作，质量检查频率应按每天一次或1000t一次。在质量检查过程中，施工人员应严格按照相关标准指标进行检查查验工作。

(b) 施工前原路面准备的检查

施工前应对原路面进行以下检查：检查原路面的坑槽、裂缝是否修补完好，表面是否平整、飞边是否铲平，拥包、推移、车辙的鼓起物是否铣刨平整，标线油漆是否清理干净，污水井等市政设施的保护措施是否到位；检查路面是否清扫干净，是否还留有污物、浮土、泥巴和散落的集料；检查路面的湿润情况，水和粘层油的喷洒是否全面覆盖。对准备不合格的路面应进行返工。

(c) 混合料稠度和破乳时间的控制

稀浆混合料在进入摊铺箱后应保持所要求的黏稠度和稳定性。混合料过于黏稠，容易在摊铺箱内过早破乳，造成混合料结团、粘在摊铺箱和刮平器上，稀浆的流动性过差还会影响铺层的平整度。混合料过稀，则会导致离析，含有大量沥青的细料会漂在上层而粗料则沉入下层，不仅影响铺层的构造深度，并易导致泛油，也将影响与原路面的黏结力。稀浆材料流动性过大还会流向低处而造成铺层的厚薄不均和边缘跑浆。

(d) 稀浆混合料的用量和铺层厚度的控制

稀浆混合料的用量、铺层的厚度和集料的最大粒径之间应相互协调。在适当的混合料用量下，在摊铺箱内的稀浆混合料应保持在一半左右的水平，混合料的铺层厚度应是集料公称最大粒径的0.95～1.05倍。

(e) 稀浆混合料组成检查［集料级配、沥青含量（油石比）和混合料用量］

混合料的试样应直接取自封层机搅拌器出料口，应采用宽度超过出料料帘宽度的容器进行全宽度取样。试样的采集应按每天1次或每1000t混合料一次的频率进行。采集的试样应用四分法缩分至抽提试验所要求的试样质量，放入（110±2）℃的烘箱烘干至恒重。

沥青含量（油石比）的偏差不应超过0.5%。集料的级配与生产配合比的偏差不应超过国家标准所规定的范围。每天应记录稀浆混合料各组分的累计供给量（根据封层机的供料记录），在当天施工结束后计算平均的油石比和混合料用量。

(f) 试验路段

在正式施工前应在施工路面上摊铺试验路段以验证稀浆混合料的稠度、生产配合比、应用率等是否符合实际施工条件，考核机器的操作、施工作业的协调、手工作业的质量等是否符合要求。稀浆封层的料样应送实验室分析，并最终确定生产配合比和稀浆用量的标准。

8.2 微表处技术

在国外,微表处被定义为预防性养护的一种方法,原路面路基路面结构强度充足,仅仅出现表面功能衰减,轻微车辙和不平整时,为了恢复路面服务功能而采取的一种养护方法。微表处被认为是修复道路车辙及其他多种病害最有效、最经济的方法之一,该方法在欧美和澳大利亚已经广泛采用。我国从2000年开始进行微表处技术研究和推广应用,微表处养护技术已在沪嘉高速公路上海段、沪宁高速公路等10多条高速公路的路面养护中得到应用。

微表处作为一种预防性养护方法,可以有效防止路表水下渗,提高路面抗磨耗性和抗滑性,能够对车辙病害起到一定改善作用。微表处施工后1~2h内即可开放交通。在国外,聚合物改性稀浆精细表面处治(PSM)就被认为是改性乳化沥青稀浆封层,在国内,改性乳化沥青稀浆封层也等同于微表处封层。微表处封层是由乳化沥青稀浆封层演变而来的,其组成材料主要有:慢裂快凝高分子聚合物改性乳化沥青、矿粉、完全破碎的集料、水和添加剂。其厚度一般为10~15mm,抗滑阻力和抗耐久性比普通的稀浆封层好并且还具有修复功能,可处治车辙、轻度松散、泛油等多种病害。微表处具体施工措施详见图8-1。

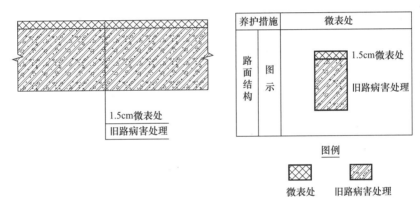

图 8-1 微表处施工工艺图

8.2.1 微表处技术特点

(1) 微表处可以在常温下施工,施工速度较快,可以迅速开放交通,污染小。

(2) 微表处能够提高路面宏观构造深度和摩擦系数,具有良好的抗滑性,改善路面裂缝状况,延长沥青路面使用寿命。

(3) 微表处处治的沥青路面空隙率小、不透水,能够有效防止路表水的下渗,可有效处治路面细小的渗水裂缝。能够填补修复轻度车辙和其他轻微病害,改善沥青路面的外观和平整度。

(4) 微表处沥青混合料含有的聚合物使乳化沥青更具有黏结力,采用的质量较高的集料,使微表处相比普通稀浆封层具有更强的粘结力,可适用于重载交通和交通量大的路面等。

(5) 微表处可以做成很薄的层面,在桥面上和市政道路上也适宜使用,既不会过多增加重量和厚度,也不会影响道路排水系统。

（6）微表处养护成本低。根据有关施工测算,其成本是热拌沥青罩面的 1/4～1/3。

8.2.2 微表处技术工程适用性

微表处作为一种预防性养护方法,是在路面出现了表面功能衰减、轻微车辙和不平整,而路基路面结构强度良好的情况时,为提高路面服务功能而采取的一种措施。它的主要作用是提高路面抗滑能力、改善路面渗水、填补辙等。微表处有一个明确的适用范围,并不能修复所有的病害,所以在采用前应对路况进行分析,不能随意采用。

（1）微表处的使用范围具体包括：

（a）高速公路,一级公路、二级公路的沥青路面车辙修复和沥青路面预防性养护罩面,以及水泥混凝土路面、水泥混凝土桥面、水泥混凝土隧道路面的罩面。

（b）新建或改扩建高速公路,一、二级公路的沥青路面、水泥混凝土桥面的表面磨耗层。

微表处是一种薄层结构,不能提高路面的结构强度,对于过分严重的损害,也不适宜采用。所以在实施前应进行详细的路况调查,确保各指标在使用范围以内。

（2）原路面的结构强度

在使用微表处时,原路面必须有充足的结构强度。如果原路面的结构强度不足,则必须在进行微表处之前采取适当的措施,进行补强。否则在行车作用下,原路面的结构变形会反射到微表处路面,使微表处因为较大的形变而很快出现开裂,甚至发生与原路面剥离。所以,在实施微表处时应做到以下要求：

（a）当原路面的基层和路基的强度不足时,以及路面出现严重网裂、沉陷的情况时,必须进行翻修,重铺沥青面层。

（b）若原路面的强度能够满足要求,没有出现严重的网裂、沉陷、翻浆等,但存在较大的车辙,则必须先铣刨掉沥青面层。

原路面的强度和病害情况对微表处的使用寿命的影响很大。因此,在实施微表处养护前,必须调查原路面的强度,以确保其满足现行行业标准《公路沥青路面养护技术规范》JTG 5142（以下简称《养护规范》的要求）。

（3）原路面的车辙

车辙是我国高速公路上普遍存在的病害,这些车辙大多为流动性车辙和压密型车辙。而微表处混合料能够很好地抵抗行车压密的作用,能够有效修复原路面的压密型、磨耗型等比较稳定的车辙,而失稳型车辙需在稳定后才能采取微表处进行养护。

当车辙深度在 15mm 以下时,不需要事先处理,可以直接进行微表处罩面；当车辙深度在 15～25mm 时,应该采用双层微表处,也可先用微表处对车辙进行填充后,再进行微表处罩面；当车辙深度在 25～40mm 时,应采用多层微表处进行填充；当车辙深度在 40mm 以上时,建议先采用其他方法进行车辙修复,再进行单层微表处。

（4）原路面的裂缝

裂缝也是常见病害之一,当路面的裂缝过大,超过 5mm 时,应对路面裂缝进行处理,否则裂缝会因为温度变化而反复张缩,从而产生反复张拉应力,同时车辆荷载会在裂缝处引起差动位移,裂缝很快反射到上覆的微表处层,引起疲劳开裂,影响微表处的美观和封层效果。

我国处理裂缝主要靠手工灌缝，虽然能够减少和推迟微表处表面出现反射裂缝，但是效果并不好。推荐使用专用的机械设备，对裂缝进行拓宽、加热、灌入改性填缝料，能够有效防止微表处路面反射裂缝的出现。

(5) 拥包、泛油等病害

当原路面存在拥包等隆起型病害时，应在微表处实施前进行处理，否则这些病害将很快反射到微表处表面。

微表处对普通的凹陷型病害都有着很好的填补效果，但对于凸起型病害却作用不大，这是因为微表处只是一个薄层结构，对于下面的向上凸起没有约束作用，并且施工摊铺槽与原路面的接触是刚性的，所以当摊铺槽经过路面上的凸起时，就会被抬高，使原路面的病害重新反映到微表处表面。因此，微表处对原路面的拥包无能为力，原路面的拥包、较严重的不平整应事先处理，达到基本平整后再做微表处。

8.2.3 微表处技术采用的材料

(1) 改性乳化沥青

改性乳化沥青作为微表处的黏结材料，其质量的好坏对封层的影响最为直接和明显。乳化剂和改性剂性能的好坏直接关系到改性乳化沥青的特性。需要通过实验测定乳化沥青的技术指标，综合考虑气候条件、材料供应情况、基质沥青、乳化剂和改性剂的类型和及其剂量等因素，使其配制符合微表处规范要求。

(2) 集料

为了保证提供经久耐磨的抗滑表面，微表处所用集料应选择轧制而成的硬质石料，并且尽量选择含砂当量高的集料。玄武岩作为粗料部分可提供较高的耐磨性能，石灰岩石屑作为细料部分可以降低工程成本，因此，微表处所用矿料需选用较硬的玄武岩和石灰岩石屑搭配。经研究认为粗料与细料的比例为30∶70时，级配曲线接近中值，对应的混合料会有较大构造深度，同时封水效果也好。

(3) 填料

微表处所用填料的作用是调节乳化沥青的破乳速度，拌和用填料是集料级配和化学成分的重要组成部分。

(4) 水

微表处用水应洁净，不含有可溶性盐类和可能引起化学反应的物质和其他污染物。若对于水的来源和性质不清楚时，一定要做实验验证。

8.2.4 微表处施工技术要点

(1) 施工前必须清理原路面，使其不得留有杂物、灰尘等，并保证路面裂缝干燥后方可施工。

(2) 摊铺前需要画线放样，摊铺时必须全程控制和调节各成分的比例，并保证拌和后的混合料具有良好的施工和易性。

(3) 摊铺时要控制摊铺机匀速前行，确保铺筑厚度一致。对起终点和纵向接缝在摊铺后进行人工找平，纵向接缝尽可能设置在车道标线上。混合料在拌和和摊铺时，应该保持浆状均匀，不能出现离析现象。施工时严格控制施工质量，不能出现松散现象，并应采取适当措施对摊铺结束处进行处理。

(4) 施工后，必须将多余的材料清除，清理场地。

(5) 施工完成后必须对路面进行养护，在开放交通前必须保证稀浆封层干燥成型。路面成型前禁止车辆和行人进入。

(6) 接缝的处理。对于横向接缝的处理：在上一车摊铺结束时，摊铺的厚度会变薄，粗颗粒会增多，细颗粒会变少，会表现明显的变化。在下一车摊铺开始之前，用软体皮覆盖在尾部的正常厚度摊铺面上（距离最末端约1m左右），其前端与表观变化处对整齐，要控制施工厚度，正常厚度为由薄逐渐变厚至上车的施工边缘。如果有不平整的地方，需要人工找平。施工人员将软铁皮连同上面的微表处混合料取走，把混合料倒入废料车中。对于纵向接缝的处理：微表处的纵向接缝应是搭接接缝。搭接宽度不宜过大，国际微表处技术指南规定：纵向接缝搭接的宽度不应超过76.2mm，施工控制为80mm。纵向接缝放在车道线上能够最大限度地减少接缝对路表美观的影响，但是对车道线的画线带来困难，所以，施工中设计的微表处路面宽度自行车道外边缘线中心向外延宽15cm。

8.2.5 微表处施工方案

(1) 路况调查

微表处对原路面的技术要求进行微表处施工前，原路面应满足以下要求：

(a) 路面强度指数PSSI评价不得低于良；

(b) 路面状况指数PCI评价宜为优，不得低于良。

(2) 路面预处理

微表处施工前，原路面的病害必须进行修复，修复内容见表8-1。

微表处前原路面病害的处理方法 表8-1

项目	病害类型	分级	处理方法
裂缝类	横裂，不规则裂缝	宽度>5mm	灌缝
		宽度<5mm	可不处理
	纵裂	—	分析成因后选择合适方法
	龟裂	—	分析成因后对面层、基层甚至土基进行挖补
沉陷变形类	车辙	深度<25mm	可不处理
		25mm<深度<40mm	采用微表处方法对车辙填充
		深度>40mm	双层微表处车辙填充按设计要求处理
	沉陷	—	分析成因后选择合适方法处理
突起变形类	拥包、波浪	轻	可不处理
		重	按设计要求处理
松散类	坑槽	轻	可不处理
		重	按设计要求处理
	脱皮、麻面、松散	—	按设计要求处理
其他类	泛油	—	可不处理。表面宏观构造深度丧失的情况下，宜采用双层微表处
	磨光	—	
	冻胀、翻浆	—	按设计要求处理

（3）微表处摊铺的步骤

摊铺的具体操作步骤及工作流程图（图8-2）：

(a) 取料进行试验，检测配合比，并用肉眼观测混合料是否均匀，有无花白现象。

(b) 控制稀浆稠度，合理增减用水量；以1.5～3.0km/h（0.4～0.8m/s）的速度匀速前进，并保证摊铺槽内有足够的混合料提供给螺旋分料器。松铺厚度1.2cm，压实厚度1.0cm。

(c) 缺陷用人工及时找补。

(d) 每车料在末尾段2.0～4.0m范围的混合料由于摊铺槽内料源供给不足，摊铺厚薄不均，需用人工清除，倒入废料车中，以保证摊铺起点。

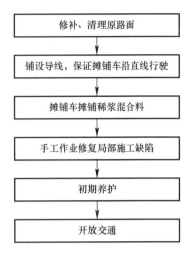

图8-2 微表处施工流程图

（4）质量检测要求（表8-2～表8-4）：

微表处竣工验收表观质量要求　　表8-2

项目	检验频率	质量要求	方法
表观效果	全线连续	表面平整、密实，均匀，无松散，无花白料，无轮迹，无划痕	目测
横向裂缝	每条	对接，平顺	目测
纵向裂缝	全线连续	宽度＜80m	目测或用尺量
		不平整度＜6m	3m直尺
边线	全线连续	任一30m长度范围内的水平波动不得超过±50mm	目测或用尺量

微表处竣工验收抗滑质量要求　　表8-3

公路等级	竣工验收标准		检查频率
	摆值（BPN）	构造深度（mm）	
高速公路、一级公路	≮50	≮0.60	5个点/km
其他公路	≮45	≮0.55	

微表处竣工验收平整度质量要求　　表8-4

平整度改善效果	要求值	检查频率	方法
微表处后的平整度	≮3.0mm	10处/km，各连续10尺	3m直尺
原路面平整度	≮1.5mm	全线连续	平整度仪

注：原路面平整度小于5.0mm（3m直尺）或2.5mm（平整度仪）的不做要求。

8.3 裂缝填封技术

8.3.1 沥青路面裂缝形成机理

（1）路面龟裂裂纹

在沥青被铺设到高速公路表面初期时，其容许拉应力相对比较大，然而随着长时间的使用，其容许拉应力就会随着材料的老化和车辆荷载的碾压而降低，产生网格状龟裂裂缝。一且出现裂缝，雨水或者雪水就会沿着裂缝而进入路面内部结构，进而对内部结构产生破坏。

（2）路面横向裂缝

沥青材料容易受到温度因素的变化影响而产生横向裂缝。当温度比较低时，沥青材料会产生收缩变化，如果收缩变化大于其所能承受的最大抗拉强度，就会导致沥青面层出现开裂。另外，当沥青温度出现反复变化，其内部会产生温度应力，当此应力差较大时，也会导致裂缝的产生。

（3）路面纵向裂缝

路面纵向裂缝产生的原因多是因为路基压实施工方面存在问题或者是过往车辆所产生的荷载大于路面所能承受的最大承载力而导致的。此外如果路面的排水系统功能较差，无法满足路面排水需求，致使路基路面被水侵蚀，也会导致纵向裂缝的出现。

（4）路面反射裂缝

反射裂缝指的是沥青路面基层结构缺陷或者裂缝的作用力传递到了沥青表面。由于沥青路面属于半刚性基层，因此当温度或者环境变化过大时，道路就会产生温差裂缝或者干缩裂缝，随着裂缝的增加，这些裂缝就会逐渐扩大到沥青面层。

8.3.2 裂缝填封作业工程适用性

从不同类型裂缝形成的机理中可看到，并非每种裂缝都适合采用裂缝填封作业。在裂缝诊断的基础上可对裂缝养护维修作业的适用性做出以下评估：

（1）由于在垂直面的纵向或横向不均匀沉降、下层承载能力不足以及冻胀等严重变形病害所导致的裂缝，采用裂缝填封是解决不了问题的。因为形成这些病害的原因发生在沥青面层的下层或基层甚至是路基，不可能依靠路表面的养护措施来解决下层路面的问题，而只能采用铣刨、开挖等方法来修复，因而属于裂缝修理作业的范畴。

（2）对于龟裂类的载荷性裂缝、严重变形引起的车辙带裂缝和推移裂缝，病害是由于混合料疲劳破坏或混合料失稳、层间滑移引起的，同样不适宜采用裂缝填封的方法，而需采用铣刨、翻修、重铺等修理作业。在某些场合，例如交通量较低的道路，沥青路面的裂缝常常是由于结合料老化引起的，对于此类裂缝，如裂缝密度和严重程度都较轻可不做处理，如密度为中等，而严重程度较轻或中等可采用裂缝填封的方法，如裂缝密度较高，而严重程度较轻或中等则适宜采用石屑封层、稀浆封层、薄层罩面等表面处理的方法来处理。对于裂缝边缘的损害较严重、分支裂缝多的场合，则不论密度的高低都只能采用局部修理或路面翻修的处理方法。由此可见，裂缝的填封作业主要适用于在水平面内发生的非载荷性裂缝，包括横向的低温裂缝，横向、纵向、块状的反射裂缝。表8-5对裂缝严重程度的分级标准和处理方法的建议。

裂缝严重程度的等级和处理方法　　　　　　表8-5

裂缝密度	边缘损坏的严重程度（分支裂缝长度/主裂缝长度，%）		
	低（0～25）	中（26～50）	高（51～100）
低	不处理	裂缝填封	裂缝修理
中	裂缝填封	裂缝填封	裂缝修理
高	表面封层处理	表面封层处理	路面翻修

(3) 在非载荷性的裂缝，对于裂缝小于 2mm 的发裂，因为裂缝很浅而不会影响下层路面，通常不需要任何处理。对于缝宽 2~6mm 的活动性微小裂缝，因为他们在冬天会自动闭合，因而一般也认为可不作处理，但裂缝在张开的时期仍会积水而存在加速扩展的风险。对于此类裂缝，当采用普通的热沥青或乳化沥青进行密封时，由于温度变化引起的胀缩，很容易导致重新开裂而失效。但是，近些年来对微小裂缝采用弹性更好的密封材料，进行简单的贴封式的封闭措施已取得了良好的效果，因而可以列入例行性养护作业的范畴。缝宽 6~12.7mm 的小裂缝和 12.7~25mm 的中裂缝最适宜于采用裂缝填封作业，可以单独作为预防性养护作业实施，也可作为其他表面封层类或罩面类预防性养护作业的前置工序进行。裂缝填封作业可分为裂缝密封（Crack Sealing）和裂缝充填（Crack Filling）两大类，两者在目的和功能上是不同的。裂缝密封的目的是为封闭活动性的裂缝，防止水和异物进入裂缝，其功能是在缝宽变化时能依靠自身的黏弹性保持对裂缝的密封性，因而需要采用黏弹性良好的密封材料，它更适合于分支裂缝较少、边缘结实的活动性裂缝的填封作业。裂缝填充的目的是加强相邻缝壁，并做到基本上不透水，其功能是防止裂缝的进一步扩展，它更适合于分支裂缝较多、边缘碎裂的非活动性裂缝的填封作业，并可采用普通的黏结材料。缝宽大于 25mm 的裂缝通常是由于未进行及时处理而导致裂缝扩展形成的，大多带有严重的边缘碎裂和分支裂缝，应属于修理作业的范畴。

8.3.3 沥青路面裂缝修补技术分类

（1）灌缝填封

灌缝填封是最为常用的一种沥青路面裂缝修补技术，以往都是用热沥青或者改性沥青来修补出现裂缝区域的沥青路面，但是因为后续修补所用材料与原材料之间的差异问题，所以所修补的裂缝在经过一定时间后仍会开裂，效果相对较差。如今，随着技术的不断发展，有许多新的灌缝材料和技术被应用到了沥青路面裂缝修补中，比如利用聚氨酯、硅酮类等材料开展密封胶灌缝。

（2）压浆法

纵向裂缝会严重影响高速公路沥青路面路基的稳定性，给过往车辆运行带来严重安全隐患。在当下对于纵向裂缝的处理，通常都会使用压浆法来进行修补。压浆法是利用环氧树脂砂浆先密闭裂缝上部，然后通过注浆管向裂缝内灌入水泥砂浆等材料完成对裂缝的修补，工艺流程可参见图 8-3，沥青路面养护措施裂缝灌缝，详见图 8-4。

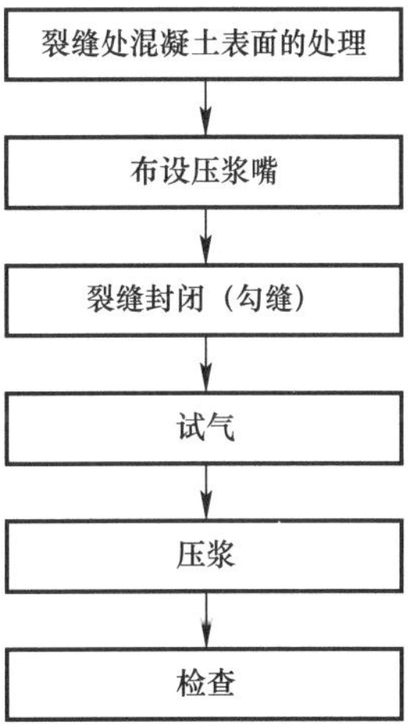

（3）封层、罩面修补法

图 8-3 灌浆工艺流程

封层、罩面修补法多是被应用于对面积较大或者密集程度高的裂缝修补。封层修补法指的是在出现裂缝的路面上重新铺设 5mm 乳化沥青，从而起到修补裂缝的作用。当路面铺设乳化沥青后，乳化沥青就会随着裂缝逐渐向路面内层渗入，当乳化沥青中水分蒸发完成，彻底凝固后，裂缝就会被修复完成。如果裂缝情况比较严重，并且路段行车任务比较大，则可以采用罩面修补法，该方法的原理是在有裂缝的沥青路表面铺设乳化沥青和碎石，然后利用压路机将其压平，从而起到修复裂缝的作用。

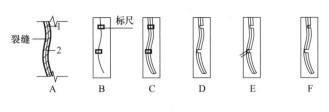

环氧树脂胶液建议配合比

环氧树脂(6101)kg	增塑剂(二丁脂)kg	增塑剂(kg)		硬化剂(kg)	
		二甲苯	或丙酮	乙二胺	二乙烯三胺
100	15~20	30	15	8~10	12~15

注：配合比为重量比

图 8-4 沥青路面养护措施裂缝灌缝

8.3.4 沥青路面裂缝修补施工方案

（1）施工准备

在正式修补裂缝前，需要先根据裂缝开裂情况来制定相应的修补方案和施工计划，并准备施工所需的各种施工材料和施工设备。对需要进行切割的位置进行准确测量和标记，并检查施工所用的开槽机、灌缝机等设备是否存在问题，以免影响后续工程的开展。

（2）开槽施工

根据既定的施工计划和方案来完成开槽尺寸的设置，并调节好开槽机械的开槽深度，然后进行开槽施工。在具体施工中，必须严格根据既定的施工计划来进行开槽。根据既定施工流程，在裂缝灌缝放样后，才可以进行后续施工。

一般而言，开槽施工多是在温度较低的时间段来进行，横向裂缝的开槽宽度和深度通常在1.2~2.0cm，如果按照施工计划不能在裂缝区域开出新面，则可以根据具体情况扩大开槽宽度。此外在进行开槽时，还需要及时清理开槽设备上的附着物，比如废旧沥青、密封胶等，以确保裂缝两侧的切面都是新切面。

（3）清缝

当开槽完成后，需要仔细清理干净槽内的杂物和垃圾。用钢刷来刷洗干净槽内的各种杂物，同时还要利用吹风机等设备来将裂缝两侧的灰尘清理干净，以免影响后续工程的开展。

（4）灌缝施工

当上述工作完成后就可以将密封胶灌入槽内，对于纵向裂缝则不需要进行贴封，只需要是密封胶填充高度和路面高度相一致即可。在进行灌缝时，必须根据环境温度来合理设置预热设备和开槽位置，否则密封胶的黏结性能就会得不到保障。如果外界环境温度超过5℃，虽然可以直接进行施工，不需要预热，但是预热可以促进补缝效果的进一步提高。如果在175~193℃来加热密封胶，则可以使用灌缝机刮平器压力喷头来完成对密封胶的灌压。此外，如果采用标准槽贴封来进行修补，贴封厚度一般为1~3mm，在裂缝两侧的宽度为10~20cm，并且在施工过后槽内两侧通常都会出现贴封带。需要注意的是在进行灌缝时，需要经过2次灌溉，第一次灌注深度为槽身的1/2，第二次才注满槽身，然后还需要再用贴封来进行封贴。

(5) 开放交通

在采用密封胶来对高速公路混凝土路面裂缝进行修补后,为保证裂缝的修补效果,在密封胶冷却凝固后,需要迅速清理干净路面上的各种垃圾和残留物,然后再根据具体凝固情况来确定交通开放时间。虽然在密封胶冷却后,槽体中间区域也会出现部分微小凹陷,但是其并不会影响修补的效果。

8.4 同步碎石封层技术

20世纪80年代起法国率先在应用同步碎石封层技术养护沥青路面,20世纪90年代该技术相继在欧美各国被广泛应用。同步碎石封层是用同步碎石封层车将碎石及黏结材料(改性沥青或改性乳化沥青)铺洒在路面上的一种结构层,形成沥青碎石磨耗层,主要用作路面表面处理。同步碎石封层的最大优点是同步铺洒黏结料和石料,使喷洒到路面上的高温黏结料及时与碎石结合,由于热沥青或乳化沥青流动性好,有利于增加石屑埋入的深度和由于毛细管作用而增加颗粒间黏结剂吸附的高度。同时,较好的流动性有助于黏结剂更好地渗入到原路面的裂缝中达到封水效果。

同步碎石封层实际上就是靠一定厚度的沥青膜黏结的超薄沥青碎石表面处治层,增加路面的抗裂性能、治愈路面龟裂和网裂、减少路面的反射裂缝、提高路面的抗渗水性能,可延长路面使用寿命,并能大大提高原路面的摩擦系数,增加路面的抗滑性能,在一定程度上改善路面的平整度。

8.4.1 同步碎石封层技术特点

同步碎石封层技术可以使碎石颗粒立即与刚喷洒的流动性好的120~140℃的热沥青或乳化沥青相接触,并能较深入地埋入黏结剂内,因此同步碎石封层技术主要有以下几个优点:

(1) 防水性。同步碎石封层属于柔性层,能增加路面抗裂性能、能有效缓解路面龟裂和网裂病害、减少基层反射裂缝,因此可以改善路面的水稳定性。

(2) 附着性和抗滑性。同步碎石封层中的集料直接与轮胎接触,粗糙度较高,增大了路面的摩擦系数,显著提高路面的抗滑性能。

(3) 耐磨性和耐久性。同步碎石封层车同步铺洒沥青和碎石,其中的碎石颗粒以2/3的高度陷入沥青中,增大两者的接触面积,在沥青结合料的毛细吸引力作用下形成一个凹面,碎石与该凹面紧密结合,可防止碎石流失。因此,同步碎石封层具有良好的耐磨性和耐久性。

(4) 经济性。同步碎石封层需要的能耗少。根据测算沥青用量为 $1.5 kg/m^2$ 沥青、碎石用量为 $8\sim12 kg/m^2$,其成本仅为3cm热拌沥青混合料罩面的一半。

(5) 施工操作简单,工期短,1小时后便可完全开放交通,对交通影响较小。

(6) 同步碎石封层的性能(使用年限)价格比明显优于其他的表面处治方法,能够大大降低道路的维修养护成本。

8.4.2 同步碎石封层技术工程适用性

同步碎石封层在我国主要作为预防性养护实施的重要手段,以预防沥青路面早期病害为主，而选择适合的路段是实施同步碎石封层的成功关键。

（1）可直接实施碎石封层的路面。根据我国养护应用经验，经统计分析，一般情况下适合的有以下几种沥青路面：

（a）无严重沉陷、车辙，路面基层强度较好，出现轻微至中等的单条或块状裂缝。

（b）沥青面层表面剥落，或出现表面泛油、抗滑不足，且病害没有向路面纵向深入的路段。

（c）路面出现轻微翻浆现象，但无严重沉陷。

（2）需对原路面进行处治后方可实施同步碎石封层如下：

（a）单条或块状裂缝达到中、重度，但基层没有达到破碎性破坏，而在裂缝周围发生一些轻微病害，可对裂缝进行处理后整体实施同步碎石封层。对裂缝的处理方法一般有开槽灌缝法、小修面积法等。

（b）沥青面层表面剥落加重，或由于面层局部松散导致面层小面积脱壳，周围出现轻微松散或泛油，但基层仍然完好的路段，可对损坏面层进行修复后实施同步碎石封层。损坏面层处理方法为清除面层，重新铺筑。

（c）路面翻浆加重，但面积较小，而周围出现轻微块裂，可对翻浆路段进行处治后实施同步碎石封层。翻浆处治方法为根据病害轻重翻修面层或翻修基层。

（3）不适合采用碎石封层的路面如下：

（a）路面严重沉陷、车辙，路面基层发生结构性破坏的路段。一般只能采用开挖坑塘，清除基层和面层，然后重新铺筑。

（b）路面无严重沉陷、车辙，面层出现小块状龟裂，基层出现破碎性破坏，雨季容易出现严重翻浆的路段。

（c）沥青面层无严重沉陷、车辙，基层强度完好，表面出现轻微块裂，但面层出现横向推移现象的路段。这些路段多位于路线转弯超高地段，多因当地自然条件较差，或面层与基层连接强度不够造成。一般处治方法为设置过渡路段，面层滑移严重，影响行车时重做面层。

根据实际应用，同步碎石封层一次铺筑成型称为"单层同步碎石封层"，而铺筑多层的称为"复合同步碎石封层"。我们一般铺筑的单层同步碎石封层治愈沥青路面早期病害具有很好的效果，单层碎石封层具有以下适用条件，见表8-6。

单层同步碎石封层适用条件　　　　　　　　　　表8-6

道路性能	适用条件	应用效果
车速	车速不低于80km	国省道干线养护使用较好
交通量	中、轻交通	重载交通效果不好
路面强度	优、良	适合应用
公路路况	中等以上	应用较好，差等路不适合
破损状况	平整度尚好，轻微车辙（小于15mm），少量坑洞、麻面、松散	整体基本完好
抗滑性、防水性	路面渗水、抗滑性不足路面	陡坡、急弯和多雨、气温低路段应用效果好

由于碎石平均粒径小于1cm，厚度较小，治愈重度车辙效果不好，故提出同步碎石复合封层，一般为2~3层。

8.4.3 同步碎石封层采用的材料

同步碎石封层使用的原材料包括黏结料和碎石两大类。原材料的选择需要考虑公路的等级、路面的类型、交通流量、气候和材料供应能力等因素。原材料的选择对同步碎石封层的优良性非常重要，决定了同步碎石封层施工质量的好坏。

（1）沥青

同步碎石封层技术原则上对沥青的选择和使用没有特殊的要求。在沥青合适的洒布温度、洒布量的前提条件下，使用普通沥青、重交沥青、乳化沥青和改性沥青都能获得较好的养护效果。但是施工中沥青用量决定了封层质量好坏。沥青用量过小，封层路面可能会出现严重的碎石脱粒；沥青用量大，会出现泛油的现象。因此，施工中需要根据交通量、路面状况、施工季节等进行调整，例如，大交通量的道路沥青用量宜减少5%～10%，秋季施工沥青用量比夏季增加5%左右。

（2）石料

同步碎石封层混合料中的石料主要承受车辆荷载，并关系到路面抗滑质量，所以应选择优质的经反击破碎的石料。并且，其针片状颗粒的含量严格限制在15%以下，要有较好的几何尺寸且不含有杂质和石粉，压碎值不大于14%，严格经过水洗风干。对于石料的酸碱性没有特殊要求。

8.4.4 同步碎石封层施工技术要点

施工前，应对施工路段的路面状况、交通量等进行调查，依据检测数据确定施工方案，主要内容包括施工结构的选择、材料的选用、对车辙和坑槽病害的预处理等，并做好施工机具调配和组织等工作。主要的技术要点如下：

（1）沥青路面同步碎石封层质量和效率的前提和基础是选用技术性能先进的同步碎石封层机并且保持其良好的技术状态。合理的沥青喷洒设备和碎石撒布装置能够精确调节和控制碎石和沥青的撒布量及均匀性，沥青的喷洒和碎石的撒布保持一致。

（2）由于喷嘴高度不同时喷洒后的沥青膜厚度也会不同，所以需要通过调整喷嘴高度使得沥青膜厚度适宜。

（3）使用改性沥青黏结剂时，必须保持沥青温度在160～170℃范围内，以保证雾状喷洒形成均匀、等厚度的沥青膜。

（4）控制同步碎石封层机的速度，使其保持匀速行驶，碎石和沥青的喷撒比例要按设计要求控制。

（5）要严格控制所用集料的粒径范围，保证路面具有良好的抗滑性和平整度，控制针片状石料的含量在15%以内，控制集料压碎值在14%以内，并且需要水洗风干。

（6）严格控制同步碎石封层的施工质量，使其强度和平整度符合规范设计要求。

（7）施工作业前必须清扫原路面，以免尘土和杂物影响沥青的黏结剂作用。

（8）为了保证在热沥青温度降低之前或乳化沥青破乳后能及时完成碾压定位工序，封层作业中要有足够数量的轮胎压路机。

8.4.5 同步碎石封层施工方案

同步碎石封层可大大提高封水效果和防反射裂缝的功能，通过大量使用该技术，总结了较为完整的施工组织方案。

(1) 材料要求

(a) 沥青黏结料：对适用沥青没有特别严格的要求。可以使用不同的沥青结合料，如软化纯沥青、聚合物改性沥青、乳化沥青、聚合物改性乳化沥青、稀释沥青等。改性沥青同步碎石封层的沥青用量为 1.8~2.4kg/m，普通石油沥青同步碎石封层的沥青用量为 1.3~1.8kg/m。结合料的技术指标要求应符合现行行业标准《公路沥青路面施工技术规范》JTGF 40 的要求。

(b) 集料：集料采用粒径为 13.2~19mm 的单粒径石灰岩碎石，它应具有良好的颗粒形状，且洁净、干燥、无风化、无杂质。其用量为满铺面积的 60%，约 10kg/m。

(2) 工艺要求

(a) 在浇洒改性沥青同步碎石封层前，应对已喷洒透层的基层顶面进行检查，有破损地方应进行修补；若有其他污染或杂物应进行冲洗或清扫，当用水冲洗时，应等水分蒸发表面完全干燥后才可进行改性沥青同步碎石封层的施工。

(b) 在施工现场，采用轮式装载机向同步碎石封层车的骨料斗装载 13.2~19mm 单粒径石灰石碎石，用沥青高温罐车中的泵吸取高温改性沥青（175℃左右）到同步碎石封层车沥青储罐内，为防止高温沥青罐车的输油管阀滴漏沥青，应采用铁质容器接受滴漏沥青；将装好料的同步碎石封层车开至施工起点。操作手调整好各个系统的工作参数，然后指挥驾驶员沿预先设置的控制线起步，行驶速度应控制在 5~8km/h；打开各料门控制开关，使沥青喷出，同时撒布均匀碎石。改性沥青（或普通石油沥青）洒布量的参数一旦设定，同步碎石封层车的控制系统就会根据车速自动调节沥青流量，使洒布量控制在设定值，误差控制在 4%~5%。碎石撒布量应根据现场试验检测，通过控制车速确定。

(c) 碾压：在沥青和碎石同步洒布后，进行碾压，采用轻型轮胎压路机稳压一、二遍，控制碾压速度为 5~8km/h，使单粒径碎石嵌入改性沥青之中且牢固。没必要进行过多的碾压。

(d) 养护：同步碎石封层铺筑后，封闭交通，尽可能早进行下面层的施工，下面层的运料车在封层上行驶，车速不得高于 20km/h。

(3) 施工注意事项

(a) 为保证雾状喷洒而形成均匀、等厚度的沥青膜，必须保证改性沥青同步碎石封层洒布温度在 170℃以上。

(b) 施工气温不得低于 15℃，大风、浓雾或雨天不得施工。

(c) 同步碎石封层车应以适宜的速度匀速行驶，在此前提下石料和沥青两者的撒布率必须匹配并通过调喷嘴高度使得沥青膜厚度适宜和均匀。

(d) 沥青和碎石洒布后，应立即进行人工修补或补撒，修补的重点是起点、终点、纵向接缝、过厚、过薄或不平处。

(e) 派专人手拿竹扫帚紧跟同步碎石封层车后边，及时把弹出摊铺宽度（沥青洒布宽度）外的碎石扫到摊铺宽度内，或加工挡板防止碎石弹出摊铺宽度。并将有重叠的个别碎石扫除。

(f) 当同步碎石封层车上任何一种料用完时，应立即关闭所有材料输送的控制开关。

查对材料剩余量，校核拌和准确性。

8.5 罩面技术

作为一项预防性养护技术，薄层罩面就是在原沥青路面上加铺新表面，提高原路面的平整度，减小行车振动、增加道路使用者的行车舒适性；同时，保证一定的粗糙度，提高路面的抗滑性能；对于路面表面原有破坏（如坑洞、辙槽、裂缝等）的治理还能起到一定的补助和改善作用，从而延长路面的使用寿命。

经过摊铺机摊铺和压路机碾压而形成的单层的沥青混凝土面层就是薄层罩面。对薄层罩面的研究，以法国为代表的许多发达国家很早就开始了。法国将薄层罩面定义为BBM，即由沥青（纯沥青或改性沥青）、集料和有机或矿质的添加剂制成的混合料，一般的摊铺厚度为 30～40mm。美国一般取用的厚度为 15～30mm。在我国，其代表厚度为 15～30mm，一般为 20mm 左右，在局部面积上可以铺得较厚。我国的养护规范对薄层罩面的适用范围做出了规定，即在路面辙槽深度小于 10mm、路面平整度较差、路面无结构性破坏的情况下，为了改善路面的服务功能，可以采用薄层罩面；薄层罩面也可作为新建公路的磨耗层。薄层罩面混合料宜选用间断级配、改性沥青或其他添加剂，以提高罩面层的水稳定性。薄层罩面层厚度应根据路面的等级、交通量的大小、道路等级、道路的功能要求等综合确定。选用较薄的罩面层可以重点解决路面的轻微网裂和透水病害，采用较厚的罩面层能够改善路面破损、平整度、抗滑三项路面性能，各类型的罩面厚度不应小于最小施工结构层厚度，如果要解决高等级公路抗滑问题时，罩面层的厚度不得小于 2.5cm。

薄层罩面技术的主要优点：(1) 延长了路面的服务寿命；(2) 能够承受重载交通和高剪应力；(3) 改善了路面平整度；(4) 能铺成需要的厚度、纵坡度和横坡度；(5) 中断交通时间短，对交通影响小。

按照施工方法的不同，薄层罩面可以分为冷薄层罩面和热薄层罩面两大类。冷薄层罩面不需要对材料加热，在常温下就可以施工，施工方便、快捷、中断交通时间短。乳化沥青或改性乳化沥青混合料是目前应用较多的冷薄层罩面工艺技术。而热薄层罩面技术需要对材料进行加热后方可施工。根据级配类型的不同，可将热薄层罩面分为间断级配、密级配和开级配；根据材料的不同，可将热薄层罩面分为普通沥青混凝土薄层罩面（AC系列）、SAC罩面、SMA罩面、超薄橡胶粉改性沥青罩面等。

8.5.1 薄层罩面的工程适用性

具有良好的工程适应性是薄层和超薄层罩面的一项重要优点。在对气候条件的适应方面，在正确选择材料和进行混合料设计的条件下，薄层和超薄层罩面可成功地应用于严寒、炎热、干燥、潮湿等各种气候区域。

在对施工季节的要求方面，为减少混合料的热量损失和保持较高的压实温度，薄层和超薄层罩面适宜在温暖和炎热的季节施工。

在对交通条件的适应性方面，对于高速、大交通量的干线公路和高速公路，在原路面结构强度足够、罩面的设计、施工良好的条件下，作为一种预防性养护措施，薄层和超薄层罩面仍可期望获得延长原路面 5～10 年和 4～7 年的概率寿命。

在对原路面条件的适应性方面，薄层和超薄层罩面在处理原路面病害方面也比其他预防性养护技术留有更大的余地，但作为一种预防性养护的措施，原路面具有足够的结构强度仍然是必须具备的基本条件。薄层和超薄层罩面对原路面病害处理的适用性，见表 8-7。

薄层和超薄层罩面对原路面病害处理的适用性　　　表 8-7

适合于处理的病害	需经预处理后方能实施罩面的病害	不适合处理的病害
• 松散，沥青老化，细料失落； • 表面磨光，抗滑性能衰减； • 缝宽 3mm 以下的微裂缝； • 轻、中度泛油的路面； • 深度 10mm（薄层罩面），6mm（超薄层罩面）以下的轻度车辙； • 轻、中度的路面不平整； • 轻、中度的横向路面不规整	• 深度在表面层内，密度为低、中度的非载荷性裂缝，横向、纵向、块状裂缝、反射裂缝； • 密度低于 20%，深度在表面层内的龟裂，轮迹带局部的纵向裂缝； • 深度小于 25mm 的车辙、拥包、推移； • 在表面层内轻度的坑洞等局部性破损	• 密度大于 20%，中、重度的龟裂和轮迹带的纵向裂缝； • 深度大于 25mm、范围广泛的车辙； • 坑槽、裂缝修补面积大于 20% 的原路面； • 由于基层病害引起的沉陷、坑洞、唧浆、裂缝等病害

8.5.2 冷薄层罩面

冷薄层罩面是指将乳化沥青或者改性乳化沥青和砂石材料在常温条件下均匀拌和、摊铺、压实的一种工艺。其优点主要有：

（1）节省沥青用量。冷薄层罩面使用的阳离子乳化沥青能够与石料有良好的黏附性，沥青用量能够减少 10%～20%。

（2）节约资源。冷薄层罩面混合料在拌和时砂石材料不需要加热，可以节省大量的燃料。

（3）延长施工季节。沥青路面在潮湿的雨季和阴冷的秋冬季节常宜出现病害，在发现病害后可以及时处理不必要等到夏季高温季节再处置，延长了施工时间。

（4）减少污染，保护环境。在常温下拌和和生产乳化沥青混合料，没有烟气和粉尘的排放，对环境不会造成危害。

8.5.3 热薄层罩面

热薄层罩面是在原有的路面上加铺一层厚度不超过 2.5cm 的热拌沥青混合料，是一种很早就采用的传统预防性养护技术。热薄层罩面能有效地防止路面性能正在下降的路面继续恶化，提高路面的平整度，提高路表面的抗滑阻力，校正路面的轮廓，对路面具有一定的补强作用。热薄层罩面按照沥青混凝土面层的厚度可以分为三种：薄沥青混凝土面层（25～30mm），很薄沥青混凝土面层（20～25mm），超薄沥青混凝土面层（15～20mm）。薄层罩面在施工中最大的困难就是由于层面较薄容易冷却不宜使用振动压路机压实，不宜达到较高的密实度。为了解决这一问题，可以使用专为压实薄层路面而设计的高频振动压路机，该压路机振幅很低，只有 0.2mm 左右，但频率高达 70Hz；在材料方面，采用改性沥青作为黏结剂铺筑的薄层罩面，在抗滑性和耐久性方面都明显优于普通沥青。

因此，对于热薄层罩面，需要正确设计混合料、控制温度，以及正确选择压实工艺和压路机。

(1) 热薄层罩面的特点主要有：

(a) 根据需要可以随时调整铺筑厚度、纵坡和横坡并压实成平整、耐久的表面层。

(b) 热薄层罩面处理的路面平整度和抗滑性较好。

(c) 使用性能较好，能够承受重载交通。

(d) 服务寿命长，耐久性好。

(e) 改善了原路面的外观。

热薄层罩面技术被广泛应用在沥青路面的预防性养护和中修养护中，是一种经济实用的沥青路面修补技术，也可用于新建沥青路面表面的抗滑磨耗层。在进行材料选择时，需要重点考虑沥青混合料的热稳定性和不透水性。需要比较各种沥青混合料的技术性能、各自特点及其适用性以确定混合料的类型，设计中必要时需要调整混合料级配，以保证施工质量。

(2) 设计中对罩面结构的主要技术性能要求

(a) 表面抗滑性。表面抗滑性的特征指标是构造深度，提高路面构造深度需要从集料的选择和级配组成设计入手，对石料的技术指标（压碎值、磨光值、磨耗值、针片状含量等）进行严格控制，以提高路面的抗滑性能。

(b) 高温稳定性。其特征指标是动稳定度及永久变形能力。为了提高罩面结构的高温稳定性，拌制高性能的沥青混凝土时应选用优质的改性沥青和矿料。

(c) 抗水损坏能力。罩面结构的水稳定性的评价指标包括黏附性、浸水马歇尔强度比（残留稳定度）等，为了保证结构的水稳定性，必要时可采取一定的抗剥落措施。

(d) 防止泛油。路面的泛油严重影响路面的使用性能，降低路面的抗滑性，并引起路面其他病害的发生，因此在设计和施工时严格控制沥青用量。

(e) 养护方案具有较强的可操作性。制定的方案尽量减少对交通的影响。

(3) 热薄层罩面的主要类型

(a) AC 罩面

热拌密实型沥青混合料 AC 罩面是罩面工程中常用的措施，其结构是典型的悬浮—密实结构，特点是：细集料胶浆含量多并且致密，力学性能表现为马歇尔稳定度较高，密水性好，施工工艺较成熟，工程造价较低，常见的有 AC—13 和 AC—16 两种类型。但缺点是：抵抗高温车辙和早期损坏的能力相对较弱，而且表面光滑易使车辆产生滑移的现象，影响交通安全。尤其是在超重载路段上时，缺点凸显：抗滑性能差，高温稳定性和低温抗裂性能较差，疲劳裂缝和反射裂缝严重，寿命期较短，需要经常养护，从而造成全寿命周期成本大。

(b) SMA 薄层罩面

沥青玛蹄脂碎石混合料简称 SMA，是由沥青、矿粉、纤维稳定剂和少量细集料组成的沥青混合料，用沥青玛蹄脂来填充间断级配的骨架间隙而形成，是最适宜用作罩面的材料。高温情况下，粗集料骨架的 70% 以上承受交通荷载，集料间的相互嵌挤作用可以使沥青混合料产生很好的抵抗车辙的能力，此时玛蹄脂的黏度降低，但是不会影响骨架承载能力，因此具有良好的抗车辙性。低温情况下，抗裂性能主要是由结合料的拉伸性能决定的，SMA中填充空隙的沥青玛蹄脂具有很好的黏结作用。尤其是当采用改性沥青时，其韧性和柔性更佳，混合料的低温抗变形能力明显。SMA作罩面还具有抗滑性能好、耐磨耗、表面构造深度大、水稳定性和耐久性良好、施工时不易离析、便于压实、施工难度低等优点。在交通量大（尤其是重载交通量）、等级高并且使用条件较为恶劣的公路中采用SMA罩面时，能够有效地改善路面的使用性能和延长其使用寿命。但值得注意的是，SMA中沥青用量较多，造价较高，适于处理病害严重的路段。经过设计，在满足薄层罩面厚度的技术要求的情况下，SMA罩面可按摊铺厚度与公称最大粒径的比为3∶1的比例进行摊铺，即公称最大粒径为4.75mm时，SMA罩面摊铺厚度可小于19mm；公称最大粒径为9.5mm时，摊铺厚度可小于32mm。

(c) SAC罩面

多碎石沥青混凝土SAC是指为了改善表面构造深度和高温稳定性，在密级配沥青混合料基础上增加碎石（粗集料）和填料含量、减少细集料含量而形成的间断级配结构。因为SAC结构中碎石含量较多，所以，SAC结构在构造深度、高温稳定性、水稳定性、摩擦系数等方面具有一定的优越性。

SAC罩面用作高等级公路的上面层或抗滑层时，应具有足够的密实性和构造深度，以满足防水和抗滑的要求，其特点是：属间断密实级配，构造深度为0.18～1.12，空隙率为3%～4%，对材料的要求低于SMA，可在满足路用性能的基础上降低工程造价。SAC—10是一种小粒径、多碎石、粗集料间断级配密实型沥青混合料，一般的摊铺厚度为15～25mm，以恢复沥青路面的表面功能，主要作用是构造深度大、恢复抗滑性能、行车噪声小，并且由于厚度薄，造价低；多碎石SAC—16型罩面主要用于解决磨光、泛油等抗滑类的病害和车辙、波浪和拥包等变形类的病害。

(d) 橡胶粉改性沥青混合料罩面

将橡胶粉掺入到用于铺筑路面的沥青材料用中，这种结构在国外有多年的历史，掺入橡胶粉后，大大地改善了沥青路面使用性能，使其具有高温稳定性强、低温抗裂性强、水稳定性好等优点，从而能够延长路面的使用寿命。

a) 在应用橡胶粉改性沥青混合料罩面时，需要考虑橡胶粉的因素有：

① 橡胶粉的粒度。橡胶粉的颗粒越细，就越能增强与沥青的和易性，容易均匀分散，增大与沥青的接触面积，使沥青与橡胶粉相互渗透、融为一体。但是需要考虑经济性，橡胶粉颗粒越细，价格就越高，所以要结合两方面因素选择，适用于沥青改性的粒度一般在30目左右。

② 橡胶粉的性质。橡胶粉可分为普通橡胶粉和脱硫活化胶粉两种。一般首选脱硫活化胶粉，这是因为脱硫活化胶粉能够改善材料的动态疲劳性，提高其拉伸强度。

③ 橡胶粉的品种。常用橡胶粉原材料主要来自鞋底胶粉、胎面胶粉、杂品胶粉等。橡胶含量越高对材料性能的改善越有利，但不同品种的橡胶粉所含橡胶不同，SBS和EPDM（乙丙橡胶）性能较好。因此，选择最佳的橡胶品种前，要针对掺混前后的技术性能做对比试验。

b) 橡胶粉沥青混合料罩面技术与普通沥青具有基本相同的施工工艺，但需要侧重解决以下问题：

① 确定橡胶粉的掺量。掺加的橡胶粉若过多，就会使沥青的黏度增大，造成沥青泵

送困难；掺加的橡胶粉若太少，就起不到橡胶的改性效果。所以，橡胶粉的掺量一般不能超过沥青用量的20%。

② 确定沥青用量。在沥青中掺入橡胶粉，混合料的沥青用量要比普通沥青混合料大一些，沥青用量按式（8-1）确定：

$$Q = q(1+K) + (0.1 \sim 0.4) \tag{8-1}$$

式中：Q——每吨橡胶粉沥青混合料的沥青用量，kg；

q——每吨基质沥青混合料的沥青用量，kg；

K——橡胶粉掺量，%；

$0.1 \sim 0.4$——额外增加的沥青用量，kg，根据橡胶粉掺量及沥青的稠度确定，橡胶粉剂量大、沥青稠时取上限，反之取中限或者下限。

③ 由于罩面施工时，橡胶粉沥青混合料与普通沥青混合料的温度要求不同，所以，应该严格控制施工温度。各项控制温度的指标要比现行的《公路沥青路面施工技术规范》规定的温度高5～10℃。

(e) 高黏薄层

高黏薄层沥青混合料是由普通石油沥青、粗细集料和适量矿粉及专用混合料改性剂所组成的一种新型复合材料，这种复合材料是在沥青混合料拌和设备中加热拌和而成，在热状态采用改性沥青摊铺和压实设备进行摊铺和揉压成型，这种路面厚度为2.0～3.0cm。这种高黏薄层沥青混合料改性剂和XAC—10型矿料级配是我国高速公路养护维修的一项新技术，特点是粗集料多、矿粉多、沥青多、细集料少、厚度薄、模量高、黏度大等。在沥青混合料的拌和过程中添加一定比例的高黏薄层沥青混合料改性剂可直接对沥青混合料的路用性能改善，能有效增强沥青路面的抗车辙性能和耐久性能，同时具有良好的抗磨耗、抗滑和降噪声等路面使用性能。高黏薄层技术还能应用于桥面铺装、隧道路面、薄层罩面等领域，路用性能好，工程需求量大，发展前景广阔。

8.5.4 罩面施工方案

(1) 沥青混合料的摊铺

(a) 在铺筑混合料之前，再次对下层进行检查，应特别注意下层的污染情况，不符合要求的要进行处理，否则不准铺筑沥青混凝土。

(b) 摊铺机在开始受料前在料斗内涂刷少量防止粘料用的隔离剂。

(c) 沥青混合料摊铺厚度是根据设计厚度及桩号、标高与其松铺系数确定。根据每次摊铺宽度和每10m的桩号标高，在摊铺宽度两侧拉钢丝线标出铺筑厚度，以控制和引导摊铺机的摊铺厚度。沥青混合料的松铺系数要根据实验段实测数据确定。

(d) 施工过程中，工人对于部分有缺陷的地方进行人工铲补、刮平沥青混合料面层时，不得反复撒料、刮平。因人工整平而出现粗料离析时要铲除掉，再从摊铺机料斗里铲出均匀的混合料填平。工人整平沥青混合料时不允许站在未碾压的混合料面层上。

(2) 沥青混合料的碾压

在初压阶段，压路机应震动碾压3～4遍；当温度降到140℃左右时，用胶轮压路机进行复压，碾压6～8遍；收迹碾压2～3遍。碾压结束后，当路面温度降至50℃时开放交通。

（3）施工过程的质量检测及控制

在施工阶段，上、下面层的质量检查包括：油石比、矿料级配、稳定度、流值、空隙率、残留稳定度，混合料出厂温度、运到现场温度、摊铺温度、初压温度、碾压完成后的温度，混合料拌和均匀性、面层厚度、平整度、宽度、高程、横坡度、压实度、横向偏位，摊铺的均匀性。以上检查内容、检查频率和质量要求均按国家相关规范检验标准执行。上、下面层压实度采用双控指标，要求马歇尔标准密度的压实度不小于97%，最大理论密度的压实度控制在93%~96%，中面层实测空隙率应在4%~7%范围内，下面层实测空隙率应在8%~12%范围内。面层平整度是路面质量的主要指标，要求连续平整度仪100m标准差的合格标准为：中面层不大于1.2mm、下面层不大于1.5mm。渗水系数应作为常规试验进行检测，应使用改进型渗水仪（着地环状宽度35mm，装有渗水仪开关），由施工单位自检和监理组抽检，可按取芯压实度检验频率随机选点。中面层渗水系数的标准暂定不大于200mL/min，以实测平均值评定，计算的合格率不得小于90%。

8.6 车辙病害成因及处治措施

8.6.1 车辙病害分类

车辙是沥青路面在车辆荷载反复作用下产生竖向永久变形的积累，一般车辙有四种类型：

（1）磨耗型车辙是由于沥青路面结构顶层的材料在车轮磨耗和自然环境作用下形成，如图8-5所示。

（2）压密型车辙是由于压应力超过沥青混合料抗压强度，碾压致密造成的，其主要是过分追求平整度而牺牲压实度导致的如图8-6所示。

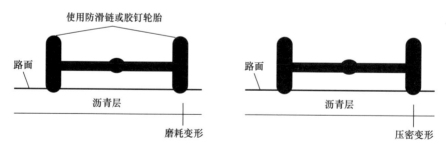

图8-5 磨耗型车辙示意图　　图8-6 压密型车辙示意图

（3）失稳型车辙主要是由沥青材料的剪切流变变形引起，根据失稳的层位不同又分三种，即面层失稳型、基层失稳型和路基失稳型。出现这类车辙的道路特点有：

（a）沥青路面结构设计不合理；

（b）配合比设计不适当，矿料级配偏细或沥青含量偏大；

（c）基层强度偏低或养护不当；

（d）路基压实不当，或路基出现不均匀沉降；

(e) 实际荷载可能超过设计荷载。

面层失稳性型车辙产生的主要原因是沥青混合料高温稳定性不够，基层失稳型车辙产生的主要原因是基层承载力不够或水稳性差，路基失稳型车辙产生的主要原因是路基不均匀沉降，如图 8-7 所示。

结构型车辙是由于行车荷载作用超过路面某结构层的强度，发生在沥青面层以及路基在内的各结构层的永久性变形，这种变形主要是由于路基变形传递到面层而产生。这种车辙的宽度较大，两侧无隆起现象，横断面成 V 字形，如图 8-8 所示。

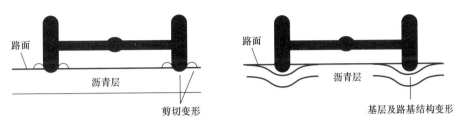

图 8-7　失稳型车辙示意图　　　　　　图 8-8　结构型车辙示意图

8.6.2　车辙成因分析

影响沥青路面产生车辙的原因很多，通过钻芯取样可观察得到，少部分属于结构性破坏车辙，多数病害车辙类型都是由于面层的失稳而发生破坏。通过国内一些专家的研究，综合调查分析得出高速公路车辙产生的主要原因有以下几个方面：

(1) 面层级配不合理

由于受沥青路面施工技术规范的影响，部分高速公路沥青路面面层各合成级配细料偏多，粗料偏少，混合料的内摩擦角较低，形成的骨架为悬浮式结构，集料之间未形成骨架，结果表现为沥青混合料高温稳定性差，抗车辙能力低。

(2) 交通荷载的影响

我国高速公路的交通构成中，重载卡车数量较多，而且行车速度慢。但是在公路设计中没有详细考虑此因素。

(3) 没有考虑纵坡的影响

经调查发现，车辙严重的路段均在陡坡路段。这是因为在长大纵坡下，由于沥青混合料的黏弹性质，车辙的加重不仅要考虑应力和深度加大的因素，还要考虑行车以及应力持续时间长的因素。所以，在长大纵坡下的沥青混凝土材料必须具备较高的抗车辙能力，但实际上没有针对此种情况做特殊的设计。

(4) 温度的影响

在夏季，我国部分省份路面高温可达 70℃，温度升高，车辙现象明显加重。这是因为由于温度升高使得沥青黏性程度急剧下降，其混合料抗压和抗剪能力迅速降低。研究发现：部分省份高速公路沥青路面表层下的 4~9cm 处的中面层温度最高。

(5) 砂石料的影响

通过钻芯取样结果发现，部分省份高速公路路面面层结构中的粗集料满足不了规定的压碎值，而实际工程中发现沥青混合料填料中的矿粉也都不符合规范的要求，并且大量采取回收矿粉作填料使用,这样就导致沥青路面过早地出现松散剥落等病害,从而导致车辙病害。

(6) 沥青的影响

沥青混合料在高温下主要靠矿料骨架尤其是粗集料之间相互嵌挤来抵抗反复压缩及侧向流动,而且沥青混合料还能被结合料牵制产生抗剪切破坏作用,两者相辅相成,共同发挥作用。

8.6.3 车辙病害处治措施

(1) 治理方案

对于车辙深度在5mm以下的不进行处理,直接罩面;对于车辙深度在5~20mm之间的采取将原路面进行找平铣刨的方式予以处理后整平,找平铣刨后清理表面层,处理宽度为4m(单车道)、8m(双车道),铣刨时应与车辙最低处找平;对于车辙深度在20~40mm之间的采取挖除上、中面层,铺筑10cm厚AC-20C型SBS改性沥青混凝土。对于车辙深度大于40mm的路段原则上采取挖除上、中面层,通过现场钻芯,查看下面层是否有变形,对于下面层不存在变形的则采取挖除上、中面层,铺筑10cm厚AC-20C型SBS改性沥青混凝土的方式予以处理,对于下面层存在变形的则采取挖除整个面层,重新铺筑10cm+6cm的AC-20C型SBS改性沥青混凝土的方式予以处理,具体处治方法详见图8-9。

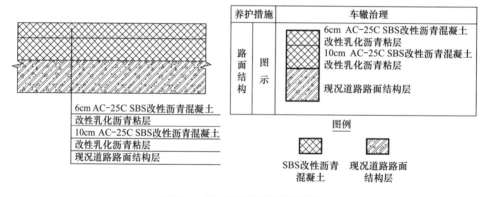

图8-9 沥青路面车辙处治措施

为增强各结构层间黏结,在基层顶面洒布SBS改性乳化沥青黏层油,洒布量为蒸发残留物后1.6kg/m²;在沥青混凝土面层间均匀洒布一层SBR改性乳化沥青黏层油,洒布量为0.6kg/m²左右。个别路段路基发生破坏的,对水泥稳定碎石上基层,以及发生松散等破坏而导致强度降低的二灰稳定碎石下基层采用挖补方式进行治理。基层回补采用ATB-25沥青稳定碎石。

(2) 工艺流程

整个项目工程中车辙治理的施工流程如图8-10所示:

(3) 质量检测

车辙处治的检测标准见表8-8。

8 高速公路沥青路面养护技术

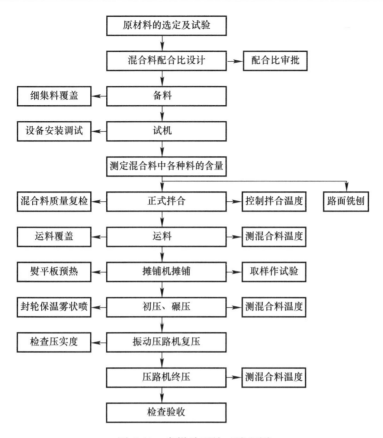

图 8-10 车辙治理施工流程图

车辙治理质量检测标准　　　　　表 8-8

检测项目	规定值或允许偏差	检测	检测值
外观	表面平整、密实，均匀，无松散，无花白料，无轮迹，无划痕	全面观察，目测	符合要求
横向接缝	对接，平顺	目测	符合要求
渗水系数	≤10mL/min	3 个点/km	不渗水
构造深度	≥0.6mm	5 个点/km	0.65
厚度	−10%	3 个点/km	符合要求

8.7 抗滑能力不足成因及处治措施

8.7.1 沥青路面抗滑能力不足成因分析

（1）沥青影响因素分析

路表混合料在高频次的交通荷载及超载作用下经常会出现沥青老化的现象，通过路面检测发现，表观抗滑指标较差的路段，路面沥青同时存在显著老化。根据道路工程所在地的温度气候条件及降雨情况选择合理的沥青标号，在低温寒冷地区选择较高的沥青标号，反之高温炎热地带选用较低沥青标号。并且，需要严格控制沥青用量，沥青用量过大容易出现泛油、夏季沥青膨胀能将集料挤开，出现这些情况都能降低沥青路面的宏观、微观构造，从而降低沥青路面的抗滑性能。

（2）油石比影响因素分析

在沥青路面施工中，胶结料沥青与集料的用量比值被称为油石比，油石比的数值通过试验以及施工经验确定。当胶结料较少时，沥青不足导致集料剥落，在一定程度上影响沥青路用性能，对车辆行驶的稳定性造成影响。当表层的沥青胶结料适当时，对抗滑性能及其耐久性有一定提高。当胶结料过多时，沥青会在矿料间形成一层润滑层，使矿料推移，影响混合料强度，同时过高的油石比会降低轮胎与路面的附着系数。

（3）集料品质影响分析

集料对于沥青混合料的路用性能占有着主导作用，通常情况下，集料的质量占混合料总质量的80%以上，粗集料作为骨架，承担着路面荷载，同时，裸露在表面的粗集料是路面的构造深度重要来源，对沥青路面的抗滑能力有着重要影响，而集料的磨光值是沥青路面微观构造的重要参数，在车辆行进的过程中沥青路面的表面粗糙程度是控制汽车制动的首要的条件，当路面磨光值小于35时，道路交通事故率显著上升，当路面磨光值大于42时则事故发生的情况较少。

（4）污染物影响因素分析

在车辆行驶过程中，砂子、水泥、机油等污染物撒落是不可避免的，极大地影响了路面的抗滑性能。由于砂粒的存在，砂粒在轮胎与路面表层之间形成一个滚动介质，导致摩擦系数降低。当路面的表层构造已经被水泥、机油填充时，橡胶块和路面之间已经没有路面表层构造形成的粗糙的纹理，导致BPN摆值显著降低；路面水膜对路面抗滑能力有衰减性影响，随水膜厚度增加，抗滑性能逐渐减弱，但当水膜厚度达到一定值，抗滑性能会达到稳定状态，抗滑性能也基本会保持不变。

8.7.2 抗滑能力不足处治措施

为保证路面结构具有足够的抗滑性能，可分别从结构层设计、原材料选取、施工工艺与养护技术等方面入手，选用合理的表层混合料进行处治。常见防滑层及特点见表8-9。

常见防滑层及特点　　　　表8-9

抗滑层名称	规定值或允许偏差
AC-13罩面	抗滑性能较差，衰减较为稳定，适用于对抗滑初始能力要求不高的高速公路
AC-16罩面	中等交通与重交通条件下的抗滑性能较好，抗滑衰减变化率较大，抗滑耐久性较差，造价相对低
微表处	中等交通与重交通条件下的抗滑性能较好。造价低廉，施工方便、快捷，但透水差，防水性好，适用于降雨量少的地区
Novachip超薄磨耗层	中等交通与重交通条件下初始抗滑性能相对较好
SMA-13罩面	SMA-13罩面在重交通条件初始抗滑性能高，抗滑衰减变化率稳定。造价相对较高，常用于路面技术要求较高的路段

对抗滑能力不足的路段处置基本有以下处治方案，（1）1cm微表处；（2）2cm超薄磨

耗层。超薄磨耗层的单价为微表处单价的5～10倍；(3) 4cm 热拌沥青罩面（具体施工方法就流程详见，图 8-11 和图 8-12）；(4) 12cm 热拌沥青罩面（具体施工方法就流程详见，图 8-13 和图 8-14）；(5) 16cm 热拌沥青罩面。

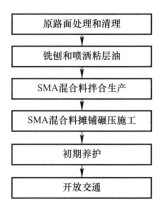

图 8-11 罩面施工流程图

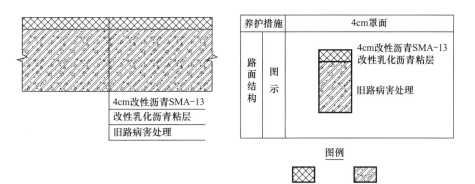

图 8-12 4cm 罩面施工

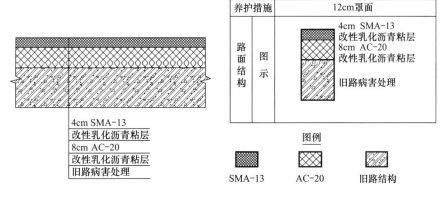

图 8-13 12cm 罩面施工

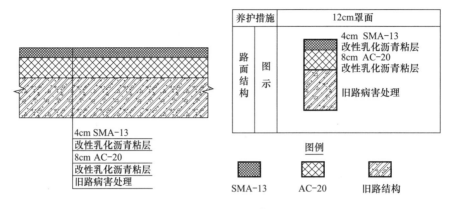

图 8-14 16cm 罩面

8.8 路面翻浆病害成因及处治措施

道路翻浆是一种比较普遍，而且常见的道路病害。在季节性冰冻地区，水文地质条件不良地段，春融解冻期间，道路表面会出现不均匀的起伏、鼓包、龟裂和潮湿斑点，一经车辆通过，会出现像"弹簧"一样的现象；甚至会使"弹簧"路面破裂而挤出泥浆，从而使路基失去承载能力，路面沉陷破坏，这种现象就称为道路翻浆。对道路翻浆现象，必须加以重视，认真对待，及时维修。如果置之不理，任其发展下去，会使路面遭到更严重破坏；不仅会影响交通运输，而且损害车辆机件、耗费燃料、降低车速，同时还会大大增加道路养护维修的成本。

8.8.1 路面翻浆的成因

我国高速公路常见的路面翻浆原因如下：

(1) 水的原因

翻浆过程就是水在路基中转移，变化的过程；地面排水困难，路基填土高度不足，边沟积水或利用边沟作农田灌溉，路基靠近坑塘，地下水位较高的路段，提供的充足的水源是形成翻浆的重要因素。我国南方地区雨量充沛，降雨产生的大量水分聚流到距离路面很近的地方，会产生严重的翻浆。

(2) 土质的影响

路基土质的好坏对道路的翻浆影响也不同，其土质越差，道路翻浆的可能性就越大。例如由粗颗粒的砂砾土填筑的路基，在任何情况下都不容易产生翻浆，因为土壤在冻结过程中，温差作用下，水分的聚流现象极轻微。同时这种土壤具有良好的透水性，排水性能良好；又具有水稳定性，因此，即使路基含水量大，甚至在饱和状态下，仍然具有相当高的强度，能保持稳定。但粉砂土质就容易产生翻浆。因为其温差聚流作用特别严重，毛细水上升高度大；颗粒细，渗水性能差，水分不易排出，水分饱和时甚至能形成流沙、泥浆，另外，黏性土、腐殖土、泥炭土、盐渍土等也都容易产生翻浆。这说明，路基土质如何，对道路能否产生翻浆起着一定作用。

(3) 行车荷载

由于行车作用，车的载重大小，车流量多少，车速快慢，对道路的作用都很大。道路翻浆情况的出现，只有通过行车的作用才会暴露出来，车辆压不到的地方是不会翻浆的。在同样情况下，交通量越大、车辆越重、刹车次数越多，翻浆就越重。因此，在处理翻浆道路时，一要抓住根本原因下决心根治，二是在发现翻浆苗头时，要立即控制车辆通行，并及时采取有效措施加以维修。

(4) 人为因素

设计方面，对远期交通量估计不足，路基设计高度不够，在特殊水文地质地段没有防治翻浆的措施。施工方面，填筑时用大量粉质土，腐殖性黏土等；压实时，土不是处于最佳含水量，路基压实度不够；养护方面，主要是排水不畅，路基含有较多水分，造成路面的翻浆。

8.8.2 预防道路翻浆主要措施

对可能出现的路面翻浆路段应采用预防为主的措施。其基本途径是：防止地面水、地下水或其他水分进入路基上部，可将路基中的水分及时排除或暂时蓄积在透水性好的路面结构层中；改善土基及路面结构；采用综合措施防治。采取各种措施把水排出路基，降低地下水位，使路基土壤保持干燥。其主要做法是扩大边沟，深度在1~1.5m，底宽在1m左右。深挖边沟，可以相对降低地下水位，同时也降低了水的渗透压力，控制了路基土的含水量，保持路基土质处于相对干燥状态。通过及时疏通边沟，保证雨季边沟不存在大量积水使路基土的含水量不能升高或略有升高，也可保持路基土处于相对干燥状态，从而减少翻浆的出现。此外，设置盲沟和及时清除沥青路面积水、积雪等方法，可减少翻浆的出现。其基本的防治措施如下：

(1) 换填土法：采用水稳性、冻融性好，且强度高的粗粒土换填路基上部；换填选料原则：冻胀时路面不致产生有害变形，冻融时床承载力不致下降，换填厚度应控制在最大冻深的70%~100%。

(2) 隔离层法：深度应设在聚冰层以下和地下水以上适当处；隔离层宜高出地表水位25cm，有效厚度一般为20cm。为防淤塞，上下面宜设防淤层。隔离层材料可用碎石、砾石、粗砂、土工布等，上下面宜设3%~4%拱度。采用何种防淤层，应视道路等级而定。不透水隔离层可选3cm厚含沥青8%~10%的沥青土或6%~8%的沥青砂，或沥青油毡、塑膜等。

(3) 隔温层法：设置在路基上部或路面底基层处，以延缓和减小负气温的强度；材料可选择炉渣、矿渣、碎砖，厚度一般为20~50cm。

(4) 降低水位法：在低于现有地下水位的两侧边沟底部位设置管沟或渗沟。

(5) 土工布排水法：将过滤型土工布（也可用塑偏布）直接铺在土基上，上面铺填30~40cm砂砾层。

8.8.3 道路翻浆处治措施

对已出现的翻浆路段，应进行相关的处治措施，如不进行处治，翻浆路段会越来越严重，导致道路破坏更为严重。

(1) 换填材料法

道路翻浆处治一般采用"挖换材料法",即全部挖除路面翻浆路段,后重新换填,并重新加铺基层和面层。只有这样,才能从根本上彻底解除翻浆现象,杜绝该路段再次出现翻浆的可能。其具体步骤为:挖路槽、铺垫层、铺基层、铺面层,如图8-15所示。

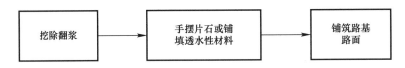

图8-15 换填材料法施工步骤

在施工中应注意以下几点要求:

(a) 挖路槽时,要注意槽壁垂直向下,槽底平整。几何尺寸按上级部门设计要求执行。基底碾压完毕后,基底压实度达到规范要求的压实度,特别是边角附近的压实度。

(b) 土质路堑或遇水崩解软化的风化泥质页岩等类路堑的路床压实度如不符合规范时,应翻松压实或根据土质情况,换填路床强度并满足压实度要求的足够厚度的土质较好的土,并予以压实,然后加强排水措施,如封闭路肩、浆砌边沟等。

(c) 有裂隙水、层间水、潜水层、泉眼等路段,应分别采取切断、拦截、降低等措施,如加深边沟,设置渗沟、渗管、渗井等。

(2) 路面压浆法

公路路基的翻浆是因路基的含水量较大引起的,且多发生在春融季节,因此,压浆宜在夏季雨季来临之前施工。具体施工工艺:选择病害路段—封闭施工作业区—布孔—钻芯—取土—配比—压浆—封堵—养生。

步骤一:选择翻浆严重路段,封闭作业区,施工作业区应严格按照高速公路施工作业区规范摆放。

步骤二:在施工作业区内布置梅花型钻孔,孔距为1m左右,摆放取芯机于布点上方,开机取芯,待钻机下降钻芯,可根据翻浆程度轻重,用洛阳铲掏挖底基层或素土层,一般深度宜为1～3m。清除孔内残留污泥,检查孔径大小(3～5cm)及孔深,符合相关规范要求深度即可。

步骤三:配比水泥与外加剂,加水搅拌成水泥浆,即可进行注浆。在注浆过程中,水泥浆溢出空口,无顶包,鼓包,压力达到1.0～2.0MPa,静压1～5min后,停止注浆。如浆液从其他孔口冒出,可用木塞封堵,静压几分钟后,拔出压浆枪,用水玻璃封堵压浆口。用清水冲洗孔口四周泥浆,养生4～6h。

步骤四:水泥浆凝固后,撤除封闭作业区,开放交通。

注意:压浆过程中,应时刻关注浆液是否从桥孔或空穴处流出。如有,应立即停止压浆,处理好溢孔后,封堵压浆孔。

(3) 碎石桩法

路面压浆法,一般处治较浅层的翻浆效果较好,而对于较深层软基处理则应采用碎石桩法。碎石桩法的施工工艺为:选择病害路段—封闭作业区—布孔—钻芯—钻车取土—清理孔径—倾倒碎石—夯实—封堵—养生。碎石桩法不仅加固了地基强度,而且对翻浆的治理也有十分明显的效果。此项工艺对水灰比有严格的要求,碎石需呈半干半湿状态,需封装成袋，以便运输和使用。碎石桩法大大加强了路基的强度，提高了路面荷载能力。几乎干燥的水泥碎石在夯实后，吸收地下水而凝固，形成强固的"地钉"嵌入路基中，能提高桩直径5～6倍范围路基的强度。在施工过程中，夯实机械的重锤应提升高度距地面1～1.5m左右，每20～30cm夯实一次直至桩顶15～20cm处，用水泥砂浆封堵后，养生6～8h开放交通。

9 桥涵养护维修技术

9.1 桥梁预防性养护具体施工方案

9.1.1 桥梁上部结构的养护

(1) 桥面系的预防性养护

(a) 桥面铺装：桥面应该经常清扫，排除积水，清除泥土、杂物、冰凌和积雪，保持桥面平整清洁。

(b) 排水系统：桥面的泄水管排水槽如有堵塞，应及时疏通，并经常保持畅通。

(c) 人行道、栏杆、护栏、防撞墙：人行道块件应牢固、完整，桥面路缘石应经常保持完好状态。若出现松动、缺损应及时进行修理更换。

(d) 伸缩装置：应经常清除缝内积土、垃圾等杂物，使其发挥正常作用，若有损坏或功能失效应及时修理或更换。

(2) 钢筋混凝土梁桥的养护

钢筋混凝土梁桥预防性养护内容：清除表面污垢；修补混凝土空洞、破损、剥落、表面风化以及裂缝；清除暴露钢筋的锈渍、恢复保护层；处理各种横、纵向构建的开裂、开焊和锈蚀。

根据梁混凝土表面腐蚀等级，确定是否进行混凝土表面涂层。涂层体系按防腐年限可分为：普通型（M）、10 年；长期型（H）、20 年。依据现场腐蚀环境和涂层防腐年限选择合适的混凝土表面涂层体系。

(3) 预应力混凝土梁桥的预防性养护

清除表面污垢；修补混凝土空洞、破损、剥落、表面风化以及裂缝；清除暴露钢筋的锈渍、恢复保护层；处理各种横、纵向构件的开裂、开焊和锈蚀。此外，还应对预应力锚固区的破损及开裂、沿预应力钢束纵向的开裂进行修补。

根据梁混凝土表面腐蚀等级，确定是否进行混凝土表面涂层。涂层体系按防腐年限可分为：普通型（M）、10 年；长期型（H）、20 年。依据现场腐蚀环境和涂层防腐年限选择合适的混凝土表面涂层体系。

(4) 支座的养护

支座各部应保持完整、清洁，每半年至少清洁一次。清除支座的油污、垃圾，防止积水、积雪，保证支座正常工作。

9.1.2 桥梁下部结构的养护

(1) 采取措施保持桥梁墩台基础附近河床的稳定。桥梁上下游各 200m 的范围内（当桥长的1.5倍超过200m时，范围应适当扩大）应做到：

(a) 应适时地进行河床疏浚，每次洪水过后，应及时清理河床上的漂浮物，使河道通畅。

(b) 在桥下树立警告示牌，禁止任何人或单位在上述范围内挖沙、取土、采石、倾倒废弃物，禁止进行爆破作业及其他危及公路桥梁安全的活动。

(c) 不得随意修建对桥梁有害的建筑物，因抢险防汛需要建筑堤坝、压缩或拓宽河床时，应事先报经交通主管部门或公路管理机构同意，并采取相应的防护措施。

(2) 若基础冲刷过深或基底局部掏空，应立即抛填块石、片石、铅丝石笼等进行维护。

(3) 桥下河床铺砌出现局部损坏时应及时维修。若砌块损坏，可补砌或采用混凝土修补。

(4) 对设置的防撞、导航、警示等附属设施应经常检查、维护，保持良好状态。

(5) 根据下部结构混凝土表面腐蚀等级，确定是否进行混凝土表面涂层。涂层体系按防腐年限可分为：普通型（M）、10年；长期型（H）、20年。依据现场腐蚀环境和涂层防腐年限选择合适的混凝土表面涂层体系。

9.1.3 混凝土桥梁结构表面涂层体系

(1) 混凝土腐蚀环境：大气区

按照大气相对湿度和大气污染类型将大气腐蚀环境分为四种类型：弱腐蚀（Ⅰ）、中腐蚀（Ⅱ）、强腐蚀（Ⅲ-1）、强腐蚀（Ⅲ-2），见表9-1。

大气腐蚀环境种类和环境特征　　　　表9-1

腐蚀类型		腐蚀环境	
等级	名称	相对湿度（年平均）（%）	大气污染类型
Ⅰ	弱腐蚀	<60	乡村大气、城市大气或工业大气
		60～75	乡村大气或城市大气
Ⅱ	中腐蚀	>75	乡村大气或城市大气
		60～75	工业大气
Ⅲ-1	强腐蚀	>75	工业大气，特别是酸雨天气
Ⅲ-2	强腐蚀	—	海洋大气，除冰盐或高盐土环境

(2) 混凝土桥梁结构表面涂层体系见《混凝土桥梁结构表面涂层防腐技术条件》JTT 695—2007附录表A.1～表A.4。

9.1.4 混凝土结构表面涂层施工工艺

(1) 表面处理

(a) 采用高压淡水（压力不小于20MPa）、喷砂或手工打磨等方法将混凝土表面的浮灰、浮浆、夹渣、苔藓以及疏松部位清理干净。

(b) 局部受油污污染的混凝土表面，用碱液、洗涤剂或溶剂处理，并用淡水冲洗至中性。

(c) 基层缺陷处理如下：

较小的孔洞和其他表面缺陷在表面处理后涂抹封闭漆,刮涂腻子;较大的蜂窝、孔洞和模板错位处,用无溶剂液体环氧腻子或聚合物水泥砂浆修补;对于混凝土表面存在的裂缝,根据裂缝的宽度选用化学灌浆或树脂胶泥等适宜的方法修补。

(d) 预埋件、钢筋头处理如下:

将预埋件、钢筋头周边的混凝土凿出深度 2cm 的 V 形切口,露出预埋件、钢筋头;用电动切割机切除钢筋头、预埋件,使其低于混凝土表面 2cm;将预埋件、钢筋头表面除锈打磨,处理级别达到《涂覆涂料前钢材表面处理表面清洁度的目视评定》GB/T 8923.1—2011 规定的 St3 级后,预涂环氧富锌底漆;在切除的混凝土表面涂封闭漆或界面剂,用无溶剂环氧腻子或聚合物水泥砂浆填补并打磨平整。

(e) 处理好的混凝土基面应尽快涂覆封闭底漆,停留时间最长不宜超过一周。

(2) 涂装

(a) 涂装环境条件要求

温度为 5~38℃,空气相对湿度为 85% 以下,混凝土表面应干燥清洁。在雨、雾、雪、大风和较大灰尘的条件下,禁止户外施工。表湿区涂装环境条件应按涂料产品说明书规定执行。

(b) 涂装准备

a) 开罐:涂料开罐前要确认其牌号、品种、颜色、批号等,并作记录。

b) 搅拌:涂料使用前应搅拌均匀。双组分涂料在固化剂加入前应首先分别将两个组分搅拌均匀混合后,再搅拌均匀。厚浆涂料应采用机械搅拌方式。

c) 混合熟化:双组分涂料要按规定比例混合,按产品说明书规定放置一定时间进行熟化(预反应)。

d) 调节黏度:根据不同的施工方式以及现场环境条件调节涂料施工黏度。调节黏度应使用与涂料配套的稀释剂或者由厂商指定的稀释剂。稀释剂的最大用量不应超过说明书规定的最大用量。

e) 适用期:双组分涂料混合均匀,经过必要的熟化后,应立即涂装并在涂料的适用期内用完(必要时通过滤网过滤)。

(c) 涂装方法

a) 刷涂:用于难以涂装部位的预涂装和补涂,比如蜂窝、凹角和凸沿等。

b) 辊涂:涂料应具有良好的流平性,辊子的类型和尺寸应与工作面相适应。

c) 喷涂:通常包括低压空气喷涂,无气喷涂,空气辅助型无气喷涂等。采用喷涂施工时涂料黏度、喷涂压力、喷嘴类型、喷嘴与工作面距离以及喷涂扇面等参数应按产品说明书进行验证,以确保施工质量。

d) 刮涂:刮涂用于腻子施工,特别适用于修补表面缺陷。

(d) 涂装工艺

a) 涂装封闭漆

封闭漆黏度应适当,以保证渗透性。涂覆应均匀,不得有露底现象。对蜂窝、边角等不易涂装的部位,用刷涂法进行预先涂装或补涂。

b) 刮涂腻子

涂装完封闭漆后,采用腻子补涂表面缺陷。表面缺陷可能需要多次补涂。对于装饰效果要求较高的部位,需要满刮腻子,并打磨平整后,涂装中间漆。

c) 涂装中间漆

中间漆应采用机械搅拌装置搅拌均匀。涂膜不得有漏涂、裂纹、气泡等缺陷,允许局部少量流挂,涂膜厚度满足要求。

d) 涂装面漆

面漆涂装前,底涂层的局部流挂应打磨平整。涂膜要求平整光滑,色泽均匀一致,不得有漏涂、裂纹、气泡等缺陷,厚度满足要求。同一工作面同一颜色时,应选用相同批号的涂料。

e) 涂装间隔时间要求

涂层之间的重涂间隔参照使用说明书和施工环境温度确定。达到最小涂装间隔时间后进行涂装,并应在上一道涂层的重涂间隔时限内完成。

如果已经超出上一道涂层的最大重涂间隔,应对涂层进行拉毛处理,处理完毕后使用蘸有溶剂的抹布清洁表面粉尘或采用洁净的压缩空气清洁表面粉尘,然后才能进行涂装。

(e) 涂层修补

a) 大面积修补:大面积修补的程序应该按照上述表面处理工艺、涂装工艺进行。

b) 小面积修补:对于小面积修补应按下面的程序进行:干燥修补部位、清洁修补区域,进行除油去灰工作、修补区域表面处理,可采用打磨的方式进行,确保底基层牢固可靠、如果采用腻子进行填补时,应先涂封闭漆,再使用腻子填补,然后在腻子上面涂装后道涂层、对小面积刷涂时,要多施工几道,确保达到规定涂膜厚度。

(f) 涂膜养护

涂装完成后,涂膜需经过规定的养护时间后方可投入使用。养护期间,涂膜没有完全固化,要避免造成涂膜损伤的行为。

涂料实干前,应该避免淋雨或者直接浸水以及接触其他腐蚀介质。表湿区施工的涂料涂装后,可经过短暂的空气固化后浸水。

9.2 桥梁小修具体施工方案

9.2.1 桥梁混凝土表面缺陷维修

对于桥梁结构表面出现蜂窝、麻面、混凝土剥落、掉块、坑槽等轻微缺陷时,应对这些混凝土表面缺陷进行修补,具体方法如下:

(1) 表面处理

利用人工凿除的方法将缺陷周围的松散混凝土予以清除,露出新鲜混凝土,并将混凝土表面清理干净,要求做到无水湿、无污渍及灰尘。

(2) 缺陷修补(图9-1)

(a) 为了使新增部分的混凝土(或砂浆)能与老混凝土良好地结合,在修补之前应首先在待修补混凝土缺陷表面涂一层改性环氧基液,其涂刷厚度以不超过1mm为宜,且应涂刷均匀,涂刷时可采用人工涂刷或喷枪喷射,为了便于涂匀,可在基液中加入少量的丙酮(一般为3%~5%)。对于已涂刷基液的表面应注意防护,严禁杂物、灰尘落入其上。

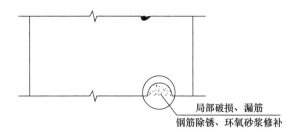

图 9-1　混凝土缺陷修补示意图

(b) 基液涂刷完成后，须间隔一定时间，等基液中的气泡消除后方可涂抹聚合物砂浆或改性环氧混凝土，时间间隔一般为 30～60min。

(c) 当破损面积较小时应采用聚合物砂浆进行修补，为避免修补过程中砂浆流淌或脱落，涂抹时宜分层进行，每层的厚度以 0.5～1.5cm 为宜。

(d) 当破损面积、破损深度很大时应采用聚合物混凝土进行修补，其施工工艺与普通混凝土基本相同。

(3) 改性环氧材料的养护

(a) 改性环氧材料养护期间最重要的是控制好温度，一般养护温度以 15～25℃ 为宜，养护温差不宜超过 5℃。

(b) 养护时间为夏季 2 天，冬季 7 天，在养护期间的前 3 天，不应有水浸泡或其他冲击。

(4) 施工注意事项

(a) 改性环氧材料的配置应尽量做到随配随用。

(b) 改型环氧材料配置时宜采用易于散热的器皿，并不断搅拌，改型环氧材料配置好后不得集中堆放，以免提前固化。

(c) 在温差变化较大的季节涂抹、浇筑和养护改性环氧材料时，必须进行严格的温度控制，以免温度变化对改性环氧材料的施工质量产生不良影响。

(d) 改性环氧材料易于挥发，且存在有害气体，因此施工现场必须注意通风，同时要严格注意防火和劳动保护。

9.2.2　桥梁结构露筋及钢筋锈蚀维修

(1) 凿除结构表面松脆、剥离已损坏的部分混凝土。

(2) 利用人工除锈的方式对锈蚀钢筋进行除锈，对钢筋进行防锈处理。

(3) 清除老混凝土表面上的灰尘以使其保持清洁。

(4) 在损坏的混凝土表面涂上改性环氧胶液等黏结剂。

(5) 利用聚合物砂浆对混凝土缺陷部位进行修补。

(6) 对新喷涂或浇筑的混凝土表面进行表面处理。

9.2.3　桥梁结构裂缝维修

由于裂缝的产生、发展及长期存在，潮湿空气进入结构内部，从而引起结构内部钢筋的锈蚀，最终导致结构的承载能力降低，影响到结构的正常运营，因此，对结构目前存在的裂缝进行相应的处理及控制非常必要。但鉴于裂缝宽度的不同对结构的影响也有所不同，此处共分两种情况对桥梁的裂缝进行灌浆（或封闭）处理，即：当裂缝宽度 <0.15mm 时，其对结构内部钢筋锈蚀的影响较小，故仅对此类裂缝进行表面封闭；当裂缝宽度 ≥0.15mm 时，其对结构内部钢筋锈蚀将产生一定程度的影响，故应对此类裂缝进行表面封闭并进行灌浆处理。

(1) 桥梁结构裂缝的表面封闭修补法

桥梁结构开裂的表面封闭修补，常用的方法有：表面抹灰、表面喷浆等方法。

(a) 表面抹灰

表面抹灰是指用水泥浆、水泥砂浆、环氧基液及环氧砂浆等材料涂抹在混凝土裂缝部位表面的一种修补方法。

(b) 表面喷浆

表面喷浆修补是在经凿毛处理的裂缝表面，喷射一层密实而且强度高的水泥砂浆保护层来封闭裂缝的一种修补方法。

(2) 桥梁结构裂缝的灌浆修补法

桥梁结构裂缝封闭灌浆的工艺流程为：裂缝的检查及标注→清缝及裂缝表面处理→粘贴灌浆嘴及裂缝表面封闭→压力试验→灌注混凝土裂缝修补注浆液→灌注完毕待浆液聚合固化后拆除灌浆嘴→涂混凝土裂缝修补胶封闭，具体施工工艺详见图9-2。

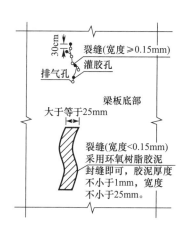

图 9-2 裂缝修复示意图

(a) 裂缝的检查及标注：参照预测年限时桥检报告中对裂缝分布的描述，在现场核实裂缝数量、长度及宽度，并在梁上进行标注，据此进行灌浆材料配量、埋嘴、灌浆等方面的具体计算和安排。对于宽度<0.15mm的裂缝，采用聚合物砂浆封闭法，封闭后要考虑梁体表面的美观，对于宽度≥0.15mm的裂缝，采用灌注混凝土裂缝修补胶液封闭裂缝法，将裂缝修补胶浆液压注入结构物内部裂缝中去，以达到封闭裂缝，恢复并提高结构强度、耐久性和抗渗性的目的，使混凝土构件恢复整体性。

(b) 钻孔：在裂缝表面进行骑缝钻孔，以此作为灌浆导入孔，凡裂缝交叉处应在交叉地方钻孔。

(c) 清孔及裂缝表面处理：所有孔眼必须使用高压空气吹洗干净，使其不让灰渣阻塞，之后沿裂缝从上而下将两边3～4cm范围内的灰尘、浮浆用小锤、手铲、钢刷、砂纸、毛刷依次处理干净，将构件表面整平，凿除突出部分，然后用丙酮擦洗，清除裂缝周围的油渍，清洗时应注意不要将裂缝堵塞。

(d) 粘贴灌浆嘴及裂缝表面封闭：粘贴灌浆嘴底盘的铁锈必须除净，并用丙酮擦洗干净，然后将专用胶泥均匀地涂在底盘周围，厚度1～2mm，与孔眼对准粘贴在裂缝上。灌浆嘴的间距根据缝长及裂缝的宽窄以 3.5～4cm 为宜，一般宽缝可稀，窄缝宜密，每一道裂缝至少须各有一个进浆孔的排气孔。注意，灌浆孔眼必须对中保证导流畅通，灌浆嘴应粘贴牢靠，四周抹成鱼脊状进行封闭。

（e）为使混凝土缝隙完全充满浆液，并保持压力，同时又保证浆液不大量外渗，必须对处理过的裂缝表面（除孔眼及嘴子外）用聚合物水泥砂浆浆液沿裂缝走向从上至下均匀涂刷两遍进行封闭（宽度 6～8cm），并在上面分段紧密贴上一层玻璃丝布（宽度 5～7cm），形成封闭带。

（f）压气试验：封闭带硬化后，需进行压气试验，以检查封闭带是否封严，压缩气体通过灌浆嘴，气压控制在 0.2～0.4MPa，此时，在封闭带上及灌浆嘴周围可涂上肥皂水，如发现通气后封闭带上有泡沫出现，说明该部位漏气，对漏气部位可再次封闭。

（g）灌浆操作：灌浆裂缝采用空气泵压住法，压浆罐与灌浆嘴用聚氯乙烯高压透明管相连接，连接要严密，不能漏气。

（h）在灌浆过程中应注意控制压力，裂缝宽度较大的，如果进浆通畅时，压力宜控制在 0.2MPa，如果裂缝进浆不畅，可把泵压控制在 0.4MPa。

（i）灌注的次序：对于水平裂缝，宜低端逐渐压向高端；对于竖向腹板裂缝由下向上逐渐压注；从一端开始压浆后，另一端的灌浆嘴在排出裂缝内的气体后喷出浆液与压入的浆液浓度相同时，可停止压浆，在保持压力下封堵灌浆嘴。贯通缝如果单面灌后另一面未见出浆，可在另一面压灌一次。对于为贯通腹板缝必须见到邻近嘴子喷浆。

（j）其他工作：对于已灌完的裂缝，待浆液固化后将灌浆嘴一一拆除，并将粘贴灌浆嘴处用专用树脂胶泥抹平，最后对每一道裂缝表面再涂一层聚合物水泥浆，确保封闭严实，并使其颜色与混凝土结构表面尽量保持一致；灌浆工作完毕后，用压浆空气将压浆罐和注浆管中残夜吹净，并用丙酮冲洗管路及工具，以备下次使用。

9.2.4 梁板铰缝浇筑及注浆

对于铰缝局部破损渗水的，采取从板底注浆的方式对铰缝进行修复。

（1）首先将破损位置局部清理干净。

（2）用改性环氧树脂将铰缝底部封闭，并确保封闭位置不跑气，不漏浆。预埋注浆导管并预留排气孔。

（3）灌注水泥浆，正式灌注前应先进行注浆试验，确定合适的水灰比后方可正式注浆。注浆采用低压，最大瞬间压力不超过 0.5MPa。为确保注浆的密实性及结构安全，施工时应反复间歇注浆。

（4）封闭注浆孔和排气孔。

9.2.5 桥面铺装维修

桥梁的技术状况等级达到二类桥时，其桥面铺装层 10% 以内表面有纵横裂缝、浅坑槽、波浪、车辙等病害，此时需要桥梁的管养部门对以上桥面铺装层破损采取相应的技术措施进行小修，常用的桥面铺装小修技术措施如下：

（1）局部修理

所谓局部修理，是修复裂缝，坑槽等面积比较小的损伤部位，以沥青混合料，或只以沥青填埋。补修的沥青混合料,应与原铺装材料类型相同,一般使用热铺沥青混合料。另外,当要求紧急处理时,使用冷铺沥青混合料。就热铺沥青混合料施工法、冷铺沥青混合料施工法,叙述其施工顺序和一般注意事项,见表9-2。

沥青混合料施工法 表9-2

	热铺沥青	冷铺沥青
施工顺序和方法	·切除损伤部位周围的不良部分,对补修外形不好的进行整形(圆洞方补,浅洞深补); ·取出损伤部分中的离散物,认真清扫尘埃; ·潮湿部分,利用燃烧器等加热设备使其干燥; ·铺设沥青粘结层; ·倒入加热的沥青混合料并进行摊铺; ·用压路机碾压; ·在表面撒布石粉或砂; ·表面温度达到手能触摸的程度,即可开放交通	·除掉损伤部位周围的不良部分,非常仔细地清扫灰尘泥土等; ·潮湿部分,利用燃烧器等加热设备使其干燥; ·铺设沥青粘结层; ·倒入常温的沥青混合料并进行摊铺; ·利用压路机碾压; ·在表面撒布石粉或砂
一般注意事项	损伤范围沿四角形切断,垂直于路面切除;将原铺装清除时,注意不要伤及桥面板;沥青黏结层,不仅在桥面板顶面上,而且在坑槽侧面,在各个角隅都要非常仔细地涂敷;沥青黏结料使用沥青乳剂;骨料的最大粒径应符合要求;修饰表面,要与周围的铺装表面平顺地连接,一般应小于5mm	混合料应用利于保存的薄膜袋或容器装好;修饰面要与周围的铺装表面平顺地连接,一般应小于5mm;碾压前以燃烧器稍微加热使其干燥;考虑压实下沉,进行超填;与加热混合料相比较,它的稳定性和耐久性较差

对水泥混凝土桥面铺装的裂缝病害,可采用灌缝方法进行处理,对碎裂、啃边等病害可采用环氧树脂混凝土进行修补。

(2)铺筑封层

铺装的裂缝可使沥青混合料因水和空气等的侵蚀而产生沥青剥离的现象,因而失去黏结力,缩短铺装的使用年限。当为钢桥面板时,则会生锈。为了防止发生这些问题,用铺装焦油等办法将裂缝灌满。

(a)施工顺序和方法:

a)非常仔细地清扫裂缝,除掉灰尘、泥土等。以钢丝刷或竹子等抠出之后,再以大功率吸尘器将这些杂物吸出即可。

b)坡道由高向低方向注入。

c)将从裂缝溢出、冒到铺装面上的注入料刮去。

d)用加热注入料时,在温度下降之后,开放交通。

(b)一般注意事项:

a)注入料的加热温度,依据组成的材料而异,但为使其易于进入裂缝之中,加热到保持其流动程度即可;

b)对于开裂很宽的裂缝,可能有注入一次不够的情况,必须反复充分地注入几次。

(3)桥面铺装层修补

(a)铣刨施工法

铺装铣刨施工的目的,大致可以分为:翻修、罩面、修补桥面铺装层的凸凹不平。铣刨施工的一般方法,以路用加热器加热到规定温度(60~180℃)后,用铣刨机旋转刀铣刨，将废料用装料器或铲车装到卡车上，以人力或动力扫除机清扫之后，就此开放交通，或再作罩面工程，开放交通。

（b）桥面铺装层表面处治及施工方法

表面处治施工法，是在薄封层恢复铺装表面机能之外，为了维持和恢复铺装层抗滑机能的施工法。

（4）铺装层磨光

运用刻槽施工法和用合成树脂使硬质集料黏结铺装层施工法等，在弯道区间、下坡路、合流区间等线形条件较差的地点较为有效。

（a）车辙和松散

在铺装层变形比较小时，采用开级配沥青混凝土、间断密级配沥青混凝土等混合起来的表面处治施工法。为了确保铺装的最小厚度和取得均匀的压实等，要将凸出部分铣刨掉。

（b）裂缝

当裂缝宽度小于 5mm 时，且缝边沥青混合料未脱落，可灌入合适的沥青材料，如 SBS 改性沥青。当裂缝宽度大于 5mm 时，且缝边的沥青混合料松动脱落，则可将一定范围内的沥青铺装层凿除，底面和侧壁涂 $0.3 \sim 0.5 \text{kg/m}^2$ 黏层沥青后，采用与原沥青铺装层相同的级配和材料进行修复，并用小型机械充分压实，缝边采用热烙铁烫密。

9.2.6 桥梁伸缩缝装置维修

在桥梁小修过程中，如伸缩缝出现局部破损、堵塞等病害时，应彻底清除伸缩缝内的尘土、杂物，对伸缩缝装置局部松动部件进行锚固，当伸缩缝内密封层、密封条失效时，对其进行更换，对伸缩缝部分开焊部位进行重新焊接。

9.2.7 支座脱空维修

对于支座部位局部脱空的现象，应采取在支座脱空处加塞楔形钢板的方式处治：
（1）对支座脱空处进行量测后方可进行钢板下料施工；
（2）加塞楔形钢板，填补支座脱空，加塞楔形钢板后应保证钢板和支座完全受力不动。

9.2.8 其他病害维修

在小修的过程中，更换已坏照明灯泡，修复破损的防撞护栏、标识，疏通堵塞的泄水管，更换破坏的泄水管。

9.3 桥梁中修具体施工方案

9.3.1 粘贴钢板加固法

（1）施工准备
（a）认真阅读设计施工图，充分理解设计意图和要求。

(b) 熟悉施工现场和被加强部位混凝土的实际状况,拟定出施工方案和施工计划。

(c) 对所有使用钢板、改性环氧材料、混凝土、机具等做好施工前的准备工作。

(2) 裂缝封闭

首先对裂缝进行封闭(具体可参照"裂缝处理"中的相关工艺要求进行),当封闭裂缝用的改性环氧材料固化完成后,方可进行下一步操作。

(3) 原结构粘钢表面的处理

(a) 在钢板粘贴部位按尺寸放样。

(b) 用高压水射流设备在被粘贴钢板范围内切割深度为 5mm 的槽,并清除表面混凝土的剥落、疏松、蜂窝、腐蚀等劣化混凝土,露出混凝土结构层,严格禁止人工凿除的方式。

(c) 钻制螺栓预留孔。

(4) 粘贴钢板

(a) 按设计要求进行钢板下料,并采用对接焊接的方式对钢板进行焊接连接,焊接刚度不应小于母材强度,且焊缝位置应尽量靠近钢板端部,然后将焊接处的表面焊渣清理干净。

(b) 对粘贴用钢板的粘贴面进行除锈,并涂敷一层改性环氧胶液进行临时防腐。

(c) 将界面胶均匀涂抹于所要粘贴的部位,胶层厚度宜为 1~3mm。

(d) 粘贴钢板,使粘贴界面充分接触,并用木槌轻轻敲击钢板,若发现胶液不饱满,则应取下并重新粘贴。

(e) 钢板粘贴好后立即用化学锚栓进行固定,并适当加压,以使胶液刚从钢板边缘挤出为宜,将钢板与混凝土表面压实。

(5) 钢板防腐

钢板按表 9-3 进行涂装,并按以下工序进行:

钢板防锈涂装体系 表 9-3

项目	涂料名称	道数	道数每道干膜最小厚度(μm)	干膜最小总厚度(μm)
底层	环氧富锌底漆	3	30	90
面层	灰云铁氯化橡胶面漆	4	35	140

(a) 钢板打磨除锈。

(b) 钢板涂刷底漆三道。

(c) 钢板安装。

(d) 安装检查,对安装过程中造成的底漆破损进行补漆。

(e) 钢板涂刷面漆四道。

(6) 质量控制及检验

(a) 粘钢混凝土表面清理干净,呈新混凝土表面,无粉尘、无污物。

(b) 所粘钢板的抹胶表面,必须打磨出金属光泽。

(c) 钢板上抹胶应该两边薄中间厚,并 100% 抹满,对粘贴的混凝土表面凹处抹胶补平,混凝土上钻孔,应灌胶入孔内。

(d) 钢板粘贴好后,立即加压固定,检验时以钢板两边缘有胶溢出为合格。

(e) 在常温 20℃时，固化时间大约 20h，温度越高时间越短。

(f) 粘钢拆模后，检验钢板边缘溢胶色泽，硬化程度，以小锤敲击钢板的有效黏结面积。标准锚固区面积 $S \geq 90\%$，非锚固区 $S \geq 70\%$。

(g) 防腐处理应满涂所粘钢板并将钢板溢出的胶的范围也包括进去。

(7) 施工安全及注意事项

(a) 粘贴面的表面处理是粘贴施工的最关键工序，应严格认真进行。

(b) 施工前应对胶的性能及特点详细了解。

(c) 胶层均匀、饱满。

(d) 固化温度和时间应充分保证。

9.3.2 粘贴碳纤维加固法

(1) 一般要求：粘贴碳纤维布加固应由熟悉施工工艺的专业施工队伍完成，并应精心组织、精心施工。

(2) 施工步骤

(a) 施工准备→混凝土表面处理→底层树脂配置并涂刷→找平材料配置并对不平整处修复处理→浸渍树脂或粘贴树脂的配置并涂刷→粘贴碳纤维布→表面防护。

(b) 施工宜在 5℃以上环境温度条件下进行，并应符合配套树脂的施工使用温度。当环境温度低于 5℃时，应使用适用于低温的配套树脂或采用升温处理措施。

(c) 施工时应考虑环境温度对树脂固化的不利影响。

(d) 在表面处理和粘贴碳纤维布前，应按要求准确定位，具体铺设位置详见图 9-3。

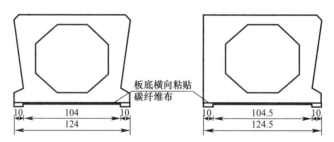

图 9-3　板底横向粘贴纤维布位置示意图

(e) 树脂配置时应按产品使用说明规定的配比称量置于容器中，用搅拌器均匀搅拌至色泽均匀，搅拌用容器内不得有油污及杂质。宜根据现场实际温度决定树脂的每次拌和量，并严格控制使用时间。

(3) 施工准备

(a) 认真阅读设计施工图，充分理解设计意图和要求。

(b) 熟悉施工现场和被加强部位混凝土的实际状况，拟定出施工方案和施工计划。

(c) 对所有使用碳纤维板、配套树脂、机具等做好施工前的准备工作。

(4) 表面处理

(a) 清除被补强范围内表面混凝土的剥落、疏松、蜂窝、腐蚀等劣化混凝土，露出混凝土结构层，并用修复材料将表面修复平整。

(b) 按设计要求对裂缝进行灌封或封闭处理。

（c）被粘贴混凝土表面应打磨平整，除去表层浮浆、油污等杂质，完全露出结构断面。

（d）将混凝土表面清理干净并保持干燥。

（5）胶黏剂配置

（a）预配置包装：在各自容器中搅动混合。将B组分加入A组分，用手持式低速电动搅拌器搅拌三分钟，使其外观均匀一致，尽可能少的代入气泡。

（b）大量包装，非预配置包装：将两组分以正确的比例放入合适的混合容器中，用低速电动搅拌器正确的搅拌。当树脂和固化剂混合即为使用期的开始。混合量越大，使用时间越短。为了在较高温度下，得到更长的使用时间，可将混合的胶粘剂分成几个部分，或是在混合之前降低A、B组分的温度。

（6）找平处理

（a）配置找平材料。

（b）混凝土表面凹陷部位用找平材料填补平整，且不应有棱角。

（c）转角处应用找平材料修复为光滑的圆弧，半径不小于20mm。

（d）待找平材料表面接触干燥时即进行下一步工序施工。

（7）粘贴碳纤维布

（a）按设计要求的尺寸裁剪碳纤维布。

（b）用滚筒刷将底层树脂均匀涂抹于混凝土表面。待树脂表面接触干燥时即进行下一步工序施工。

（c）将碳纤维板用清洁剂清洁后，用抹灰刮刀将胶粘剂涂在其表面，用特制的滚筒沿纤维方向多次滚压，挤除气泡，并使浸渍树脂充分浸透碳纤维布。滚压时不得损伤碳纤维布。

（d）在粘结剂允许的暴露时间内（视温度不同而定），将碳纤维布置于混凝土表面上。用橡皮滚筒将板压到改性环氧胶粘剂中，直到胶粘剂由板两边被挤出。

（e）粘贴碳纤维布时，各层碳纤维布应错开布置，各层错开间距应为5～18cm，且应保证各层碳纤维布的接缝错开。

（f）当胶粘剂固化后，可以清除流出在层压板上的粘结剂的膜，最后，轻轻敲打进行碳纤维布的空鼓检验。

（8）施工安全及注意事项

（a）碳纤维板为导电材料，使用碳纤维板时应尽量远离电器设备和电源。

（b）使用中应避免碳纤维布的弯折。

（c）碳纤维板配套树脂的原料应密封储存，远离火源，避免阳光直接照射。

（d）树脂的配置和使用场所，应保持通风良好。

（e）现场施工人员应根据使用树脂材料采取相应的劳动保护措施。

（f）最好用砖石圆盘锯来切割碳纤维布。

9.3.3 桥梁横向联系维修加固方法

（1）桥面补强层加固法

桥面补强层加固方法就是在满足桥下净空要求的条件下，适当增加桥梁整体化层厚度，并在混凝土桥面铺装层内增设钢筋。

（2）加强横向联系构件加固法

（a）改造铰缝结构加固法

对于三类桥梁中铰缝破损、渗水现象较为严重的桥梁，在中修的过程中，改造铰缝结构的加固方法为首先铣刨桥面铺装，然后清除铰缝内所有破损的残留物，安装铰缝钢筋，浇筑新的铰缝混凝土，但在重浇铰缝混凝土的过程中，应对铰缝侧壁进行凿毛处理，以保证新浇筑混凝土与原主梁结构的粘结。

（b）焊接钢板加固法

焊接钢板加固法就是在破损铰缝底部焊接连接钢板以提高各主梁间的横向联系。采用焊接钢板法时应先在两相邻主梁梁底边角部位粘贴锚固钢板，然后用膨胀螺栓对锚固钢板加压，等钢板与主梁粘结牢固以后，将螺栓外露部分截掉；处理好锚固钢板后，把边间连接钢板与其焊接，并作防锈处理。

（c）增设、加强横隔梁加固法

对于铰缝发生中等破坏的横向铰接的 T 型或工字型桥梁，在中修过程中，对于无横隔梁铰接桥梁增设横隔梁装置，对于横梁布置较少的桥梁采用增加横隔梁数量，或者加大横隔梁截面尺寸的方法，从而加强横向铰接桥梁横向联系能力，提高桥梁承载能力。

（3）横向预应力加固法

此种方法通过在桥梁横断面两侧主梁最外边通过高强螺栓锚固预应力锚具衬板，然后在桥梁横向张拉预应力钢筋，最后喷注高强度复合砂浆，将后施加的横向预应力钢筋与原横向铰接桥梁形成整体，改善横向铰接桥梁荷载横向分布能力，从而增强桥梁承载力。

9.3.4 桥面铺装层翻修

技术状况被评定为三类的桥梁，如若其桥面铺装出现较为严重的破损，影响桥梁的使用性能，甚至影响车辆行驶的安全性，需对此类桥梁的桥面铺装层进行翻修处理（图9-4）。桥面铺装层翻修改造的施工工艺及施工顺序为：

（1）在对原结构桥面铺装进行改造前，应对原桥面标高进行测量，以便新的桥面铺装做好后可以与之进行校验复合。

（2）将原来桥面铺装全部拆除，保留原有护栏及中央分隔带，在桥面拆除过程中，应尽量使凿除后的表面为毛面，以利于新老混凝土的有效结合。

（3）待桥面铺装拆除后，应对桥面及梁端缝隙进行彻底清理，并按设计要求布置泄水管及桥面排水设施。

（4）按设计图纸要求种植钢筋，布置桥面钢筋网及桥面连续钢筋网，并利用扎丝予以绑扎，同时预埋伸缩缝、泄水管等相应设施的预埋件，具体施工设计参考方案详见图9-4。

（5）钢筋网绑扎完成后，对原结构表面进行润湿处理，然后开始浇筑新的桥面整体化层。

（6）带桥面整体化层浇筑完成且混凝土强度达到80%以后，在整体化层表面铺装防水层，最后再浇筑沥青混凝土桥面铺装。

（7）在桥面铺装翻修改造过程中应注意以下事项：

（a）在凿除原桥面结构的过程中，不得损坏原结构主梁，且注意保留相关附属设施

(如伸缩缝预埋筋、泄水管预埋件等)。

（b）在浇筑桥面混凝土时必须充分振捣，保证混凝土振捣密实。

（c）在浇筑桥面铺装前，应注意做好桥面防水处理，具体材料可采用效果好的防水涂料或防水胶。

（d）在铺设防水层时，应严格按照防水材料技术要求施工。

（e）新桥面铺装制作完成后的桥面标高必须与改造前的原结构标高相同。

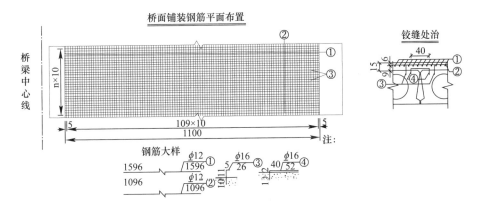

图 9-4 施工设计参考方案

9.3.5 更换伸缩缝装置

在伸缩缝严重损坏、广泛分离和渗漏或混凝土桥面板或桥台台背广泛开裂和碎裂，伸缩缝内被杂物堵塞，伸缩缝装置丧失作用情况下，桥梁中修建议用新的伸缩缝进行整体替换。伸缩缝更换主要施工工艺：确定伸缩缝中线、边线→开缝清槽→安装调平伸缩缝→浇筑混凝土→养护开放交通，具体步骤，见图 9-5。

（1）放线开槽：安排车辆就位、找缝、放线、卸设备、材料，找到真缝后放线开槽，宽度可视现场具体情况做适当调整。

（2）拆除旧缝保护带：用小型破碎机、风镐及气割设备将原缝两侧保护带及钢轨、预埋钢筋清除干净，深度凿至不小于12cm，如果基层有松散部分，则凿至坚实处。凿除保护带时注意梁端钢筋保护，以免凿穿。深度以路面下方12cm。如果凿不动，则用破碎机进行破碎；拆除原钢轨缝时应考虑原伸缩缝两侧路面是否完好，若有局部破损情况可适当放宽开槽宽度，以保证伸缩缝两侧对称顺直。

（3）槽内清理：凿除原缝后检查基层混凝土是否牢固，如有松动必须将松动部分凿除，必要时应对破损严重部位进行加筋处理。同时用空压机吹净尘土后用水清洗槽口。

（4）钢轨就位焊接：用吊车（或叉车）将钢轨按照准确位置进行吊装就位找平加固。两侧锚板内各穿两根横筋，在与锚板交接处进行焊接。焊接好的钢轨上表面必须平整顺直，两侧的锚固板焊接牢固。

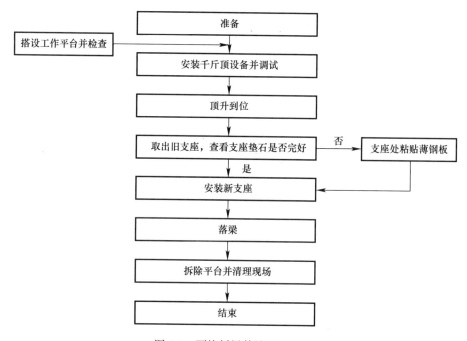

图 9-5　更换桥梁伸缩缝流程图

（5）二次清槽：钢轨架设固定好之后进行二次清槽，将焊屑及杂物用空压机吹干净，钢轨下方不实之处再次用苯板塞实。洒水湿润槽内四壁。粘贴胶带，沿缝两侧边缘及钢轨两侧边缘粘贴顺直。

（6）混凝土浇筑：清理槽内杂物，粘贴胶带，浇注混浇土进行养生。混凝土要严格按照要求进行混凝土的配比，并搅拌均匀。拌和好的混凝土入槽必须振捣密实，抹面必须平整，靠近钢轨及路面边缘必须连接平顺。混凝土浇筑完成 2~3h 后，恢复交通。

桥面伸缩缝的修补或更换工作大都不中断交通。因此，通常可考虑采用限制车辆通行，半幅施工，半幅通行车辆；或白天使用盖板，夜间施工时禁止通行。总之，施工应要注意抓紧时间，尽量缩短施工工期，保证修补质量。

9.3.6　桥梁支座维修加固

支座有缺陷或发生故障，不能发挥其应有的功能时，需对支座进行维修和更换。当主梁支点承压不均匀时，应进行调整，调整时可采用千斤顶把梁上部顶起，然后移动调整支座位置，在矫正支座位置以后，降落上部构造时，为避免桥孔结构倾斜，应徐徐下落，并注意千斤顶的工作状态是否正常，同时调整顶升用木框架的楔子，以保证上部结构能恢复原位；支座翘起、扭曲、较大变形、断裂时应予以更换或补充，焊缝开裂应予以维修加固，支座更换采用顶升法施工；如果抬高支座时可采用捣筑砂浆垫层、加入钢板垫层或预制钢筋混凝土块的办法。

(1) 桥梁支座更换

(a) 更换支座施工工艺

改造支座之前应仔细核查桥梁支座类型；改造支座是根据实际情况可单跨单侧支座进行更换，也可单跨两侧同时进行更换，但必须保证同跨同侧同时顶升。施工时应查找桥梁原始记录，保证千斤顶顶升吨位需大于两倍的梁体重量。具体施工步骤如下：

a) 千斤顶及油泵校验

为了满足顶升同步的要求，千斤顶宜采用统一的型号。为了保证顶升时梁体受力均匀，在千斤顶底下垫 300mm×300mm×20mm 钢板，顶面垫 250mm×250mm×20mm 的钢板，千斤顶必须支顶在腹板上，千斤顶安放必须平稳。所有千斤顶及油泵进场前均应进行标定。千斤顶使用方法与注意事项如表 9-4 所示：

千斤顶使用方法与注意事项 表 9-4

	千斤顶使用方法与注意事项
1	使用前计算起重量、选择合适吨位的千斤顶
2	在额定工作压力范围内，若了解千斤顶的实际负荷，需要核定手动油泵出油处接上压力表的表座，由压力表指示的最大工作压力，根据最大工作压力、油缸面积，可知推动最大重物的重量
3	确定起重物的重心，合理选择千斤顶的着力点，同时必须考虑到地面软硬程度，是否要衬垫坚硬的木材，避免起重时有倾倒之危险
4	千斤顶将重物顶起后，应及时用支撑物将重物支撑牢固，禁止将千斤顶作为支撑物使用。如要将数台千斤顶同时使用，应使用多顶分配阀，并考虑负载的均匀性，以免产生倾覆
5	因扁千斤顶起重行程较小，梁体顶升时应严格控制行程，不得超过额定行程，以免损坏千斤顶
6	使用过程中应避免千斤顶剧烈震动，并根据使用情况定期检查

b) 设观测标志

顶升前在桥面上设观测标志。其中每孔设四个（纵向两个、横向两个），顶升时由专业技术人员对梁顶面进行测量，以便准确反映梁体顶升时竖向位移量。设置观测标志的原则是均匀对称。

c) 准备工作

梁体在顶升时应详细测量墩台处梁底及墩台冒顶面标高，以便精确确定顶升高度。不能轻率行事，以免改变梁体线形，对梁体受力产生不利影响。

梁体顶升前在墩台顶设限位装置，以防梁体在顶升过程中横向平移。

另外，顶升前应对各方面进行检查。检查设备是否完好，检查人员是否到位，检查通信器材是否良好，检查计算数据是否正确，必须对所有操作人员进行技术交底，确保施工安全。对每片梁体在固定位置做一标记，在顶升时用钢尺测量并填写好施工记录，以便控制顶升高度。

在正式顶升前，应进行试顶：

千斤顶安装完毕，待临时承重层稳定后，即可开始试顶；试顶主要是为了消除支撑本身的非弹性变形和沉降，在主梁还没有正式顶起时即可停止，并停放一小时进行观察无任何变化后才能开始整体顶升。

d) 顶升

千斤顶放置在支点位置，由专人指挥，统一发令，每次顶升高度为 2mm。顶升过程中要设置临时支点。千斤顶由油泵控制，每台油泵控制多台千斤顶，每个千斤顶要由专人负责，随时测量，保证每个千斤顶处的顶升高度基本保持一致，误差不能超过 0.5m。

试顶完成后，在专业人员的统一指挥下所有千斤顶慢慢用力整体顶起梁体使其离开原支座，顶升高度以能顺利取出原桥支座为宜，停止顶升后应立即在上、下横梁下方增设若干个钢筋混凝土预制块形成临时固定点，以增加接触点和面积，提高顶升系统的稳定性，确保桥梁整体安全。

顶升时以竖向位移和千斤顶油压表读数进行双控。竖向位移用桥面上设置的观测标志确定，要求竖向位移差基本保持一致。竖向位移观测人员要随时与油泵操作人员保持密切联系，指导操作人员进行操作。同时，各油泵操作人员通过油压表读数随时进行调整。顶升时各油压表读数与理论计算误差值不超过±1MPa。在顶升过程中如发现异常情况，要立即停止顶升，查明原因处理后方可继续顶升。顶升时一定要缓慢同步，且一边顶升一边支垫，以防发生突发事件。

e）空心板桥脱落支座处理

当梁体脱落支座时，及时凿断原橡胶支座与墩台帽顶面及梁体的连接件，清理盖梁垃圾，如果台帽、盖梁存在其他病害，此时应立即进行相应的规范处治。

台帽、盖梁处治完成后，即可去除原有支座，支座下方用高标号聚合物砂浆找平，精确计算出需增加的高度，用合适厚度的钢板来调节，调节施工完毕，重新安装合格支座，支座位置一定要准确，并使支座上下表面与盖梁及底板充分接触。

f）落梁

支座更换完成后，千斤顶顶起主梁；逐步撤除钢垫板，同时缓慢回落梁板至更换好的支座，详细检查垫石及支座，确定压紧密贴、位置正确后，撤除顶升系统。

若梁底至墩台顶面的高度适当时，可采用扁形分离式油压千斤顶，可直接放置在盖梁上操作；此种操作需直接从厂家加工购置配套设备；若梁底至墩台顶面高度不满足顶升需求时，可在桥下搭设脚手架，但要严格计算脚手架承载力后方可在其上施工，施工前应对脚手架预压。

（b）施工注意事项

a）为了减小对交通的影响，应尽可能在保证行车的情况下进行整体顶升更换支座，但应对行车速度适当限制，更换支座时，车辆应平稳、缓慢通过桥梁。

b）整体更换支座施工方案，要通过准确的分析和计算，配备足够的机械设备和劳动力；同时，在顶起和落架时间内，要有专业人员统一指挥，确保所有被顶的梁体同步上升，同步下降；并临时封闭交通。

c）要认真做好测量、观察记录工作。要准确计算出原支座和现支座的高度差，以指导施工，确保梁体、桥面系支座更换前后的标高不变。

d）支座的质量检验及安装是保证支座正常使用的关键。支座安装前应进行检验，施工时应根据不同的支座类型按照相关要求进行安装。

（2）支座钢板防腐

对支座上、下钢板采用人工钢刷除锈，并对钢板采取防腐处理，防腐具体工艺参考前述粘贴钢板防腐要求。

9.4 桥梁大修具体施工方案

9.4.1 更换主梁主要施工工艺

(1) 桥梁附属设施拆除

桥梁附属设施包括桥面铺装、栏杆等设施。采用人工拆除方法将栏杆等拆除并运到指定位置。对桥面铺装可采用小型破碎机进行桥面破碎,遇到钢筋时可采用氧割方法进行切除,同时采用车辆将破碎桥面运到指定地点存放。

(2) 梁部拆除

梁部拆除可采用汽吊进行拆除,桥面铺装拆除完成后对需要更换梁片的两侧铰缝进行凿除,梁板部分的铰接部分全部凿除使梁板完全分离,吊装时注意四角平稳,防止发生安全问题。

(3) 梁部破碎

按照现场实际施工情况,采取相应运输工具将梁板运至固定场地进行破碎,破碎可采用破碎机或者重锤进行夯碎。

(4) 梁片吊装

(a) 吊装前复核支座垫石顶面高程,要求支座垫石顶面平整,标高正确,有违规误差应及时进行处理。

(b) 安装橡胶支座:在支座垫石上按设计图标出支座位置中心线,同时在支座上也标出十字交叉中心线。将支座安放在垫石上,确保支座准确就位。

(c) 吊装梁片:正常施工前应进行试吊,将梁板吊离地面 10cm,停机检查制动器灵敏性和可靠性以及吊绳捆扎的牢固程度,确认情况正常后,方可继续工作。

(d) 起升或降下梁板时,速度要均匀、平稳,保持机身的稳定,防止重心倾斜,严禁起吊的梁板自由下落。

(e) 梁板安放时,梁板就位准确且与橡胶支座密贴,若就位不准或支座与调平钢板不密贴时,须吊起,采取措施垫钢板促使支座与调平钢板密贴。

(f) 调整支座:支座安装后若发现个别支座脱空或发生较大剪切变形、支座偏压严重造成局部受压等现象,应及时调整。调整的方法为:用千斤顶顶起梁板端,在支座上下表面铺涂一层环氧砂浆或合适厚度的薄钢板。然后再次落梁,使支座上下表面相互平行且同梁板底、台帽顶面全部密贴,同时使一片梁两端的支座处在同一平面内。

(5) 铰缝施工

铰缝钢筋沿梁板方向布置完毕后,与空心板 N9 钢筋绑扎在一起,钢筋间距一般为 20cm。浇筑铰缝混凝土前,必须清除结合面上的浮皮尘土,并用水冲洗干净,用 M12.5 级水泥砂浆填塞底缝,待其强度达到设计强度的 50% 时,方可浇筑其上混凝土,并振捣密实。

(6) 桥面铺装

(a) 清除桥面杂物,凿除桥面浮浆层,用清水冲洗干净后,放线并绑扎桥面钢筋网,桥面铺装按每孔桥左右幅分别浇筑。

(b) 桥面混凝土采用商品混凝土，用运输车从桥台上桥运至施工现场，用吊车吊料斗浇注。浇筑完成后使用塑料薄膜覆盖并洒水养护。

(7) 伸缩缝安装

(a) 在伸缩缝预留槽内划出伸缩缝定位线（顺缝向和垂直缝向）和标高。

(b) 为保证伸缩缝与其两侧的路面平整，在摊铺桥面混凝土前，先将伸缩缝预留槽用砂子填平上面抹水泥砂浆，使其与桥面铺装砼在同一平面上，然后再进行桥面的施工。

(c) 要将梁缝和预留槽内杂物清除干净，并将槽内砼表面凿毛。在切缝时注意不要破坏边角，否则要扩大切缝的宽度。

(d) 安装伸缩缝前，检查梁体预埋筋是否符合要求，否则要予以调整，直至满足规范要求。然后用泡沫板填塞梁缝，防止砼进入缝内。

(e) 伸缩缝装置要整体安装，用门架和倒链将伸缩缝装置放入槽内，然后沿伸缩缝纵向每 2m 放一平直的小槽钢，使槽钢置于预留槽两边的桥面上，作为初调伸缩缝装置与桥面的平整度，同时调整伸缩缝装置的轴线与梁缝的轴线重合，然后用短钢筋将伸缩缝装置上的钢筋和槽钢点焊固定。

(f) 焊接加固和平整度检查合格后，用泡沫板填塞伸缩缝装置的缝隙，防止振动棒破坏泡沫板出现漏浆而使混凝土塞住缝隙，然后用高压风和水将槽内杂物冲洗干净。

(g) 锚固区混凝土采用商品混凝土，混凝土用搅拌运输车运送到工地浇筑，振捣时要特别注意边角和钢筋密集处防止漏震。浇筑混凝土前用塑料布铺设在缝的两边，以防污染两侧的路面。

(h) 混凝土浇筑从一端向另一端连续进行，已浇筑完毕的混凝土要随时用刮板刮平并用木抹揉浆粗找平，待混凝土表面略显干燥时（初凝前），再次用刮板刮平，并用竹扫帚拉毛处理。

9.4.2 单板受力桥梁维修主要施工工艺

(1) 主梁梁底加固。对发生单板受力病害桥梁梁板一般采用粘贴钢板方式进行梁底加固。具体施工步骤如下：

(a) 原结构粘钢表面的处理

a) 在钢板粘贴部位按尺寸放样；

b) 用高压水射流设备在被粘贴钢板范围内切割深度为 5mm 的槽，并清除表面混凝土的剥落、疏松、蜂窝、腐蚀等劣化混凝土，露出混凝土结构层，严格禁止人工凿除的方式；

c) 钻制螺栓预留孔。

(b) 粘贴钢板

a) 按设计要求进行钢板下料，并采用对接焊接的方式对钢板进行焊接连接，焊接刚度不应小于母材强度，且焊缝位置应尽量靠近钢板端部，然后将焊接处的表面焊渣清理干净。

b) 对粘贴用钢板的粘贴面进行除锈，并涂覆一层改性环氧胶液进行临时防腐。

c) 将界面胶均匀涂抹于所要粘贴的部位，胶层厚度宜为 1~3mm。

d) 粘贴钢板，使粘贴界面充分接触，并用木槌轻轻敲击钢板，若发现胶液不饱满，则应取下并重新粘贴。

e）钢板粘贴好后立即用化学锚栓进行固定，并适当加压，以使胶液刚从钢板边缘挤出为宜，将钢板与混凝土表面压实。

（c）钢板防腐：钢板打磨除锈、钢板涂刷底漆三道、钢板安装、安装检查，对安装过程中造成的底漆破损进行补漆、钢板涂刷面漆四道。

（2）铰缝处理。对于单板受力病害桥梁，再进行梁板加固之后还需对铰缝进行相应处理，一般铰缝处理需结合桥面铺装共同进行，具体施工步骤如下：

（a）切缝。沿铰缝裂缝纵向或者需要设置传力杆的位置切一条宽度为10cm，深度为12cm的深槽。

（b）槽缝混凝土表面处理。

a）凿毛。凿掉原表层混凝土露出新鲜混凝土粗料，深度在5~10mm之间，形成平整粗糙面，且凿毛率要大于70%。

b）槽缝清理。清理铰缝中混凝土碎屑及施工产生的油污、积水等。

（c）传力杆绑扎

a）一般采用粗钢筋或短钢板作为传力杆。传力杆绑扎之前对上面的油污、锈迹进行处理；

b）铰缝的两侧原有交叉钢筋与传力杆紧密绑扎连接，使其外形和位置达到设计图纸的要求。真正起到交接的作用。

（d）灌缝浇筑：混凝土终凝齐前，要反复抹压，防止表面出现沉缩裂缝。由于自密实微膨胀混凝土不泌水，凝结时间较短，所以抹面和修整时间可以提早，不宜过晚。

（e）混凝土养护

膨胀混凝土养护的特点是只有充分湿养护才能发挥膨胀效能，因此浇筑后可采用土工布覆盖，并迅速洒水养护。

（3）桥面铺装处理

（a）铣刨桥面铺装。凿除水泥混凝土铺装及铰缝的松散结构并对铣刨后桥面进行清理，清除表面混凝土碎屑及油污。

（b）主梁顶面钻孔。主梁顶面每隔一段距离钻一个竖向钢筋孔。用黏合剂植入一定长度的竖向短钢筋，该钢筋须伸入铺装层，能与桥面铺装钢筋网绑扎在一起。

（c）绑扎钢筋。铰缝处可增加横向传力钢筋，传力钢筋直径较绑带法可细些，但应适当增加密度。传力钢筋不仅能传递剪力，还可作为拉杆阻止裂缝张开，减弱裂缝断裂面的相对滑移，从而达到阻止或延缓铰缝失效的作用。另外按照图纸要求重新绑扎桥面钢筋网，并将钢筋网与竖向短钢筋交互搭接，使桥面铺装与主梁联为一体，以加强铰缝横向传力。

（d）重新浇筑桥面混凝土。重新浇筑的铺装混凝土标号可适当提高，浇筑完成后及时洒水养护。

9.5 水下桩基础和桥墩的养护方案

水下桩基础和桥墩常见病害有三类：（1）桩基缩径，钢筋笼外露及掏空；（2）桩基外包黄泥或杂物；（3）钢筋外露、空筋等。建议对桥梁水下结构进行专项检测，主要检查桥梁基础水下部分混凝土表面脱落、蜂窝、露筋、盐析、裂缝、淘空及河床冲刷情况以及对承台、桩基病害较严重部位进行水下录像等，根据实际病害情况采取相对应的养护措施。本文提出了4种加固方案，即植筋并外包混凝土加固法、钢吊箱围堰加固法、钢板桩或钢管桩围堰加固法以及纤维网格加固法，可供参考。

9.5.1 植筋并外包混凝土加固法

（1）其原理为通过水下植筋连接原桩基础与新增大截面钢筋笼，以实现水下施工增大截面加固桩基础或桥墩，提高桩基础或桥墩混凝土耐久性，同时也将混凝土护筒下端桩基础或桥墩受损部位予以修复。

（2）由潜水员在水中清理桩基础或桥墩表面水生物及劣化混凝土后，采用水下植筋工艺在原桩基础或桥墩表面打孔、植筋。植筋直径不小于10mm，钻孔深度不小于10cm，孔径大于植筋直接4~6mm。水下绑扎钢筋笼，通过植筋将外围钢筋笼与原桩基础或桥墩连接锚固。钢筋笼施工完成后水下进行钢模板的施工，模板采用钢套管模板，在加工厂制作成两个半圆形，采用法兰连接，在水下由潜水员进行连接锚固。钢模板安装完成后，在原桩基础或桥墩周围布置导管进行增大截面混凝土浇筑，在原桩基础或桥墩外增大截面厚度根据现场实际情况及承载力要求确定，一般不小于10cm，水下混凝土浇筑施工需不间断、连续进行，直至整根桩基础浇注施工完成，如图9-6和图9-7所示。

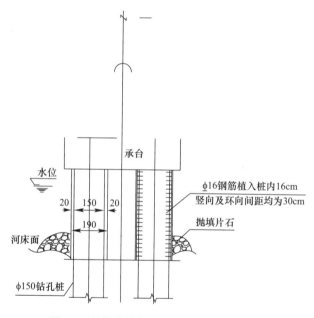

图9-6 植筋并外包混凝土加固桩基础示意

（3）通过在水下对原桩基础或桥墩的增大截面，增大了桩基础或桥墩直径，实现了对原桩基础的修复，同时有效抑制桩基础或桥墩病害的产生。待水下桩基础加固，混凝土达到强度要求后，回收钢模板进行重复利用。首节钢模板因嵌入河床中，如无法回收，可根据现场情况进行保留。加固施工完成后，可保留桩基础底首节钢模板，作为防护套，同时对桩基础周围及桥位处进行抛填片石及铅丝笼防护，做好防冲刷措施。

 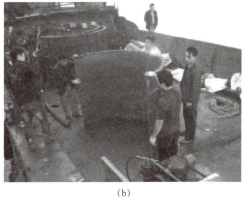

(a) （b）

图 9-7 植筋并外包混凝土加固桩基础示意
(a) 植筋；(b) 钢模板安装图

9.5.2 钢吊箱围堰加固法

（1）采用钢吊箱围堰，首先需根据桩基础、桥墩及横系梁的尺寸设计钢围堰，在工厂进行预加工，搭设施工平台，由浮吊或其他起重设备将钢围堰起吊拼装，注水下沉至设计标高，保证一定的入土深度，浇注封底混凝土，待封底混凝土达到设计要求后，在围堰内设置内支撑体系并抽水，见图 9-8 和图 9-9。

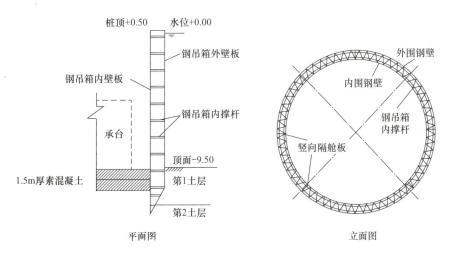

图 9-8 双壁钢吊箱围堰结构布置

（2）双壁钢吊箱围堰是由外壁板、内壁板、内支撑杆、内竖向隔舱板等形成空间受力体系，以结构体系自身能力承受外部被动土压力及水压力作用，因此不一定需要采用内支撑体系，同时对被动土压力的要求也不高，入土深度仅受到围堰体漂移稳定性的限制。单壁钢吊箱围堰的结构受力情况与双壁钢吊箱围堰类似，是由外壁板围成空间单壁壳体，抵抗外部主动土压力及水压力作用，但受到单壁壳体空间受力特性的约束，单壁钢吊箱围堰一般做成圆筒形状，且需布设多道内支撑体系。单壁钢吊箱围堰由于其结构受力特点，其挡水高度不宜超过 6m，否则经济性会急剧下降；双壁钢吊箱围堰整体刚度大，一般采用

图 9-9 钢围堰法加固桥梁水下结构

分段隔舱式,压重下沉,在挡水高度较小时,由构造控制设计,反而经济性较差,因此双壁钢吊箱围堰适用于挡水高度大于 8m 的深水围堰。

(3) 抽水完成后对桩基础或桥墩结构的表面进行清理,对缺陷预处理,按设计间距、预定位置在桩基础结构四周按设计要求安装结构主筋,并与预埋结构主筋连接锚固,并安装钢筋笼。待混凝土强度达到设计要求后拆除模板、注水、拆除相应内支撑,拆除钢围堰,完成桩基础加固施工。

9.5.3 钢板桩或钢管桩围堰加固法

(1) 采用钢板桩围堰,首先需依地质资料及作业条件选用钢板桩长度,要求钢板桩入土深度达钢板桩桩长 0.5 倍以上,通过吊机配合振动打桩锤将钢板桩插打在桩基础的四周,形成钢板桩围堰,安装内支撑,抽水堵漏,随后,进行桩基础加固的无水施工,陆上的加固技术同样可以适用,包括外包钢套管加固法、粘贴纤维加固法等,待加固完成后,采用拔桩机拔除钢板桩,见图 9-10 和图 9-11。

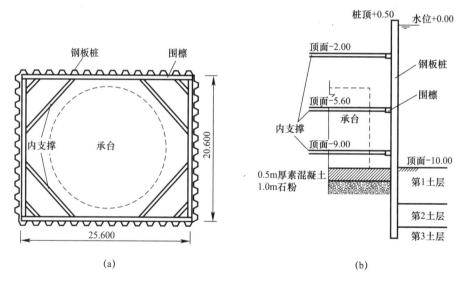

图 9-10 钢板桩围堰结构布置
(a) 平面图;(b) 立面图

(2) 钢板桩与钢管桩围堰都是以桩体作为基本受力单元,桩体需要以被动土压力平衡外部主动土压力及水压力作用,同时将内支撑作为约束构件以形成空间受力体系,因此钢板桩与钢管桩围堰的入土深度都需要计算确定。钢板桩可以反复使用,一般采取租赁方式取得,常用的钢板桩标准长度为 12m 和 18m,钢板桩围堰内支撑设置间距一般为 2~3m,且内支撑设置不宜超过 4 道,否则影响施工周期,因此钢板桩围堰的挡水高度一般不宜超过 11m。

9.5.4 纤维网格加固法

(1) 纤维网格加固水下结构的原理如图 9-7 所示,在对桩基础或桥墩的表面缺陷进行预处理之后,沿桩基础或桥墩四周缠绕安装纤维网格,随后,在纤维网格外侧按节段拼装下沉钢套管,对钢套管的底部进行封堵,通过压浆机将配制好的不分散砂浆或水下环氧树脂灌入钢套管内,从而完成桩基础或桥墩的结构加固,钢套管可以回收重复利用。当采用不分散砂浆时,新增厚度可为 50~200mm,采用水下环氧树脂时,厚度可为 5~20mm。

图 9-11 钢板桩围堰加固桥梁水下结构

(2) FRP 网格加固水下结构技术结合了 FRP 网格施工成型方便等优良的物理特性和钢套管水下结构施工技术的特点,以较简单的工艺实现对水下结构的成功加固,FRP 网格由横向筋和纵向筋两个方向的筋材组成(如图 9-12~图 9-14),横向筋和纵向筋相互垂直,二者直径与间距可以相等也可不等,网格材料类型可为碳纤维

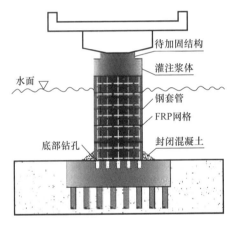

图 9-12 FRP 网格加固原理图

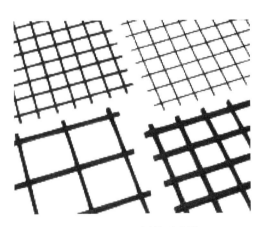

图 9-13 FRP 网格示意图

(a)

(b)

图 9-14 纤维网格加固桥梁水下结构
(a) 加固纤维网格;(b) 钢套管水上拼装及下沉过程图

157

增强塑料网格、玄武岩纤维增强塑料网格、玻璃纤维增强塑料网格或芳纶纤维增强塑料网格中的一种；具体材料类型、直径与间距等参数根据耐久性加固、承载力加固、抗震加固、损伤修复等不同加固目的进行相应设计。

9.6 涵洞的预防性养护

（1）涵洞的洞口应保持清洁，发现杂物堆积应及时清理。涵洞内应保持排水畅通，发现淤塞应及时疏通。

（2）洞口和涵洞内如有积雪应尽快清除，被清除的积雪应将其放在路基边沟以外。经常积雪或积雪较深的涵洞，入冬前可在洞口外加设栅栏，或用柴草捆封洞口，融雪时及时拆除。

（3）涵底铺砌、洞口上下游路基护坡、引水沟、汇水槽、沉砂井发生变形时，均应及时修理。

（4）涵底铺砌出现冲刷损坏、下沉、缺口应及时修复。路基填土出现渗水、缺口应及时封堵填平。

（5）涵底和涵墙出现渗漏水，应查明原因，分别采取以下方法处治：

(a) 疏通水道，石洞口铺砌与上下游水槽坡道平齐顺适。

(b) 保持洞内地面平顺，并有适当纵坡。

(c) 用水泥砂浆对涵底和涵墙重新勾缝。

（6）涵洞出水口的跌水构造应与洞口结合成整体，若有裂缝应及时填塞。

（7）浆砌石拱涵的砌体表面风化、开裂、灰缝剥落，局部石块松动、脱落，或砌体渗漏水，可分别按下列方法处理：

(a) 用水泥砂浆重新勾缝，或局部拆除后重砌。

(b) 表面抹浆或喷浆。

(c) 在砌体背后压注水泥砂浆或化学浆液。

(d) 加设涵内衬砌。

(e) 挖开填土，对砌体进行维修处治，并加设防水层。

（8）混凝土管涵的接头处和有铰接缝处发生填缝料脱落，引起路基渗水时，应及时封堵处理。可用干燥麻絮浸透沥青后填实，或用其他黏弹性材料封堵，不宜用灰浆抹缝，以免再次脱落。

（9）压力式涵洞进水口周围路堤发现渗流、空洞、缺口或冲刷现象时，应及时进行修补处理。洞口周围路基可用不透水黏性土封堵，洞前做铺砌或修挡水墙。

（10）压力式涵洞或倒虹吸管的涵顶路面出现浸渍，应及时处理。可采用对涵内顶部表面抹浆、喷浆或衬砌的方法处理。

（11）根据混凝土表面腐蚀等级，确定是否进行混凝土表面涂层。涂层体系按防腐年限可分为：普通型（M）、10年；长期型（H）、20年。依据现场腐蚀环境和涂层防腐年限选择合适的混凝土表面涂层体系。

9.7 涵洞的小修

(1) 涵洞进、出水口处如已严重冲刷，可采用下列方法维修：

(a) 位于陡坡上的涵洞或直接受水流冲击的涵洞，其入口处应采取适当的防护措施。

(b) 用浆砌块石铺底，并用水泥砂浆勾缝。铺砌长度视土质和流速而定，铺砌的末端应设置混凝土或浆砌块石抑水墙。

(c) 流速特别大的涵洞，应在出水口加设消力设施，如消力槛、消力池等。消力槛的末端应设置混凝土或浆砌块石抑水墙，或设置三级挑槛。

(2) 涵洞经常发生泥沙淤积时，可在进水口设沉砂井，并沉淀泥沙、杂物。

(3) 管涵的管节因基础沉陷而发生严重错列时，应挖开填土处理地基，再重建基础。也可直接采用对地基及基础压浆的方法处理。

(4) 波纹管涵发生涵管沉陷、变形，应挖开填土进行修理。管底应按土质情况做好垫层，管上加铺一层防水层，并注意对回填土分层夯实。

(5) 涵洞的侧墙和翼墙，如有倾斜变形发生，应查明原因后加以处理，如因填土未夯实发生沉落，或填土中水分过多土压力增大而引起的，应更换透水性好的填土并夯实；如属基础变形引起的，则需要修理或加固基础。

(6) 因加宽或加高路基导致涵洞长度不足时，应接长处理。一般可将原涵洞洞身接长，梁段新建洞口端墙和路基护坡；当路基加宽加高不多时，可采用只加高两端洞口端墙或加高加长洞口翼墙的方法。

(7) 承载力不足的涵洞应进行加固或改建。可采取下列方法：

(a) 挖开填土，用混凝土或钢筋混凝土加大原涵洞断面。

(b) 涵内用混凝土或钢筋混凝土预制块衬砌加固或现浇衬砌进行加固。

(c) 挖开填土，用新构建分段进行更换改建。

(8) 当涵洞位置不当，过水能力不足时应进行改建。改建施工宜分段进行，并做好接缝的防水处理。